Winfried Gebhardt   Georg Kamphausen
Zwei Dörfer in Deutschland

Winfried Gebhardt
Georg Kamphausen

Zwei Dörfer
in Deutschland

Mentalitätsunterschiede
nach der Wiedervereinigung

Leske + Budrich, Opladen 1994

ISBN: 3-8100-1225-4

© 1994 by Leske + Budrich, Opladen

Satz: Leske + Budrich
Druck und Verarbeitung: Druck Partner Rübelmann, Hemsbach

Printed in Germany

Inhalt

Abbildungsverzeichnis

Vorwort

Die vorliegende vergleichende Dorfstudie ist aus einem soziologischen Forschungspraktikum an der Universität Bayreuth hervorgegangen, an dem neben Studenten und Studentinnen der Soziologie auch solche der Ethnologie und Geschichtswissenschaften beteiligt waren. Für die Mitarbeit danken wir Bettina Conrad, Anette Hollwich, Peter Koenen, Marco Marino, Hans-Peter Sigg, Heimo Wolff, Petra Zeitler und Martin Zeitler. Ebenfalls Dank gebührt Hartmut Vogler, dessen „künstlerischer Blick" auf die gesamtdeutsche Wirklichkeit uns neue Einsichten erschloß.

Die Studie wurde im Rahmen des Schwerpunktprogramms „Sozialer und politischer Wandel im Zuge der Integration der DDR-Gesellschaft" (unter der Gesamtleitung von Prof.Dr. Hartmut Esser, Mannheim) von der Deutschen Forschungsgemeinschaft gefördert. Erste Vorbereitungen erfolgten im Sommersemester 1991; die Daten wurden im April und im Mai 1992 erhoben; abgeschlossen wurde die Studie im Wintersemester 1992/93.

Eine vergleichende Dorfstudie, wie die hier vorgelegte, ist nicht möglich ohne die selbstlose Mitarbeit, Unterstützung und Hilfsbereitschaft der Bewohner der untersuchten Gemeinden. Wir sind in beiden Gemeinden auf ein großes, heute schon nicht mehr selbstverständliches Entgegenkommen gestoßen, bei den beiden Gemeindeverwaltungen, bei den Vereinen, bei den ortsansäßigen Geschäftsleuten, bei den Kirchengemeinden und nicht zuletzt auch bei den Einwohnern selbst. Bei allen, insbesondere bei den beiden Bürgermeistern, die uns in jeder Phase unterstützt und bei den alltäglich auftretenden „kleinen Problemen" geholfen haben, möchten wir uns recht herzlich bedanken.

Ein besonderer Dank gebührt dem Verlag Leske + Budrich, insbesondere Frau Barbara Budrich, die die Drucklegung verständnisvoll und sorgsamt betreut haben.

Bayreuth, im Frühjahr 1994

Winfried Gebhardt und Georg Kamphausen

Kapitel 1
Ostdeutsche und Westdeutsche:
Wie verschieden sind sie wirklich?

Glaubt man gängigen Statements von Politikern und politisierenden Intellektuellen aus Ost und West, dann gibt es nichts Unterschiedlicheres als die ehemals zwei feindlichen deutschen Brüder, von denen der eine 40 Jahre die Segnungen von Demokratie und Kapitalismus genießen durfte, während der andere unter der Knute realsozialistischer Tyrannei leiden mußte, und die nun gezwungen sind, miteinander auskommen zu müssen. Von der „ungleichen Nation" ist die Rede, von „einer Nation – aber zwei Gesellschaften", von der „Zweistaatlichkeit im Kopf", von der Aufgabe der Einheit, die aus „Gegensätzen" zu gestalten sei. An den bundesdeutschen Stammtischen in Ost und West schlagen sich diese intellektuellen Geistesblitze dann – quasi als gesunkenes Kulturgut – nieder in den wohlbekannten Stereotypen des „arroganten Besserwessis" und des „arbeitsscheuen Ossis". Eine neue Dimension gewinnt diese Debatte bei einigen linken Intellektuellen wie zum Beispiel Heiner Müller[1], die den Verlust ihres sozialistischen Leitbildes noch nicht verarbeitet haben: hier steigt – wie der Phönix aus der Asche – plötzlich wieder die alte, seit Thomas Manns „Betrachtungen eines Unpolitischen" berühmt-berüchtigte „Kultur-Zivilisations"-Dichotomie aus der Versenkung hervor: auf der einen Seite steht der durch die Zivilisation verdorbene Wessi, dem Materialismus und der Kulturindustrie hörig, auf der anderen Seite der zwar armselige, aber die wahren Werte und den besseren Teil der deutschen Kultur bewahrende Ossi. Folgt man diesem Schwanengesang, so haben sich die Grenzen der Zivilisation nach Osten verschoben: der Feind der deutschen Kultur wartet nicht mehr am Rhein, er lauert schon an der Elbe, hat diese sogar schon überschritten und beginnt mit der Kolonialisierung der ostdeutschen Lebenswelt. – Doch gleich wie die Bewertungen im einzelnen ausfallen, einig ist man sich darin, daß es gravierende Unterschiede im Denken, Handeln und Verhalten gibt zwischen Westdeutschen und Ostdeutschen. Und das Zauberwort, das gefunden wurde, um diese Unterschiedlichkeit zu fassen, ist das der Mentalität. Überall werden sie beschworen, die „Mentalitätsunterschiede" zwischen den „Ossis" und den „Wessis".

Man könnte nun die angeblichen Unterschiede einfach als Gerede intellektueller oder politischer Hasardeure abtun, die von Kassandrarufen – nicht

---

[1] Vgl. dazu: Herzinger 1993.

schlecht – leben. Nichts verkauft sich eben so gut wie „Katastropheninszenarien". Der Verdacht, Unterschiede würden oftmals konstruiert, herbeigeredet – aus welchen Gründen auch immer: als Immunisierungsstrategie gegenüber der eigenen Biographie oder aus handfesten materiellen Interessen – läßt sich jedenfalls nicht leichtfertigt von der Hand weisen. Doch so leicht darf man es sich nicht machen. Denn auch ernsthaftere Zeitdiagnostiker und Gegenwartsanalytiker gehen wie selbstverständlich davon aus, daß es „fundamentale Unterschiede" im Denken und Handeln der Menschen gibt. Ob Psychoanalytiker wie Hans-Joachim Maaz die Mauer im Kopf beschwören[2], ob Politologen wie Hans Maier oder Werner Weidenfeld nur „Gegensätze" erkennen, wo „Einheit" nötig sei[3], oder ob sozialwissenschaftliche Meinungsforscher und Wertwandelsanalytiker unterschiedliche, zumeist Orientierungskrisen auslösende, mentale Dispositionen feststellen[4], fast durchgängig wird behauptet, daß es sie gibt: die „Mentalitätsunterschiede", fast durchgängig heißt es: „Wir sind verschieden". Die Frage ist: Sind wir es wirklich? Und wenn ja: Wie groß und von welcher Art sind diese Unterschiede?

Wir wollen nicht bestreiten, daß es Unterschiede gibt. Die gibt es sicherlich. 40 Jahre „Sonderwege" gehen an niemandem spurlos vorbei. Was wir wollen, ist, den Mentalitätsbegriff so zu problematisieren, daß die Frage nach Unterschieden und Gemeinsamkeiten zwischen Ost- und Westdeutschen neu und sinnvoll gestellt werden kann. Folgt man der gängigen Debatte über die angeblichen Mentalitätsunterschiede, kann man sich nämlich des Eindruckes nicht erwehren, als ob es hier fast auschließlich um aktuelle Sorgen und Nöte der Menschen geht, um Arbeitsplätze, Wohnungsnot, Mietpreiserhöhungen, um die Zerstörung kultureller und die Nivellierung sozialer Einrichtungen, um Arbeitsmoral und Anspruchsniveaus, um Ausländerhaß und Politikverdrossenheit. Daß sich hier dann Unterschiede in den Einstellungen zwischen Ost und West auftun, ist wahrlich nicht überraschend, zu unterschiedlich sind die strukturellen, insbesondere die materiellen Ausgangspositionen in beiden Teilen der Republik. Und daß sich daraus auch die zur Illustration der These von der Unterschiedlichkeit so gerne herangezogenen gegenseitigen Animositäten, Vorurteile und Aversionen zum Großteil ergeben, bedarf auch nicht der weiteren Begründung. Steht für solche – überall zu beobachtenden Unterschiede – aber der Begriff der Mentalität? Was ist das überhaupt: Mentalität?

---

2 Vgl. Maaz 1990; Maaz 1991.
3 Vgl. Maier 1990; Weidenfeld 1992.
4 Vgl. z.B. Gensicke 1991; Gensicke 1992; Habich u.a. 1991; Marz 1991, Moericke 1991.

1. Zum Begriff der Mentalität

Mentalität ist ein diffuser, vielleicht aber gerade deshalb ein so attraktiver Begriff. Ähnlich wie alle Begriffe, die auf kollektive Bewußtseinszustände abheben, wie zum Beispiel der des Nationalcharakters, der nationalen oder regionalen Identität, des Habitus oder der Geistesgewohnheiten, bleibt auch er eher dunkel, verwaschen und unpräzise, fußt eher auf Spekulationen über die Existenz von kollektiven Merkmalen, denn auf begründetem Wissen, stützt sich eher auf Emotionen und Werturteile, denn auf nüchternen Sachverstand.

Begriffsgeschichte

Die Karriere des Mentalitätsbegriffs begann im Frankreich der Dreyfus-Affäre und zwar als nationalistischer Kampfbegriff, der vor allem rechtsstehenden Intellektuellen wie Maurice Barrès oder Ferdinand Brunetière dazu diente, die Reinigung der französischen Seele von allen fremden, vor allem deutschen und jüdischen Einflüssen zu fordern. „Mentalité" war einer der positiv besetzten Kampfbegriffe der französischen Rechten, anti-intellektualistisch und damit auch anti-aufklärerisch ausgerichtet. Mentalität wurde, so sagt Ulrich Raulff, der die Begriffsgeschichte sorgsam aufgearbeitet hat, „erfunden von Intellektuellen, um die eigene Nicht-Intellektualität zu feiern"[5], um auf Bewußtseinszustände zu verweisen, die echter, wärmer, erdverbundener sein sollten als die kalte Vernunft. Obwohl der Begriff der Mentalität bald seine ursprüngliche ideologische Einfärbung verlor und in den allgemeinen Sprachschatz über Frankreich hinaus einging, wirkt dieses „anti-modernistische Element" bis heute nach. Die Rede von Mentalität hat immer noch einen „negativen" Nachgeschmack: sie steht für etwas Althergebrachtes, tief Verwurzeltes, Dunkles, Mystisches, den Anforderungen der Moderne Feindliches und nur schwer zu Überwindendes[6].

Auch die wissenschaftliche Karriere des Mentalitätsbegriffs beginnt in Frankreich und zwar mit Emile Durkheim. Ulrich Raulff hat gezeigt, wie er

---

5 Raulff 1987, S.65.
6 Vgl. hierzu exemplarisch Hugo Balls „Kritik der deutschen Intelligenz" von 1919: „Die Mentalität der Menge: das ist eine Summe von Ziel- und Ratlosigkeit, von Verzweiflung und kleiner Courage, von Opportunismus und Weichlichkeit, von verkappter Sentimentalität und überhobener Arroganz. Die Mentalität der Menge: das ist ihr schlechtes Gewissen, das sind ihre Fälscher und Wortverdreher, ihre ‚jahraus, jahrein galoppierenden Federn' und Denunzianten, ihre Spitzel und Rabulisten, ihre Großmäuler, Demagogen und Faselhänse. Ein heiloses Konzert! Eine Orgie seltsamer Verzerrung! Wehe dem Land, wo solche Mentalität den Geist überschreit, wo sie allein nur herrscht und sich selbst für den Geist hält" (Ball 1991, S.15).

13

spätestens seit 1899 in den Wortschatz der Durkheimianer einging, bei denen er vor allem dazu diente, „das vage Terrain der Sozial- und Gruppenpsychologie begrifflich aufzugliedern"[7]. Mentalität erscheint hier fast als Parallelbegriff zu den „représentations collectives", dient also wie diese zur Beschreibung von überindividuellen seelischen Gemeinsamkeiten und intersubjektiven Verbindungen, die eine Gemeinschaft zu einer Einheit zusammenschweißen. Popularität erlangte der Begriff der Mentalität allerdings erst mit der Durchsetzung eines spezifischen Paradigmas innerhalb der französischen Geschichtswissenschaft: der von der sogenannten „Annales-Schule" um Marc Bloch und Lucien Febvre initiierten „Mentalitätsgeschichte". Diese knüpften in ihren programmatischen Aussagen direkt an Durkheim an. So diente die Theoriebildung der Durkheimianer den Mentalitätshistorikern als Bezugsmodell für ihr Bemühen, die Geschichtswissenschaft auf das Niveau der Sozialwissenschaften zu „heben". Dies sollte aber vor allem dadurch erreicht werden, daß man sich von dem traditionellen Paradigma der Geschichtswissenschaft, dem Glauben an „die großen Männer, die Geschichte machen" verabschiedete. Nicht mehr die Idee der „autonomen Persönlichkeit" sollte der Leitfaden der historischen Forschung sein, sondern das Konzept eines „kollektiven Akteurs" als dem bestimmenden Subjekt der Geschichte. Jacques LeGoff, einer der Protagonisten der „Mentalitätsgeschichte", drückt diese Überzeugung wie folgt aus: „Die Mentalität eines historischen Individuums liegt, ungeachtet seiner möglichen Größe, gerade in dem, was es mit anderen Menschen seiner Zeit gemeinsam hat"[8].

Mentalität im Verständnis der „Annales-Schule" steht im Kern für einen Komplex mentaler Strukturen, der sich aus jeweils historisch kontingenten kollektiven Vorstellungs- und Einstellungsmustern zusammensetzt, und in relativer Autonomie gegenüber der Strukturebene der Institutionen und ausgestattet mit einer gewissen Zählebigkeit existiert. Dieser Komplex mentaler Strukturen ist allerdings von den französischen Mentalitätshistorikern nie begrifflich eindeutig fixiert und inhaltlich definiert worden, er verschwimmt bis heute im Ungewissen[9]. Georges Duby, ein anderer prominenter Vertreter der „Mentalitätsgeschichte", meint allerdings, daß gerade darin sein Reiz bestünde. Diese Unbestimmtheit läßt auch unterschiedliche Auffassungen über die Bedeutung des individuellen Faktors im Bereich des Kollektiven zu, in dessen Bewertung Bloch und Febvre zum Beispiel deutlich differieren. Trotz gewisser Unterschiede im Detail hat sich aber die französische „Mentalitätengeschichte" insgesamt nie vom Durkheimschen Erbe der „représentations collectives" gelöst[10]. Mentalitäten werden hier verstanden als Komplexe kol-

---

7 Raulff 1987, S.60.
8 Legoff 1987, S.19.
9 Annette Riecks kommt in ihrem Forschungsbericht zur französischen Mentalitätsgeschichte zu der gleichen Einschätzung: Riecks 1989, S.79.
10 Vgl. dazu: Riecks 1989, S.73: „Durkheims Theorie des kollektiven Bewußtseins als normsetzender Instanz für Gebräuche, Sitten und Rechtsverhältnisse führte

lektiver Einstellungs- und Vorstellungsmuster, die unabhängig vom einzelnen Individuum existieren, diesem vielmehr ihren unauslöschbaren Stempel aufdrücken; sie sind in letzter Konsequenz jenes „kollektiv Unbewußte", das die Geschichte lenkt. „Die Ebene der Mentalitätsgeschichte", sagt LeGoff, „ist die des Alltäglichen und des Automatischen, dessen, was den unpersönlichen Teil ihres Denkens ausmacht"[11].

Mentalität als Thema der Soziologie

Wie oben schon angedeutet, war und ist die französische Mentalitätsgeschichtsschreibung an einer theoretischen Fundierung und Präzisierung des Mentalitätsbegriffs kaum interessiert. Genau diese aber erscheinen notwendig, soll der Begriff gewinnbringend in der empirischen Forschung angewandt werden. Ansatzpunkte für eine solche „Theorie der Mentalität" sind somit auch weniger in den Geschichtswissenschaften zu finden, als vielmehr in der Soziologie. Das mit dem Begriff „Mentalität" Umschriebene, der weite und diffuse Bereich des Gewohnheitshandelns der eingespielten, routinisierten und ritualisierten Einstellungen und Werthaltungen, ist der Soziologie, wie schon der Hinweis auf Durkheim zeigte, nicht fremd, auch wenn sie vielfach andere Begriffe dafür einsetzte. Schon Alexis de Tocqueville sprach in seinem Buch „Über die Demokratie in Amerika" von den „Gewohnheiten des Herzens", die nichts anderes als eine poetische Umschreibung des Mentalitätsbegriffes sind und für die „die verschiedenen Begriffe, die die Menschen besitzen, die verschiedenen Meinungen, die unter ihnen gelten und ... die Gesamtheit der Ideen, aus denen die geistigen Gewohnheiten sich bilden"[12], stehen. Auch für Max Weber, dessen Studie „Die Protestantische Ethik und der Geist des Kapitalismus" von Volker Sellin als das „berühmteste Beispiel deutscher Mentalitätsgeschichtsschreibung"[13] bezeichnet wurde, spielte der Bereich des eingespielten, routinisierten, in den Bahnen des Gewohnten ablaufenden und fraglos hingenommenen Handelns eine zentrale Rolle in der Konzeption seiner Soziologie als „verstehender Soziologie". Nicht nur, daß er in seinen „Soziologischen Grundbegriffen" betonte, daß der Großteil des Alltagshandeln ein „traditionales", „durch eingelebte Gewohnheit" bestimmtes Handeln ist[14], zudem entwickelte er in seinen materialen Studien, insbesondere in seinen religionssoziologischen Arbeiten, charakteristische Begriffe, wie den des „Geistes", des „Stils der Lebensführung" oder des „inneren"

Bloch zur Sozialisierung des Einzelmenschen, der nur als Gruppenwesen unter Außerachtlassung seiner individuellen Eigenarten und Unregelmäßigkeiten zu einem wissenschaftlich faßbaren Objekt wird".

11 LeGoff 1987, S.21.
12 Tocqueville 1984, S.332.
13 Sellin 1985, S.597.
14 Weber 1976, S.12.

und des „äußeren Habitus"[15], die dem Begriff der „Mentalität" sehr nahe kommen und dazu dienen, den Bereich der „geistigen Gewohnheiten" systematisch zu fassen und vom Bereich der „Ideen" abzutrennen. Schließlich ist in dieser Reihe noch Theodor Geiger zu nennen. Geiger war nicht nur der erste Soziologe, der den Begriff der Mentalität offen gebrauchte und für die Sozialstrukturanalyse einsetzte, er versuchte sich auch an einer eindeutigen, differenzierenden Begriffsbestimmung. In Weiterführung des Weberschen Ansatzes kennzeichnete Geiger „Mentalität" als einen jeweils besonderen Typ der Lebensführung, der im Gegensatz zur „Idee" oder „Ideologie" als einer reflexiven Selbstauslegung des Menschen, eine besondere Figuration des Sozialbewußtseins umschreibt. Für Geiger ist Idee objektiver Geist, fest-geformtes Produkt der Reflexion, Mentalität dagegen geistig-seelische Haltung, formlos-fließende Geistesverfassung. „Mentalität", sagt er, „ist eine Haut – Ideologie ein Gewand"[16]. Mentalitäten sind anders als Ideen im Alltag verwurzelt, sie äußern sich im alltäglichen Lebensvollzug. Sie sind „geistig-seelische Disposition – unmittelbare Prägung des Menschen durch seine soziale Lebenswelt und die von ihr ausstrahlenden, an ihr gemachten Lebenserfahrungen"[17].

Mit Geiger tritt der Mentalitätsbegriff zum ersten Mal explizit im Kontext soziologischer Analysen auf. Ein Vergleich mit der Fassung der französischen Mentalitätshistoriker zeigt, daß er sich dabei unter der Hand verändert hat. „Mentalitäten" werden in der Soziologie nicht ausschließlich als das „kollektiv Unbewußte" begriffen, das sich dem individuellen Willen und der individuellen Ausgestaltung entzieht, sondern als „kollektiv geteilte Orientierungsmuster" des Alltagshandelns, die der individuellen Aneignung bedürfen und deshalb wenigstens potentiell reflexiv sind. Mit Weber und Geiger erfährt also der Begriff der „Mentalität" eine auf der Basis des methodologischen Individualismus entworfene handlungstheoretische und alltagssoziologische Fundierung. Diese läßt sich nun weiter präzisieren, wenn man die Erkenntnisse der phänomenologischen Soziologie, wie sie insbesondere Alfred Schütz unter Rückgriff auf Edmund Husserl entwickelt hat, und der dar-

---

15 „Geist" und „Stil der Lebensführung" sind zentrale Begriffe der „Protestantischen Ethik" (Weber 1978b). In der Auseinandersetzung um die dort vertretenen Thesen, sah sich Weber veranlaßt, das Gemeinte zu präzisieren. In den „Anti-Kritiken" und im „Anti-Kritischen Schlußwort" (abgedruckt in Weber 1975) entwickelte er den Begriff des „Habitus", den er aufspaltete in einen „inneren" und „äußeren". Der Begriff des „inneren Habitus", definiert als eine spezifische psychische Disposition, die der einzelne sich in seinem alltäglichen „religiösen Leben, seiner religiös bedingten Familientradition, seiner religiös beeinflußten Umwelt" (Weber 1975, S.318) aneignet, und die sich in spezifischen Verhaltens- und Orientierungsmustern niederschlägt, kommt dem „Mentalitätsbegriff" am nähesten. Vgl. dazu: Gebhardt 1993.

16 Geiger 1987, S.78.

17 Geiger 1987, S.77.

aus hervorgegangenen historischen Wissenssoziologie von Peter L. Berger und Thomas Luckmann heranzieht, also einen Weg einschlägt, den schon Volker Sellin in seiner theoretischen Konzeptualisierung des Mentalitätsbegriffs gewiesen hat[18].

Ausgangspunkt des Schütz'schen Lebensweltkonzeptes ist die Annahme, daß der Mensch in seinem alltäglichen Leben in einem „Horizont der Vertrautheit und des Bekanntseins" agiert, der sich auf „unangezweifelte Vorerfahrungen" stützt und für die Lösung wiederkehrender Probleme ausreichende Gebrauchsanweisung zur Verfügung stellt[19]. Grundlage dieses Agierens in der Alltagswelt ist das „Alltagswissen", das sich aus stereotypisierten, sozial geteilten, normativ und rituell abgesicherten Alltagserfahrungen zusammensetzt und fraglos gilt. Hintergrund dieser Fraglosigkeit sind bestimmte Annahmen über die Konstanz der Weltstruktur, der Gültigkeit der Erfahrungen von der Welt und des Vermögens, auf diese und in dieser zu wirken, die alle in einer, wie Schütz sagt, Idealisierung des „und so weiter" und des „ich kann immer wieder" zusammenlaufen[20]. Das heißt, der Mensch handelt in seiner alltäglichen Lebenswelt vor dem Hintergrund der Überzeugung, daß das, was bisher gültig war, so auch bleiben wird, und daß das, was bisher bewirkt werden konnte, auch in Zukunft bewirkt werden kann. Alltagswissen ist also ein Rezeptwissen, das sich auf Routinehandlungen beschränkt[21]. Es ist zwar im Kern auf unmittelbare Erfahrung gegründetes Bekanntheits- und Vertrautheitswissen, aber immer und notwendig umgeben „von Dimensionen des bloßen Glaubens, die wiederum nach Wohlfundiertheit, Plausibilität, Vertrauen auf fremde Autorität, blinde Hinnahme bis hin zur vollen Ignoranz in mannigfaltiger Weise abgestuft sind"[22], läuft also in ganzheitlich zusammenhängend gedachten Komplexen von Vorstellungen über die Welt und die eigene Beziehung zur Welt zusammen. „Ganzheitlich" ist dabei nicht identisch mit „theoretisch konsistent". Im Gegenteil: Lebensweltliche Ordnungsvorstellungen und Wirklichkeitsmodelle sind nicht frei von Inkohärenzen, Unklarheiten und Widersprüchen[23], die allerdings – jedenfalls in der Regel – im alltäglichen Handlungsvollzug weder ausschlaggebend sind noch auffallen.

Wichtig, gerade für die Zwecke dieser Studie, ist nun der Gedanke, daß es nach Schütz zur Natur des fraglos hingenommen Wissens gehört, daß es jederzeit in Frage gestellt werden kann, also wenigstens potentiell reflexiv ist[24]. Solche Infragestellungen ereignen sich insbesondere in Situationen der Krise und des Umbruchs, dann, wenn die bisherigen Orientierungsmuster angesichts neu auftauchender Probleme versagen – wie es im Osten Deutschland

---

18 Vgl. Sellin 1985.
19 Vgl. Schütz 1971, S.8.
20 Vgl. Schütz 1972, S.153.
21 Vgl. Berger/Luckmann 1977, S.44; Esser 1991, S.13.
22 Schütz 1972, S.153.
23 Vgl. Esser 1991, S.14.
24 Vgl. Schütz 1972, S.153.

in Folge der „Wende" an der Tagesordnung war. Aber immer ist es Ziel des Handelnden, das fragwürdig Gewordene in ein neues fraglos Gegebenes zu überführen. „Alles Problematische", sagt Schütz, „entsteht auf dem Urgrund des fraglos Gegebenen ... und alle Problemlösungen bestehen darin, das fragwürdig Gewordene durch den Prozess des Befragens in ein neues fraglos Gewordenes zu verwandeln ... Wir brechen aber diese endlose Aufgabe ab, sobald wir hinreichende Kenntnis des fraglos Gewordenen erlangt zu haben glauben, und erklären dann durch einen scheinbar willkürlichen Entschluß das uns beschäftigende Problem als in einer für unsere Zwecke hinreichenden Weise gelöst"[25]. Charakteristisch für das Leben in der Alltagswelt ist also der Abbruch des Prozeßes der Neukonstituierung von Wissen, sobald hinreichende Kenntnisse des Fragwürdigen bestehen und die alten Muster wieder in ihr Recht eintreten. Aus diesem Tatbestand resultiert die relative Veränderungsträgheit des Alltagswissens. Das heißt: Selbst in Krisen- und Umbruchsituationen ändern sich die lebensweltlichen Wirklichkeits- und Ordnungsmodelle, wenn überhaupt, nur langsam und in kleinen Details, wie sich exemplarisch an der Einführung des neuen Kalenders in der Französischen Revolution zeigen läßt, der am Widerstand der Landbevölkerung, die ihre Arbeitsplanung weiter am alten Modell orientierte, scheiterte. Normal für das Handeln in der Alltagswelt, ist auch in Zeiten der Krise und des Umbruchs „eine weitgehende Rekonstruktion der alten Verhältnisse in unserem Kopf. Normal ist ein konservativer Umgang mit der Wirklichkeit, nicht das Infragestellen, sondern die Verteidigung unseres angenommenen Wissens"[26].

Eine soziologische Theorie der Mentalität

Unter Rekurs auf die kultursoziologische Fundierung des Mentalitätsbegriffes bei Weber und Geiger und mit Hilfe der phänomenologischen Lebensweltkonzeption Alfred Schütz' und der historischen Wissenssoziologie Berger/Luckmanns scheint es nun möglich, einen theoretisch konsistenten und in der empirischen Forschung anwendbaren Begriff der „Mentalität" zu entwickkeln.

Mentalitäten lassen sich dann als eingelebte Sinngewißheiten verstehen, die in der Regel die unreflektierte Grundlage allen sozialen Handelns im alltäglichen Lebensvollzug bilden. Sie können allerdings – und hier liegt die Chance ihrer empirischen Erforschbarkeit – aktualisiert, also aus dem Bereich des Un- oder Halbbewußten in den Bereich des Bewußten überführt werden, insbesondere dann, wenn entweder durch neu auftretende Handlungsmuster oder durch Anstöße von außen (wie in „Krisenzeiten", aber auch in der Inter-

---

25 Schütz 1972, S.154.
26 Schulze 1992, S.264.

viewsituation) bisher fraglos geltende Gewißheiten in Frage gestellt werden. Trotzdem sind Mentalitäten weder identisch mit Ideen, noch gründen sie unmittelbar auf ihnen, auch wenn Ideen in trivialisierter und, vor allem, sedimentierter Form in Mentalitäten eingehen können. Zwar stützen auch Mentalitäten sich auf eine Form des Wissens (und sind allein schon aus diesem Grund intelligibel und bewußtseinsfähig), doch ist dieses Wissen kein theoretisches, kein Reflexionswissen im Sinne von Ideen, dogmatischen Lehrsätzen, Weltanschauungen oder Weltbildern, sondern ganz im Sinne der Phänomenologie und der Wissenssoziologie ein Alltagswissens, ein „Allerweltswissen", über das „Jedermann" verfügt und das die selbstverständliche, unhinterfragte Grundlage des Handelns im Alltag bildet. Denn ein solches Wissen hat, glaubt man Schütz, nicht nur Entlastungs- sondern auch Orientierungsfunktion[27]. „Dank eines solchen Wissens", sagt Sellin, weiß der einzelne, welche Ziele er verfolgen soll und welche Mittel hierfür tauglich sind; er weiß, wie er die Wirklichkeit ordnen soll in Freund und Feind, Nützlich und Unbrauchbar, Richtig und Falsch, Gut und Böse"[28].

Mentalitäten sind immer bezogen auf kollektive, alltagsrelevante Nahwelten. Mentalitäten sind deshalb nicht zu greifen über die Erfassung von übergreifenden politischen Einstellungen oder allgemeinen ethischen Werthaltungen, die die Sichtweise von Problemen berühren, die sich außerhalb der Alltagswelt der Betroffenen abspielen. Als Beispiel für die unterschiedliche „Reichweite" von „Alltagwissen" und allgemeinen politischen Einstellungen[29] kann hier die immer wieder zu beobachtende Diskrepanz in der Asylfrage angeführt werden: zum einen tätige Hilfe und Unterstützung für konkrete Asylbewerber in der eigenen Nahwelt und das gleichzeitige, von keinem als Widerspruch empfundene Losschwadronieren auf Stammtischniveau, wenn es sich um Asylanten allgemein handelt. Mentalitäten lassen sich eben nur in Nahwelten erforschen, im alltäglichen Verhalten und Zusammenhandeln der Menschen untereinander. Werte- und Wertwandelforschung und Mentalitätsforschung sind deshalb etwas grundsätzlich verschiedenes. Auch die Begriffe Mentalität und Identität sind nicht deckungsgleich, selbst wenn es zwischen ihnen vielfältige Verbindungslinien gibt. Unter Identität versteht man, folgt man gängigen Definitionen, „die subjektive Verarbeitung biographischer Kontinuität bzw. Diskontinuität und ökologischer Konsistenz bzw. Inkonsistenz durch eine Person in bezug auf Selbstansprüche und soziale Anforderung"[30]. Allein aus diesem Zitat wird schon ersichtlich, daß Identität und Mentalität nicht dasselbe sind. Mentalitäten sind sozusagen die fraglose Basis, auf der subjektive Identitätsbildung erst möglich wird. Denn Identität setzt ein höheres Maß an Bewußtheit und individuellem Engagement voraus als Mentalität. Mentalitäten sind weitgehend kollektiv-geteilte,

---

27 Esser 1991, S.20.
28 Sellin 1985, S.580.
29 Vgl.Schütz 1972, S.154f.
30 Haußer 1989, S.279ff.

langfristig stabile Vorstellungen, auch wenn sie der individuellen Ausfüllung bedürfen. Sie sind zudem, anders als Identitäten, nicht von heute auf morgen (durch Reflektionsbemühungen) änderbar, sie können weder abgelegt noch durch subjektive Bearbeitung gänzlich neu konstruiert werden. Obwohl sich im Zuge einer sich akzelerierenden Modernisierung in den westlichen Gesellschaften auch eine Beschleunigung des Wandels von Mentalitäten feststellen läßt, spiegeln sich Mentalitäten doch in Zeiteinheiten wieder, für die 40 Jahre eher ein zu vernachlässigender Zeitraum sind. Mentalitäten sind also nur zu verstehen als die Summe eingelebter, routinisierter, über Generationen hinweg stabiler Glaubensüberzeugungen und Sinngewißheiten mit alltäglicher Handlungsrelevanz, die sich in stereotypisierten und ritualisierten Glaubensgewißheiten, Überzeugungen, Urteilen und Vorurteilen, Fremd- und Selbstbildern und affektuellen Normierungen Ausdruck verschaffen. Mentalitäten sind individuell verankerte und individuell variierende Sinnstrukturen der kollektiven Wirklichkeitsdeutung und Wirklichkeitsauslegung, die das subjektiv sinnhafte Handeln in vorgeformte, also selektierte Bahnen lenken, ohne daß dadurch das Handeln seine subjektive Sinnhaftigkeit verlöre[31].

Dimensionen von Mentalität

Mentalitäten spiegeln sich also nur bedingt in allgemeinen politischen oder ethischen Werthaltungen wider, sondern vor allem in jenen historisch gewachsenen, routinisierten, ritualisierten und sozial geteilten Glaubensüberzeugungen und Orientierungsmustern, die sich in der alltäglichen Praxis, im alltäglichen Handlungsvollzug Ausdruck verschaffen, im realen Zusammenleben am Arbeitsplatz, in der Familie, der Verwandtschaft und der Nachbarschaft, in der Dorfgemeinschaft, in der Kirchengemeinde, im Verein, am Stammtisch und auf dem Dorffest. Mentalitäten spiegeln sich in den Erziehungsidealen, die man in der Erziehung der eigenen Kinder für wichtig hält, in den Vorstellungen über „Gut" und „Böse", in den Auffassungen über ein „harmonisches Familienleben" und eine „funktionierende Dorfgemeinschaft", also über Partnerschaft, Nachbarschaftshilfe und Gemeindesolidarität, in den materiellen und ideellen Zielen und „Wünschen", die man sich für das „eigene" Leben und das der eigenen Kinder setzt, in den Sicherheitsbedürfnissen und im Zeitempfinden, in den Fremd- und Selbstbildern, die die

---

31 In diesem Sinne glauben wir, daß der Begriff der Mentalität, ähnlich wie der der Institution dazu beitragen kann, die unfruchtbare Polarität zwischen handlungstheoretischen und systemtheoretischen Ansätzen in der Soziologie zu überwinden, weil er zwischen beiden Positionen vermittelt. Einen ersten Schritt in diese Richtung hat Hartmut Esser unternommen, als er versuchte, die institutionellen Leerstellen der „rational choice-theory" mit Hilfe der Lebensweltkonzeption von Alfred Schütz, die wie gesehen ja große Ähnlichkeiten mit dem Mentalitätskonzept besitzt, auszufüllen (Esser 1991).

eigene Lebenswelt nach außen hin als „sinnvollen und eigenständigen Kosmos" sichern, in der Art des Medienkonsums, der Freizeitaktivitäten und der Unterhaltungsbedürfnisse; in der ästhetischen Gestaltung der individuellen wie gemeinschaftlichen Umwelt und in den Formen der Selbstinszenierung und der Inszenierung von Gemeinschaft. Gerade dieser letzte Bereich ist von nicht zu unterschätzender Bedeutung für die Suche nach Mentalitäten. Grundlegende Alltagsorientierungen spiegeln sich nicht nur im Alltagshandeln wieder, sondern auch, wie vor allem Hans-Georg Soeffner und jüngst auch Gerhard Schulze eindrucksvoll zeigen konnten, in der „Alltagsästhetik"[32]. Bereiche, in denen Alltagsästhetik sich materialisiert, sind zum Beispiel auf individueller Ebene: Kleidung, Haartracht und Körperpflege; Wohnungseinrichtungen mit Wandschmuck, Hausrat und Möbelanordnungen; Eigenheimarchitektur und Hausverzierungen; Gestaltung der Gärten mit Blumen, Nutzpflanzen und Freizeitecken, mit Hollywoodschaukel, Gartenzwergen und überdimensionalen Grills; Wahl und Ausstattung der PKWs (Tuning, Aufkleber, Autoradios, Platzdeckchen, Plüschtiere, etc.); Eß- und Trinkgewohnheiten, Lese-, Musik- und Fernsehpräferenzen. Auf kollektiver oder gemeinschaftlicher Ebene findet die mentalitätsrelevante Alltagsästhetik ihren Ausdruck zum Beispiel in der Ausgestaltung gemeinsam genutzter Räumlichkeiten: der Vereinsheime, Gaststätten und Kirchenräume, des Friedhofes, des Kriegerdenkmales, der Schule, des Kindergartens, des Sportplatzes, aber auch in den Bemühungen um den „schönsten Gartenzaun", das „schönste Garagentor" und das „schönste Vogelhäuschen". In all diesen „banalen" Einzelheiten – so jedenfalls unsere Überzeugung – wird man mehr Anhaltspunkte finden für „Mentalitäten" als im Bereich bewußter politischer oder ethischer Einstellungen.

2. Zur Anlage der Studie: Die Methode

Von diesen theoretischen Vorgaben her ist unser Forschungsdesign bestimmt. Da Mentalitätsforschung ein Eindringen in kollektive Nahwelten erfordert, sind repräsentative Gesamterhebungen von vornherein ausgeschlossen. Dorfstudien dagegen bieten sich dafür an. Hier scheint die Chance am größ-

---

32 Soeffner 1992; Schulze 1992, S.273. – Schulze hat die Bedeutung der „Alltags-ästhetik" in seiner kultursoziologischen Analyse der bundesdeutschen Gesellschaft deutlich herausgearbeitet. Sein Entwurf von fünf spezifischen „Milieus", die die moderne „Erlebnisgesellschaft" charakterisieren (S.277ff.) ist für die Zwecke dieser Studie unmittelbar relevant. Insbesondere die von ihm vorgenommen Beschreibungen der sogenannten „Harmonie- und Integrationsmilieus" geben wichtige Interpretationshilfen für unsere Studie.

ten, wenigstens annäherungsweise Einblick in die alltägliche Lebenswelt der Menschen zu gewinnen[33]. Wir haben uns deshalb entschieden, der Frage nach den angeblichen „Mentalitätsunterschieden" zwischen den West- und den Ostdeutschen in einer vergleichenden Dorfstudie nachzugehen. Dazu wurden zwei, von der Geschichte, der Konfession, der Bevölkerungszahl, der Infrastruktur, der Wirtschafts- und Sozialstruktur her ähnliche Gemeinden ausgewählt, die zudem in einem einheitlichen Kulturraum liegen, der sich, wie sich heute zeigt, trotz 40 Jahren deutscher Teilung im Bewußtsein der Einwohner erhalten hat.

Wie kommt man aber nun an Mentalitäten heran? Wie lassen sich jene Tiefenstrukturen des Denkens, die im Halbdunkel zwischen Unbewußt und Bewußt, zwischen kollektivem Zwang und individueller Variabilität liegen, erfassen? Über Interviews allein wohl kaum und schon gar nicht über standardisierte Interviews mit Antwortvorgaben, weil damit eine „Bewußtheitsebene" vorgebenen wird, die der Befragte in der Regel nicht besitzt. Nun besitzen die Sozialwissenschaften Methoden genug, die die Chance bieten, auch in kollektive Nahwelten einzudringen und insbesondere den Bereich der „Alltagsästhetik" zu erfassen, auch wenn diese in der empirischen Sozialforschung nur ein Außenseiterdasein führen: die teilnehmende Beobachtung, das qualitative Interview, die photographische Dokumentation und die Bildinterpretation[34]. Wir haben uns, um einen möglichst „vollständigen" Zugang zu der sozialen Wirklichkeit eines Dorfes zu gewährleisten, für einen „Methodenmix" entschieden. Er besteht aus:

a) „Dorfbeschreibungen", die die geographische Lage, die Verkehrsanbindung, die Beziehung zum nächstgelegenen Verwaltungs-, Kultur- und Wirtschaftszentrum nachzeichnen; die die Wirtschafts-, Sozial-, Kultur-, aber auch die politische Geschichte der Gemeinden Revue passieren lassen; die die dörflichen Infrastrukturen, also die Arbeitsmöglichkeiten, die Versorgungs- und Entsorgungseinrichtungen, die Freizeit- und Kultureinrichtungen erfassen; und die die Gemeinden als „ästhetisches Ensemble" schildern, angefangen bei architektonischen Besonderheiten über den Zustand und die

---

33 Dorfstudien haben in den deutschen Sozialwissenschaften eine lange Tradition. Man muß dazu nicht an Wilhelm Heinrich Riehl oder Gustav Schmoller erinnern. Interessant (ob lohnend steht noch dahin) wäre sicher eine Aufarbeitung der vielen Dorfstudien, die unter der Leitung von Gunther Ipsen und Hans Linde im Dritten Reich angefertigt wurden. Vgl. dazu das theoretische Gerüst, das Ipsen bereits 1933 formulierte: Ipsen 1933. – Als klassisches Beispiel einer Gemeindestudie gilt bis heute unangefochten „Die Arbeitslosen von Marienthal" (Jahoda u.a. 1933).

34 Vgl. dazu die entsprechenden Kapitel im „Handbuch der qualitativen Sozialforschung" 1991, S.177ff.; S.189ff.; S.228ff. Zur Bildanalyse vgl.: Barthes 1985; Bourdieu u.a. 1983. – An dieser Stelle sei Thomas Jung, Lothar Voigt und Stefan Müller-Doohm (Oldenburg) gedankt, die uns freundlicherweise ihrer „Leitfaden zur Bildanalyse" zur Verfügung gestellt haben. Vgl. auch: Jung u.a. 1992.

Farbgebung der Gebäude und Gärten bis hin zur Sauberkeit und Gepflegtheit der öffentlichen Einrichtungen.

b) Sozialstatistischen Erhebungen, die über Bevölkerungs-, Wirtschafts- und Sozialstruktur der Gemeinden Auskunft geben, insbesondere über die Eigentums-, Einkommens- und Wohnverhältnisse, aber auch über das Wahlverhalten und die politische Partizipation, die Religionszugehörigkeit und Kirchenbindung, das Spar- und Kreditverhalten, Versicherungsabschlüsse, den PKW-Bestand, den Bildungsstand und die Berufsqualifikation.

c) Teilnehmenden Beobachtungen – Leben in beiden Gemeinden für 3 Wochen: Beobachtungen und Gespräche auf der Straße, beim Einkaufen, in der Bank, auf dem Gemeindeamt; Teilnahme an öffentlichen, halböffentlichen und privaten Veranstaltungen: Gemeinderatssitzungen, Stammtischen, Vereinsaktivitäten, Gartenparties, Jugendgruppenveranstaltungen, Hochzeiten, Begräbnissen. – Aufzeichnung charakteristischer Beobachtungen in Gedächtnisprotokollen.

d) „Experten"-Interviews mit den Bürgermeistern, den Fraktionsvorsitzenden der im Gemeinderat vertretenen Parteien, Pfarrern, Ärzten, Schulleitern, Gemeindeschwestern, Kirchenvorständen, Filialleitern der Banken, Unternehmern, Kaufleuten, Gastwirten, Vereinsvorständen, Polizisten etc. Diese Interviews sind aufgeteilt in einen allgemeine Teil, in dem die „Experten" sich über das Dorf, seine „Besonderheit", seine „Art" und über die „Stimmung" im Dorf äußern sollten, und einem speziellen Teil, in dem es um die eigenen Aufgaben und deren Bedeutung für das Dorf ging.

e) Photographische Bestandsaufnahmen: Der Schwerpunkt liegt dabei im Bereich der „Alltagsästhetik" (Gartenzäune, Schrebergärten, Friedhöfe, Wohnzimmereinrichtungen, etc.). Versucht wird aber auch, typische „soziale Situationen" (Stammtisch, Nachbarschaftsgeplauder, Familienglück im Schrebergarten etc.) im Bild zu dokumentieren. Und schließlich wurden auch Portraits von ausgesuchten Interviewpartnern angefertigt.

f) Je 15 qualitative Interviews mit Familien mit Kindern. Dabei wurden – mittels eines Gesprächsleitfadens – nicht allgemeine Einstellungen abgefragt, die Leute sollten vielmehr über ihr alltägliches Leben im Dorf berichten: über ihre Arbeit, ihre Freizeit, ihre Kinder, ihre Verwandtschaft, über die Kirchengemeinde, die Dorffeste, die Dorfpolitik etc. Die Fragen waren in der Regel so formuliert, daß sie eine Aufforderung zum Erzählen beinhalteten.

Nur ein solcher Methodenmix schien uns die Gewähr dafür zu bieten, an Mentalitäten und Mentalitätsstrukturen auch nur annähernd heranzukommen. In diesem Sinne ist die hier vorgelegte Studie nicht nur ein Versuch, spezifische, nämlich deutsch-deutsche Mentalitäten empirisch zu erfassen, sondern auch der Versuch eines Nachweises, daß sich der Begriff der Mentalität, der bisher fast ausschließlich in der theoretischen oder historisch-soziologischen

Diskussion gebraucht wurde, soweit operationalisieren läßt, daß er in der empirischen Sozialforschung sinnvoll und gewinnbringend eingesetzt werden kann.

3. Mentalität und Mentalitäten: Die Fragestellung

Wir sind bisher wie selbstverständlich von einem Einheitsbegriff der Mentalität ausgegangen ohne zu fragen, welche politische und soziale „Reichweite" ein solcher Begriff beinhalten kann. Die französische Mentalitätsgeschichtsschreibung spricht ganz naiv von der „Mentalität des Mittelalters" oder von der „Mentalität der frühen Neuzeit". Hagen Schulze, einer der wenigen deutschen Historiker, die der Mentalitätsgeschichte nicht ablehnend gegenüberstehen, hat dazu aufgefordert, den Begriff der Mentalität zur Erforschung nationaler Identitäten zu gebrauchen, scheint also davon auszugehen, daß es so etwas wie „nationale Mentalitäten" gibt[35]. Der „Volksmund" spricht ganz selbstverständlich von „regionalen Mentalitäten": Den Bayern wird ebenso wie den Sachsen oder den Schwaben oder den Rheinländern eine eigene Mentalität zugesprochen. Und wie wir in beiden Gemeinden erfahren haben, gehen auch die Einwohner dieser Gemeinden wie selbstverständlich davon aus, daß ihre Gemeinden eine „ganz besondere Art" besitzen, auch wenn keiner dann angeben konnte, worin denn diese bestehe.

Hinzu kommt, daß es neben diesen geographischen, politischen oder kulturellen auch noch soziale Differenzierungen zu geben scheint. Die wenigen Analysen zur Sozialstruktur, die in Anschluß an Theodor Geiger den Mentalitätsbegriff benutzen, gehen wie selbstverständlich davon aus, daß es schicht- oder, wie heute wohl treffender zu formulieren wäre, milieuspezifische Mentalitäten gibt: eine Mentalität der Bauern, eine Mentalität des Bürgertums, eine Mentalität der Arbeiterklasse[36] oder auch, wie man in Anschluß an Gerhard Schulze formulieren könnte, eine Mentalität des „Harmoniemilieus", eine Mentalität des „Integrationsmilieus", eine Mentalität des „Unterhaltungsmilieus"[37] etc. Und schließlich spricht man auch in religionssoziologischen Kreisen von scheinbar fraglos geltenden katholischen, lutherischen oder sonstwie gearteten religiösen Mentalitäten. Es scheint also nicht **die** Mentalität, es scheint nur ganz unterschiedliche Mentalitäten zu geben. Aber in welchem Verhältnis stehen schicht- oder milieuspezifische, konfessionelle, lokale, regionale und nationale Mentalitäten zueinander, wenn sie sich überhaupt eindeutig identifizieren lassen?

---

35 Vgl. Schulze 1985.
36 Vgl. Geißler 1992, S.100 u. S.106.
37 Vgl. Schulze 1992, S. 277ff.

Mentalitäten beruhen, wie gesehen, auf stereotypisierten Alltagserfahrungen, die über Generationen gewachsen sind, über Generationen weitergeben werden und dabei relativ stabil bleiben, d.h. ein großes Beharrungsmoment besitzen. Konstitutiv für Mentalitäten ist deshalb primär die Prägung durch die unmittelbare kulturelle und soziale Umwelt der Menschen. Mentalitäten sind im Kern regionale Mentalitäten mit lokalen Besonderheiten. Mentalitätsrelevant sind dann so ganz unterschiedliche Faktoren, wie die Prägung durch die Landschaft, die Sprache (den Dialekt), die Volkskultur, die Geselligkeits-, Umgangs- und Festformen, die Religionsgeschichte, die Sozial- und Wirtschaftsgeschichte des Wohnortes und der Region, aber auch die spezifischen Soziallagen, die unterschiedliche Chancen der Ausgestaltung der Lebenswelt eröffnen. In Dörfern, insbesondere in von der Sozialstruktur her relativ homogenen Dörfern, wird allerdings die differenzierende Kraft schicht- oder milieuspezifischer Mentalitäten minimiert oder überdeckt durch den Zwang zur Konformität, den der Wille zur „Dorfgemeinschaft" wenigstens als Postulat ausübt. Allzugroße Abweichung vom Durchschnitt bedeutet eben immer auch ein Herausfallen aus der Dorfgemeinschaft. Sucht man nun, wie wir es tun, nach Mentalitätsunterschieden zwischen zwei Bevölkerungsgruppen, die über 40 Jahre in zwei gänzlich unterschiedlichen politischen und sozialen Systemen gelebt haben, so bietet es sich an, dies in zwei Gemeinden zu tun, die nicht nur von ihrer Geschichte, ihrer Konfession, ihrer ökonomischen und sozialen Infrastruktur her ähnlich sind, sondern darüber hinaus auch noch in einer Region liegen, die sich trotz 40 Jahren deutsch-deutscher Teilung als einheitlicher Kulturraum erhalten hat. Hier scheint nicht nur die Chance am größten, in kollektive Nahwelten überhaupt eindringen zu können, hier lassen sich aufgrund einer hohen Homogenität der Lebenswelten Gemeinsamkeiten, aber auch Unterschiede und deren Ursachen am ehesten feststellen.

Mentalitäten sind zwar primär lokal und regional bestimmt, doch gibt es in ihnen Elemente, die diese Begrenzungen sprengen. Schon Alfred Schütz hat auf die unterschiedliche Reichweite des Alltagswissens aufmerksam gemacht und betont, daß der Kernbereich der eigenen Erfahrungen immer umgeben ist von Dimensionen des bloßen Glaubens, der Übernahme von Fremderfahrungen, dem Vertrauen auf fremde Autoritäten, die vor allem dann in ihr Recht treten, wenn sie den unmittelbaren Erfahrungsbereich des Alltags überschreiten. Mentalitätsrelevant sind deshalb auch Faktoren, die von außen Einfluß auf die alltägliche Lebenswelt ausüben. Das sind insbesondere die Geschichte des Staates, dessen Herrschaft man unterworfen ist, und die Kultur der Nation, der man sich zurechnet. Bei der Ausbildungen von Mentalitäten darf vor allem die vereinheitlichende Wirkung von Sprache, Schule und Bildung, von Kirche und Religion, von Administration und Politik, und – unter modernen Bedingungen – der visuellen Medien nicht unterschätzt werden. Konkrete Mentalitäten sind also immer zusammengesetzt aus mehreren, konzentrisch angeordneten Elementen. Im Kernbereich steht die lokale und regionale

Mentalität, die je nach der Homogenität der unmittelbaren Lebenswelt mehr oder weniger schicht- oder milieuspezifisch differenziert ist. Um diesen Kernbereich herum lagern sich überlokale und überregionale, unter den Bedingungen der europäischen Moderne vor allem national bestimmte Elemente an, die durch die politische und ökonomische Verfassung des übergreifenden politischen Staatswesens und seine kulturellen Vorgaben determiniert sind.

Für die Fragestellung dieser Studie heißt dies: Im Mittelpunkt der Untersuchung stehen regionale Mentalitäten in ihren lokalen Besonderheiten. Es soll sich erweisen, ob 40 Jahre Leben in unterschiedlichen Gesellschaftssystemen auch unterschiedliche Alltagsorientierungen und Glaubensüberzeugungen ausgeprägt haben, oder ob die durch die gemeinsame Geschichte langfristig erworbenen Handlungsdispositionen und Werthaltungen 40 Jahre deutschdeutsche Teilung überdauert haben. Da aber regionale Identitäten auch immer eine nationale Einfärbung besitzen, schwingt in dieser Studie, wenn auch in deutlich zu markierenden Grenzen, die Frage nach der „deutschen Mentalität" mit. Wir werden zu unterscheiden haben: Was ist an den gefundenen Alltagsorientierungen spezifisch regional, was ist spezifisch national? Wir gehen also von der Vermutung aus, daß es neben den lokalen und regionalen Besonderheiten, eine zwar lokal und regional eingefärbte, aber doch übergreifende, nationale Mentalität gibt, die auch das Leben in beiden Gemeinden bestimmt.

Helmuth Plessner hat 1924 die „Sehnsucht nach Gemeinschaft" als den bestimmenden Ausdruck einer typischen deutschen Mentalität beschrieben[38]. „Sehnsucht nach Gemeinschaft" steht für ein Verhältnis zur Wirklichkeit, in dem das Verlangen nach emotionaler Wärme, Nähe und Überschaubarkeit, nach Unmittelbarkeit und Authentizität menschlicher Sozialbeziehungen, nach Sicherheit und Gewißheit dominiert, und in dem allem Vermittelten, Distanzierten, Indirekten und Formellen, insbesondere der „Politik" und der „Diplomatie", Mißtrauen entgegengebracht wird. Diese „Sehnsucht nach Gemeinschaft" ist in beiden von uns ausgewählten Gemeinden – jedenfalls auf den ersten Blick – mit den Händen zu greifen. Oftmals gewannen wir den Eindruck, als ob Ferdinand Tönnies mit seiner Lobpreisung des „Gemeinschaftslebens" und seiner Verurteilung alles „Gesellschaftlichen" direkt aus den Menschen spräche. Die Studie wird erweisen, ob dieser erste Eindruck aufrecht erhalten werden kann oder ob, und wenn ja, wie er differenziert werden muß. In diesem Sinne versteht sich die vorgelegt Studie auch als ein kleiner, bescheidener Beitrag zu der Frage: „Wie verschieden sind wir wirklich?"

---

38 Vgl. Plessner 1924.

Kapitel II
Werda und Regnitzlosau: Dorfbeschreibungen

Beide Gemeinden, das nordbayerische Regnitzlosau und das sächsische Werda, liegen im Vogtland – einer welligen, nach Norden hin abfallenden, waldreichen Landschaft mit tief eingeschnittenen Tälern im Grenzbereich von Bayern, Thüringen und Sachsen. Vogtland ist der Name für das Bergland beiderseits der oberen Saale und der oberen Weißen Elster, begrenzt durch den Frankenwald im Westen, das Fichtelgebirge im Süden und das Elster- und Erzgebirge im Südosten und mit den Städten Hof und Plauen als wirtschaftlichen und kulturellen Zentren. Ähnlich wie das Eichsfeld südlich von Göttingen beschrieb und beschreibt auch das Vogtland einen einheitlichen, Staats- und Ländergrenzen übergreifenden Kultur- und Wirtschaftsraum mit eigener Mundart und Volkskultur, der sich als „Einheit" versteht und dessen Einwohner eine eigene regionale Identität als „Vogtländer" entwickelt haben – eine Identität, die auch 40 Jahre deutsche Teilung nicht zerstören konnten.

Diese regionale Identität hat sich über Jahrhunderte herausgebildet und über Generationen dann erhalten, obwohl das Vogtland nur im 13. und 14. Jahrhundert unter den Vögten von Weida ein politisch geschlossener Raum war. Bereits 1373 wurde der heute bayerische Teil des Vogtlandes um die Stadt Hof an den Nürnberger Burggrafen Friedrich IV., einen Hohenzoller, verkauft. Später ging dieser Besitz dann an die zollerische Nebenlinie der Markgrafen von Bayreuth über. Im 16. Jahrhundert verpfändeten die Weidaer Vögte große Teile des heute sächsischen Vogtlandes an den Kurfürsten August von Sachsen. Unfähig die Pfandsumme zurückzuerstatten, mußten die Weidaer es zulassen, daß dieser Teil ihrer Besitzungen 1569 endgültig an das Kurfürstentum Sachsen überging. Der Rest des Landes, der im heutigen Bundesland Thüringen liegt, fiel an eine jüngere Nebenlinie der Weidaer Vögte, an die Fürsten von Plauen-Reuß. Als Folge der vielfach gespaltenen Reußischen Erblinien entstand im ostthüringischen Raum eine in der Geschichte einmalige „Kleinstaaterei". 1680 existierten in diesem Gebiet nicht weniger als 16 selbständige Kleinstaaten, was vielerorts Ironie und Spott hervorrief. So dichteten Untertanen des Fürsten von Ebersdorf: „Fällt in der Stube die Lampe um, riecht's im ganzen Land nach Petroleum" und erfanden die folgende Anekdote: „Ein Fremder sah am Schloßtor in Ebersdorf einen Wachsoldaten und sagte zu einem Passanten: ,Das ist aber ein schneidiger Soldat!'

Darauf entgegenete der Ebersdorfer: ‚Wir haben noch so einen'". Noch vor dem ersten Weltkrieg finden sich auf einer Karte des Vogtlandes sechs Staaten im oberen Saaletal.

Die Vogtländer haben also schon zeitig gelernt, sich trotz unterschiedlicher politischer Zugehörigkeiten als Einheit zu verstehen. Es überrascht deshalb kaum, daß 1989, unmittelbar nach der Grenzöffnung „Gemeinsamkeitsbekundungen" an der Tagesordnung waren, daß eine regelrechte „Vogtland-Euphorie" ausbrach, die die alten Verbindungen wieder rekonstituieren wollte. Wenn man will, kann man in dieser Zeit sogar von einer vogtländischen Irridenta sprechen, die in den Slogans „Vogtland – die Mitte Europas" oder „Wir sind ein Vogtland" und in der Forderung nach einem eigenen Bundesland „Vogtland" gipfelte. Die Euphorie hat sich inzwischen gelegt und ist dem Bewußtsein gewichen, wie früher in einem politisch gespaltenen, aber doch irgendwie einheitlichen Kulturraum zu leben, mit gemeinsamen Traditionen, mit einem ähnlichen Dialekt, mit einer ähnlichen Volkskultur und vielen verwandtschaftlichen Beziehungen. In vielen Bereichen knüpfte man direkt an die Zeit vor 1945 an: bayerische Beamte aus Hof und der Umgebung helfen beim Aufbau der Kommunalverwaltungen, der Justiz, der Polizei und der Arbeitsämter. Hofer und nordbayerische Unternehmer investieren im sächsischen Vogtland. Sächsische und thüringische Vogtländer pendeln zur Arbeit ins bayerische Vogtland, kaufen dort ein und nehmen die Freizeitangebote wahr (das neu gebaute Freizeitbad in Hof wird im Volksmund ironisierend nur noch als „Sachsenwaschanlage" bezeichnet, der „Whirlpool" als „Sachsenkochtopf"). Lange verschüttete „Verwandtschaftsbeziehungen" leben wieder auf, neue Freundschaften entstehen.

Ein wichtiger Bestandteil der regionalen Identität des Vogtlandes liegt in dem Bewußtsein, nicht nur eine kulturelle, sondern auch eine wirtschaftliche Einheit zu bilden. Das Vogtland ist trotz seines ländlichen Gepräges im Kern eine Industrielandschaft und zwar eine der frühesten in Deutschland. Die Landwirtschaft war aufgrund der natürlichen Gegebenheiten, der kargen Böden und des rauhen Klimas, nie ein besonders ertragreicher Erwerbszweig. Schon im 16. Jahrhundert wurde im Vogtland die Baumwollweberei eingeführt, vor allem in Form der Hausweberei. Im 18. Jahrhundert entstanden dann die ersten Textilmanufakturen, die Ende des 18. und Anfang des 19. Jahrhunderts unter dem Druck der englischen Konkurrenz zusammenbrachen. Mitte des 19. Jahrhunderts setzte im Vogtland die Industrialisierung massiv ein, vor allem wieder im Textilbereich – die Plauener Spitze ist bis heute weltberühmt. Eisenbahnlinien durchzogen das Land, Hof und Plauen entwickelten sich zu Drehscheiben im Ost-West und auch im Nord-Süd-Verkehr. In fast jedem der kleinen Orte entstanden kleinere oder größere Textilfabriken. Die Städte wuchsen rapide an und gelangten zu Wohlstand. Plauen zum Beispiel, das 1854 gerade 13.000 Einwohner hatte, entwickelte sich bis 1900 zu einer Großstadt mit mehr als 100.000 Einwohnern. Man kann diesen Wohlstand und das „bürgerliche Selbstbewußtsein" heute noch erahnen, wenn man durch viele der vogtländischen Städte im Osten spaziert, durch Plauen, Falkenstein oder Oelsnitz und die Fassaden und Bauten der Gründerzeit auf sich wirken läßt. Die Abhängigkeit von der krisenanfälligen Textilindustrie ließ allerdings im Vogtland auch etwas entstehen, das man als „Tradition der Arbeitslosigkeit" bezeichnen kann; kaum eine Familie, die nicht „von schweren Zeiten" in der Generation der Groß- und Urgroßeltern zu berichten weiß. Das Leben war nie einfach im Vogtland.

Nach 1945, im Zuge der deutschen Teilung und als Folge des „Kalten Krieges", geriet das Vogtland, einstmals Zentrum und Drehscheibe in der Mitte Europas, in eine Randlage und verlor an Bedeutung. Die großen Verkehrs-, aber auch die Ideen- und Moderströme gingen seitdem an dieser Region vorbei. Abwanderungen setzten ein, nicht nur im bayerischen Teil, sondern auch im thüringischen und sächsischen Teil des Vogtlandes. Das Vogtland wurde hüben wie drüben zum Inbegriff von „Provinz". Auch aus diesem Grund hielten sich in dieser Gegend alte Traditionen und ursprüngliche Mentalitäten mehr als in anderen Gegenden der alten Bundesrepublik und der ehemaligen DDR.

1. Geographische Lage und Geschichte

Beide von uns ausgewählten Gemeinden sind von ihrer Geschichte, von ihrer Wirtschafts- und Sozialstruktur, aber auch von ihrem Eindruck als ästhetisches Ensemble her typisch für ein vogtländisches Dorf. Werda liegt im Kern des sächischen Vogtlandes, im Landkreis Auerbach, an einer vielbefahrenen Straße, die die beiden (Noch-) Kreisstädte Oelsnitz und Auerbach verbindet. Die nächsten größeren Städte, in der sich auch die für Werda zuständigen „Ämter", wie auch das „Polizeirevier" befinden, sind Falkenstein und Auerbach, die 6 beziehungsweise 8 km entfernt liegen. Nach Plauen und Hof, den beiden „Oberzentren" des Vogtlandes, sind es circa 20 bzw. 35 km. Beide Städte sind mit öffentlichen Verkehrsmitteln, wie auf dem Lande üblich, sehr schwer zu erreichen, was in Werda – wie übrigens auch in Regnitzlosau – regelmäßig und von allen Seiten beklagt wurde. Regnitzlosau liegt am Rande des Vogtlandes, im bayerischen Regierungsbezirk Oberfranken, unmittelbar an der ehemaligen deutsch-deutschen Grenze und nur wenige Kilometer von der Grenze zur Tschechischen Republik entfernt. Im Volksmund heißt diese Gegend deshalb auch das „Dreiländer-Eck". Die nächstgelegene „Kleinstadt", Rehau, in der viele Regnitzlosauer arbeiten oder zur Schule gehen, liegt circa 6 km, die zuständige Kreisstadt „Hof" circa 12 km entfernt.

Die historischen Anfänge beider Gemeinden liegen im Dunkeln. Beide scheinen, wie archäologische Funde zeigen, sorbisch-wendische Gründungen zu sein, deren slawische Bevölkerung sich im Zuge der fränkischen Eroberung und Besiedlung, die in der Zeit der sächsischen Kaiser, also im 9. und 10. Jahrhundert begann, mit den fränkischen Neusiedlern vermischte. Regnitzlosau wird 1234 zum ersten Mal urkundlich erwähnt, Werda erst 1421 – die Grundmauern der Werdaer Kirche werden allerdings schon auf das Jahr 1250 datiert. Beide Gemeinden sind also etwa gleich alt. Die Werdaer wie die Regnitzlosauer „Ursiedler" waren „Fronbauern", die unterschiedlichen Rittergütern unterstanden, die auch die Gerichtshoheit ausübten. Das Rittergut in Werda, im Laufe der Jahrhunderte freilich oftmals umgebaut und modernisiert, existiert heute noch als schloßartiges Gebäude. In Regnitzlosau gab es einst drei Rittergüter, von denen heute allerdings nur noch Ruinen zu besichtigen sind. Jahrhundertelang lebten die Menschen in beiden Gemeinden in Abhängigkeit von den Rittergütern als kleine Bauern und Handwerker – größere Höfe waren die Ausnahme. Deshalb und weil die extremen klimatischen und geographischen Bedingungen einer Intensivierung der landwirtschaftlichen Produktion im Wege standen, blieben beide Gemeinden bis ins 19. Jahrhundert sehr klein. 1531 werden für das Kirchspiel Werda lediglich 14 Häuser mit 84 Einwohnern aufgeführt. Im 17. Jahrhundert – so läßt sich aus den Akten zur Finanzierung des Kirchenneubaus schließen – müssen es etwa 50-60 Haushalte gewesen sein. Für Regnitzlosau liegen für diese Zeit keine Angaben vor, doch kann davon ausgegangen werden, daß sich die dortigen Verhältnisse nicht wesentlich von denen in Werda unterschieden.

Die extremen klimatischen Bedingungen und die ungünstigen Böden, die den Bauern nur ein kärgliches Dasein gestatteten, ließ die Bevölkerung schon früh nach zusätzlichen Erwerbsmöglichkeiten suchen. In beiden Gemeinden entwickelte sich schon bald – Ansätze dazu sind bereits im 16. und 17. Jahrhundert zu beobachten – so etwas wie ein Kleingewerbe, vor allem in der Form des „ländlichen Nebengewerbes": Hammerwerke, in denen Eisen und Zinn verarbeitet wurde, Sägemühlen, Töpferwerkstätten. Vor allem aber die Hausweberei wurde zu einem wichtigen, wenn nicht dem wichtigsten Erwerbszweig in beiden Gemeinden. Mitte des 19. Jahrhunderts setzte dann im Vogtland – nach der sowohl in Sachsen wie in Bayern erfolgten „Bauernbefreiung" – eine massive Industrialisierung ein, die nicht ohne Auswirkungen auf Werda und Regnitzlosau blieb. In den meisten Häuser stand jetzt ein oder mehrere Heimwebstühle, an denen zumeist die ganze Familie arbeitete. Die Produktion (vor allem Teppiche und Baumwollstoffe) wurde monatlich im Handkarren nach Hof oder Plauen gefahren und zumeist zu sehr ungünstigen Konditionen an die dort ansässigen Verleger verkauft. Wohlstand konnte auf diese Weise kaum erworben werden. Trotzdem wuchsen in dieser Zeit die beiden Gemeinden von der Bevölkerungszahl schnell an, wobei als Gründe neben den gestiegenen Erwerbsmöglichkeiten vor allem die Verbesserung der Ernährungslage und der hygienischen Verhältnisse genannt werden müssen. Werda hatte um 1870 bereits mehr als 1000 Einwohner. Sich der allgemeinen Entwicklung anpassend, die zur großmaschinellen Produktion hin tendierte, entstanden anfangs des 20. Jahrhundert in beiden Gemeinden Tex-

Abbildung 1: „Straße in Werda"

Abbildung 2: „Straße in Regnitzlosau"

tilfabriken, die bis heute existieren. In Regnitzlosau wurde 1908 ein Textil-
werk gegründet, in Werda 1921 eine Stickereifabrik, die später durch eine
Weberei vergrößert wurde. Die durch die „Industrialisierung" geschaffenen
Erwerbsstrukturen sind für beide Gemeinden auch heute noch typisch. Sowohl in Werda als auch in Regnitzlosau spielt die Landwirtschaft keine aus-
schlaggebende Rolle mehr. Beide Gemeinden sind seit mehr als 100 Jahren
„Industriegemeinden", in denen – in Werda noch mehr als in Regnitzlosau –
die Mehrzahl der Einwohner ihr Brot als Industriearbeiter (wenn heute auch
zumeist als Pendler außerhalb) verdient.

2. Bevölkerungsentwicklung, Eigentums- und Wohnverhältnisse

Beide Gemeinden scheinen auf den ersten Blick von der Einwohnerzahl her
nicht vergleichbar zu sein. In Regnitzlosau leben heute 2775 Personen
(Stand: 7.1.1992). Werda hat gegenwärtig 1024 Einwohner (Stand: 31.12.
1989). Doch dieser erste Blick trügt. Im Zuge der bayerischen Gemeindere-
form wurden 7 umliegende Ortschaften nach Regnitzlosau eingemeindet. Die
Einwohnerzahl der Kerngemeinde liegt etwa bei 1400 (exakte Zahlen waren
uns nicht zugänglich). In Werda ist damit zu rechnen, daß bei der anstehenden sächsischen Verwaltungsreform, ebenfalls umliegende Ortschaften mit
Werda zu einer Verwaltungseinheit zusammengeschlossen werden, so daß
die Gesamtbevölkerungszahl auf etwa 2500 steigen wird. So gesehen lassen
sich beide Gemeinden durchaus vergleichen.

Beide Gemeinden haben – was die Zahl der Einwohner betrifft – schon
„bessere Tage" gesehen. Im Zuge der Industrialisierung stieg die Bevölkerung in Werda konstant an. Um 1870 wurden circa 1000 Einwohner gezählt,
um 1914 bereits 1400. Nach kriegsbedingten Rückgängen erlebte Werda
1950 mit 1500 Einwohner seinen bisher größten Umfang. Seit 1950 ist die
Bevölkerungszahl stetig am Sinken, teilweise aufgrund eines geänderten generativen Verhaltens, teilweise aber auch aufgrund von Abwanderungen in
andere Gebiete der ehemaligen DDR. Eine ähnliche Entwicklung durchlief
auch Regnitzlosau. Um 1900 zählte die Gemeinde etwa 2600 Einwohner
(diese und die folgenden Angaben beziehen sich alle auf die heutige Gesamt-
gemeinde), eine Zahl, die bis zum Beginn des Zweiten Weltkriegs relativ
konstant blieb. Die Einwohnerzahl wuchs bis 1950 auf 3300 Personen an.
Der Grund für dieses Bevölkerungswachstum ist in dem enormen Zuzug vor
allem sudetendeutscher Vertriebener in den Jahren nach 1945 zu suchen. Von
diesem Zeitpunkt an sank auch in Regnitzlosau die Zahl der Bevölkerung
konstant. 1988 lebten gerade noch 2550 Personen in der Gemeinde. Nach der
„Wende" in der ehemaligen DDR konnte Regnitzlosau seine Bevölkerungszahl wieder etwas steigern, vor allem weil sich etwa 130 Personen aus

den neuen Bundesländern hier niederließen. Die Gründe für den allgemeinen Bevölkerungsverlust seit 1950 sind ähnliche wie die für Werda genannten. Das generative Verhalten blieb in beiden Gemeinden in den letzten zwei Jahrzehnten relativ konstant (ältere Daten waren uns nicht zugänglich). Sowohl was die Zahl der Eheschließungen, der Ehescheidungen, der Geburtenziffern und der Sterbefälle angeht, lassen sich einschneidende Veränderungen nicht erkennen. Die Altersstruktur beider Gemeinden bewegt sich im üblichen Rahmen. Eine überdurchschnittliche Überalterung ist in Regnitzlosau nicht, in Werda nur in geringem Maß zu erkennen. Auffallend, freilich für ländliche Regionen nicht untypisch, ist für beide Gemeinden, daß die Zahl der Kinder pro Familie leicht über, die Zahl der Ehescheidungen deutlich unter dem Durchschnitt der alten beziehungsweise der neuen Bundesländer liegt. In Werda wurden bis 1989 durchschnittlich 6 Kinder im Jahr geboren, in Regnitzlosau etwa 20. Die Zahl der Eheschließungen liegt in Regnitzlosau bei etwa 18 im Jahr, in Werda bei 5, wobei in Werda sich seit 1980 eine durchgängiger Rückgang der Eheschließungen beobachten läßt. Was in Werda besonders auffällt ist die Tatsache, daß in der Zeit nach der „Wende" die Zahl der Eheschließungen und Geburten nochmals zurückgegangen ist, beide also kaum mehr vorkommen. In der Zeit des radikalen Umbruchs und der damit einhergehenden Unsicherheitspotentiale, wird, wie uns auch in vielen Gesprächen bestätigt wurde, die eigene Familienplanung erst einmal zurückgestellt und auf bessere Zeiten gewartet.

Für beide Gemeinden charakteristisch ist der hohe Grad an Wohneigentum. Bei einem Gesamtwohnungsbestand von 1075 Einheiten wurden 1987 in Regnitzlosau 659 Wohnungen oder Häuser von ihren Eigentümern, lediglich 366 Wohnungen und Häuser zur Miete bewohnt. In Werda waren 1992 bei einem Gesamtwohnungsbestand von 481 nur 14 Mietwohnungen vorhanden. Der überwiegende Teil der Bevölkerung lebte also – in Werda noch mehr als in Regnitzlosau – in ihren eigenen „vier Wänden". Über die Größe und Ausstattung der Wohnungen beziehungsweise Häuser lagen uns keine Daten vor. Beobachtungen in beiden Gemeinden haben aber ergeben, daß die Wohnhäuser und die sie umgebenden Grundstücke im Vergleich zu städtischen Wohnverhältnissen von der Wohn- und Nutzfläche her nicht nur großzügiger dimensioniert sind, sondern auch über die gängige Ausstattung verfügen (sanitäre Anlagen, Heizungssysteme, Elektroanschlüsse etc.). Was letzteres betrifft, können die Werdaer zwar noch nicht mit den Regnitzlosauern konkurrieren, doch ist bemerkenswert, daß viele der Besitzer von Wohneigentum sofort nach der Wende die Renovierung ihrer Häuser in Angriff nahmen. Dies begann mit dem Einbau neuer moderner Heizungssysteme, der Erneuerung der Armaturen in Bad und WC, und ging über den Einbau neuer Türen und Fenster bis hin zum neuen Anstrich der Hausfassade und des Gartenzauns. Die meisten, nicht unbeträchtlichen Spareinlagen wurden nicht – wie gängige westliche „Vorurteile" lauten – in den Kauf eines neuen PKWs ge-

Abbildung 3: „Industriebetrieb in Regnitzlosau"

Abbildung 4: „Ehemaliger Industriebetrieb in Werda"

steckt, sondern in die Modernisierung des Wohneigentums. In diesem Sinne kann davon ausgegangen werden, daß sich die Qualität des Wohneigentums in beiden Gemeinden in den nächsten Jahren schnell annähern wird.

3. Wirtschafts- und Sozialstruktur

Wie oben schon gesagt, sind beide Gemeinden seit mehr als 100 Jahren als „Industriegemeinden" anzusehen. Obwohl beide Gemeinden von großräumigen, landwirtschaftlich genutzten Flächen umgeben sind, spielt die Landwirtschaft als Wirtschaftssektor in beiden Gemeinde keine bedeutende Rolle mehr. In Regnitzlosau gibt es nur noch 3 Vollerwerbsbauern und auch in Werda leben gerade noch 3 Einwohner von der Landwirtschaft. Und auch diese werden (so ihre eigenen Angaben) nach der Auflösung der örtlichen LPG ihre zurückgegebenen Felder nicht mehr selbst bewirtschaften, sondern Landwirtschaft höchstens noch im Nebenerwerb betreiben. Der dominierende Wirtschaftssektor ist in beiden Gemeinden auch heute noch die Textilindustrie. Die weitaus größten Arbeitgeber am Ort sind Unternehmen der Textilbranche. In Werda bestehen noch zwei Textilbetriebe, die jetzt an ihre ehemaligen Besitzer, die zu DDR-Zeiten als Produktionsleiter in ihren eigenen Betrieben gearbeitet hatten, zurückgegeben wurden. Der eine Betrieb stellt noch 87, der andere 33 Arbeitsplätze zur Verfügung (zum Zeitpunkt der Befragung im Mai 1992). Beide Unternehmer sind allerdings optimistisch, was die Zukunft ihres Betriebes betrifft und hoffen auch, die Zahl der Arbeitsplätze erhalten zu können. Der größte Arbeitgeber in Regnitzlosau ist die alteingesessene Textilfabrik, deren verstorbener Gründer bis heute als „Patriarch" verehrt wird. Diese bot zum Zeitpunkt der Erhebung 173 Personen (davon 24 türkischen Staatsbürgern) Arbeit. Daneben existieren in beiden Gemeinden einige kleinere Gewerbebetriebe, zumeist größere Handwerks- und kleinere Dienstleistungsbetriebe (Heizungs- und Elektroinstallateure, Automechaniker, Fliesenleger, Maler, Schreiner, Zimmerleute, Versicherungskaufleute, Einzelhandelskaufleute etc.). In Werda schienen die Handwerker direkt auf die „Wende" gewartet zu haben. Sie wagten alle den Sprung in die Selbständigkeit, einige waren sogar zu größeren Investitionen bereit, und scheinen damit – so unser Eindruck – recht erfolgreich zu sein. Insgesamt gab es zum Zeitpunkt der Erhebung in Werda 59 Arbeitsstellen mit 253 Arbeitsplätzen, in Regnitzlosau existierten 95 Arbeitsstellen mit 609 Arbeitsplätzen.

Geht man davon aus, daß nicht nur Einheimische in den ortsansässigen Betrieben arbeiten, erkennt man schnell, daß der größte Teil der arbeitenden Bevölkerung gezwungen ist, außerhalb ihres Wohnortes zu arbeiten. So stehen in Regnitzlosau 125 Einpendlern insgesamt 806 Auspendler (Auszubildende miteingeschlossen) gegenüber, die ihr Geld entweder zumeist in der benachbarten Kleinstadt Rehau oder in der Kreisstadt Hof verdienen. Für Werda liegen solch exakte Zahlenangaben nicht vor, doch schätzt der Bürgermeister, daß etwa 60% der arbeitenden Bevölkerung nach auswärts pendelt, der größte Teil von ihnen ins 35 km entfernte Hof. Einige nehmen noch weitere Wege in Kauf, um Arbeit zu finden und pendeln bis Münchberg, einige sogar bis Nürnberg. Durch diese Möglichkeit, im Westen arbeiten zu können, hält sich trotz des Niedergangs des Textilgewerbes in Werda und seiner Umgebung die Arbeitslosigkeit in Grenzen. Exakte Daten stehen uns leider nicht zur Verfügung, nach Schätzung des Bürgermeister lag die Arbeitslosenquote zum Zeitpunkt der Befragung deutlich unter 10%. In Regnitzlosau weicht die Arbeitslosigkeit nicht vom nordbayerischen Landesdurchschnitt ab und lag zum Zeitpunkt der Befragung bei etwa 6%.

Exakte Angaben über Bildungsstand und Berufsqualifikation liegen nur für Regnitzlosau vor. 79,2% der erwachsenen Bevölkerung verfügen hier über einen Hauptschulabschluß, 8,5% über einen Realschulabschluß und lediglich 4,7% verfügen über einen Fach- bzw. Hochschulabschluß. Die Zahl der berufsbildenden Abschlüsse liegt in Regnitzlosau bei 244. Das sind bei insgesamt 1232 Erwerbstätigen in Regnitzlosau etwa 20% (Stand: 1987). Für Werda liegen keine vergleichbaren Daten, sondern nur Schätzungen auf der Grundlage der Aussagen der Gemeindeverwaltung und der örtlichen Schulleitung vor. Es kann danach für Werda – trotz des unterschiedlichen Bildungssystems in der ehemaligen DDR – von einer vergleichbaren Situation ausgegangen werden. In beiden Gemeinden stellen (ungelernte) Arbeiter die Mehrzahl der Erwerbstätigen, was angesichts der Arbeitsbedingungen in der noch immer dominierenden Textilindustrie, die hauptsächlich ungelernte Arbeitskräfte beschäftigt, nicht weiter überrascht.

4. Die politische Situation

Beide Gemeinden lassen sich, was die politischen Verhältnisse betrifft, mit einem Wort kennzeichnen, das der Regnitzlosauer Bürgermeister leicht ironisierend zur Beschreibung der Lage in seiner Gemeinde benutzte: Sie sind „schwarze Oasen". In Regnitzlosau dominiert seit Jahrzehnten die CSU mit absoluter Mehrheit die politische Landschaft, in Werda hat bei den ersten freien Wahlen im Jahre 1990 die CDU die absolute Mehrheit erreicht und auch bei allen folgenden Wahlen behauptet. Diese gemeinsame „schwarze Dominanz" mag angesichts des „industriellen Charakters" beider Gemeinden vielleicht überraschen, sie ist auf jeden Fall nicht das Ergebnis einer „momentanen Stimmung". Es lagen uns zwar keine Wahlergebnisse aus der Weimarer Republik und dem Kaiserreich vor, doch läßt sich aus den Erzählungen älterer Einwohner schließen, daß in beiden Gemeinden weder die SPD noch die Gewerkschaften jemals Macht und Einfluß besaßen. Es gibt in beiden Gemeinden keine „Arbeitertradition", an die „linke Parteien" anschließen könnten, was aufgrund der besonderen Eigentumsverhältnisse und – wie noch zu erwähnen sein wird – der sehr starken Kirchenbindung nicht allzusehr überrascht.

Bei den ersten freien Wahlen in der ehemaligen DDR, der Volkskammerwahl am 18. März 1990 erreichte die CDU in Werda bei einer Wahlbeteiligung von 96,7% einen Stimmenanteil von 62,7% (40,9%), die SPD lag bei 12,8 % (21,8%), die Freien Demokraten (BFD) bei 4,6% (5,28%), die DSU bei 10,0 % (6,3%), die PDS bei 4,8% (16,3%) (in Klammern jeweils die Vergleichszahlen für die gesamte DDR). In den folgenden Wahlen zum sächsischen Landtag (am 14. Oktober 1990) und zum Bundestag (am 2. Dezember 1990) gingen zwar sowohl die Wahlbeteiligung (81,7% bzw. 82,0%) leicht zurück, wie auch die Anteile der CDU (54,8% bzw. 48,1%). Von diesem Rückgang profitierte insbesondere die SPD (19,8% bzw. 18,0%) und die Freien Demokraten (10,7% bzw. 19,4%), doch blieb die CDU die dominierende politische Kraft in Werda. Allerdings deuten die relativ großen Unterschiede in den Stimmanteilen bei den kurz aufeinander folgenden Wahlen darauf hin, daß der politische Formierungsprozeß in Werda noch nicht abgeschlossen ist.

Die Ergebnisse der Gemeindevertreterwahlen am 6. Mai 1990 laufen dem oben genannten Trend nicht entgegen. Auch hier erreichte bei einer Wahlbeteiligung von 88,4% die CDU 50,2% der Stimmen (= 8 Sitze in der Gemeindevertretung), die Freien Demokraten (BFD) 21,7% (= 3 Sitze), die SPD 15,3% (= 2 Sitze), die DSU 4,3% (= 1 Sitz) und die PDS 3,9% (= 1 Sitz). Da sich aus der CDU-Fraktion niemand bereit fand, für das Amt des Bürgermeisters zu kandidieren, wählte die Gemeindeversammlung den ehemaligen, heute parteilosen Gemeindevorsteher einstimmig zum neuen Bürgermeister. Die sich in diesem Fall zeigende „Einstimmigkeit" in gemeinderelevanten Fragen weist nicht nur auf die „parteiunabhängige" Autorität und auf das Ansehen der Person des Bürgermeisters als „pater familias" der Gemeinde hin, sie ist zudem charakteristisch für die Grundstimmung in Werda. In der alltäglichen politischen „Kleinarbeit" spielen, so das Bekenntnis aller politisch Aktiven, parteipolitische Grenzen nur eine untergeordnete Rolle. Auffallend ist bei der sozialen Zusammensetzung der Gemeindevertretung, daß insbesondere in der CDU-Fraktion die Selbständigen dominieren. Fast alle in der Gemeinde ansässigen selbständigen Handwerker sind Mitglieder der Gemeindevertretung.

In Regnitzlosau ist die politische Situation ähnlich. Bei der bayerischen Landtagswahl am 18. März 1990 erreichte bei einer Wahlbeteiligung von 73,7% die CSU 67%, die SPD 24,8%, die FDP 1,5%, die GRÜNEN 3,0% und die REPUBLIKANER 2,5%. Bei der am 2. Dezember 1990 stattgefundenen Bundestagswahl lag bei einer Wahlbeteiligung von 80,1% die CSU bei 62,2%, die SPD bei 22%, die FDP bei 6,8%, die GRÜNEN wieder bei 3% und die REPUBLIKANER bei 4,5%. Auch die Wahl des Gemeinderats, die gemeinsam mit den bayerischen Landtagswahlen stattfand, weicht von dem oben erkennbaren Grundmuster nur insoweit ab, als die auf Landes- und Bundesebene nicht antretende Freie Wählervereingung nicht nur die Stimmen der FDP absorbierte, sondern zudem der CSU einige Stimmen abnahm. Die CSU erreichte bei den Wahlen zum Gemeinderat 53% der Stimmen (= 8 Sitze), die SPD 21% (= 3 Sitze) und die FREIE WÄHLERVEREINIGUNG 25% (= 3 Sitze). Ähnlich wie in Werda fällt auch in Regnitzlosau auf, daß der Gemeinderat in seiner sozialen Zusammensetzung eindeutig von den selbständigen Handwerkern und Kaufleuten dominiert wird. Der Bürgermeister wird seit Jahrzehnten von der CSU gestellt. Und auch in Regnitzlosau zeigt sich über die Parteigrenzen hinweg der Wille zur Zusammenarbeit. Der Ortsvorsitzende der SPD zum Beispiel formulierte diesen Willen „druckreif" wie folgt: *„Die Gemeinderatsfraktionen versuchen Sachthemen im Sinne der Gemeinde parteiübergreifend zu lösen".*

5. Kirche und Kirchengemeinde

In beiden Gemeinden, sowohl in Werda als auch in Regnitzlosau, dominiert bis heute die evangelisch-lutherische Kirche. Die damaligen Landesherren schlossen sich frühzeitig der reformatorischen Bewegung an und traten zum evangelischen Glauben über. Regnitzlosau wurde 1527 reformiert, Werda zwei Jahre später. Der 30-jährige Krieg richtete in beiden Gemeinden zwar große Verwüstungen an, änderte aber nichts an der konfessionellen Zugehörigkeit. Bis heute sind fast 80% der Einwohner Regnitzlosaus Mitglieder der evangelisch-lutherischen Landeskirche Bayerns. Die wenigen Katholiken in Regnitzlosau (etwa 10%) siedelten sich als Folge der Vertreibungen aus den sudetendeutschen Gebieten erst nach 1945 im Ort an. Die restlichen 10% sind nun keineswegs Konfessionslose, sondern entweder Mitglieder protestantischer Freikirchen oder – in Regnitzlosau lebt eine nicht unerhebliche Zahl türkischer Arbeiter – Angehörige des islamischen Bekentnisses. Konfessionslose lassen sich in Regnitzlosau (noch) an den Fingern einer Hand abzählen. In Werda ist die Situation etwas, aber nicht deutlich anders. Etwa 67% der Werdaer Bevölkerung sind Mitglieder in der evangelisch-lutherischen Landeskirche Sachsens, etwa 3% sind Katholiken (auch in Werda haben sich nach 1945 einige sudetendeutsche Flüchtlinge angesiedelt), 5% sind Mitglieder der methodistischen Kirche, so daß etwa 25% Konfessionslose übrig bleiben – eine im Vergleich zu anderen Gegenden in der ehemaligen DDR eher geringe Zahl.

Beide evangelisch-lutherischen Kirchengemeinden verfügen über eine umfassende Infrastruktur. Beide besitzen Land, beide besitzen und verwalten den örtlichen Friedhof. Die Kirchengemeinde in Regnitzlosau betreibt zudem den Kindergarten. Nach der Wende hat die politische Führung in Werda ihrer

Abbildung 5: „Ev.-luth. Kirche in Regnitzlosau"

Abbildung 6: „Ev.-luth. Kirche in Werda"

Kirche die Übernahme des Kindergartens angeboten, die diese aufgrund der Vakanz der Pfarrstelle vorläufig, aber nicht endgültig abgelehnt hat. In beiden Gemeinden existiert ein Kirchen- und Posaunenchor, beide verfügen über eine breit gefächerte Kinder-, Jugend- und Altenarbeit. In Regnitzlosau existiert zudem ein Diakonieverein, über dessen Gründung in Werda nachgedacht wird.

Der Gottesdienstbesuch liegt in beiden Gemeinden leicht über dem landesüblichen Durchschnitt, so um die 7% der Kirchenmitglieder. In Werda gehen etwa 50-60 Personen sonntags regelmäßig zum Gottesdienst in die evangelisch-lutherische Kirche, in Regnitzlosau (aufgrund des etwas größeren Einzugsgebietes der Kirchengemeinde) etwa 80-120 Personen. Der Großteil der Kirchenmitglieder besucht den Gottesdienst nur zu den großen kirchlichen Festtagen (Weihnachten, Ostern, teilweise noch Pfingsten). Die kirchlichen Kasualien, wie Taufe, Konfirmation, Hochzeit, Beerdigung werden von allen Kirchenmitgliedern in Anspruch genommen, ebenso wie der Religionsunterricht. Die kirchlichen Festtage sind im Leben beider Gemeinden fest verankert, so daß sich – allein aufgrund dieser äußeren Daten – in beiden Gemeinden von stabilen volkskirchlichen Milieus evangelisch-lutherischer Prägung sprechen läßt. Die Kirche ist in beiden Gemeinden ein integraler Bestandteil der alltäglichen Lebenswelt, der man sich nur schwer entziehen kann. Dafür spricht auch die Tatsache, daß sich viele der ehemaligen DDR-Bürger, die sich nach der Wende in Regnitzlosau ansiedelten (etwa 130) – soweit sie Nichtkirchenmitglieder waren – sofort taufen ließen, um in ihre neue Gemeinde integriert zu werden.

6. Infrastruktur und Verkehrsanbindung

Beide Gemeinden verfügen über eine ausreichende Infrastruktur. In Werda wie auch in Regnitzlosau gibt es sowohl einen praktischen Arzt wie auch eine Zahnarztpraxis, wobei beide Ärzte in Werda den Sprung in die Selbständigkeit gewagt haben. In Regnitzlosau existiert zudem eine Apotheke, während in Werda die Versorgung mit Medikamenten über einen Pendeldienst organisiert ist. Beide Gemeinden verfügen sowohl über einen Kindergarten wie über eine Sozialstation, in der jeweils eine oder mehrere Gemeindeschwestern arbeiten. In Regnitzlosau ist die Evangelisch-Lutherische Kirchengemeinde Träger des Kindergartens und das Diakonische Werk Träger der Sozialstation, in Werda trägt die Gemeinde beide Institutionen (noch) selbst.

Beide Gemeinden sind Schulstandorte. In Regnitzlosau existiert eine Grund- und Hauptschule von der ersten bis zur sechsten Klasse. Zum Besuch der Klassen 7-9 müssen die Regnitzlosauer Hauptschüler in die benachbarte Kleinstadt Rehau pendeln. Weiterführende Schulen (Realschulen, Gymnasien, Fachschulen) befinden sich in Rehau und Hof. Nach Auskunft des Schulleiters wechseln nach der vierten Klasse zwischen 10 und 20% der Schüler auf ein Gymnasium. Nach der sechsten Klasse teilt sich die verbleibende Anzahl etwa gleichwertig auf in Haupt- und Realschüler. In Werda existiert eine Mittelschule, die die Klassen 1-7 anbietet. Um diese abzuschließen, müssen die Werdaer Schüler in die benachbarte Kleinstadt Falkenstein fahren. Gymnasien werden aller Voraussicht nach in Falkenstein und in Oelsnitz eingerichtet. Aufgrund des momentanen Umbruchs im sächsischen Bildungssystem stehen Zahlen über Schulartwechsel nicht zur Verfügung. Nach Auskunft des Werdaer Schulleiters haben aber mehr als 50% der Grundschüler (bzw. deren Eltern) die Absicht, eine weiterführende Schule zu besuchen.

Abbildung 7: „Tankstelle in Werda"

In beiden Gemeinden ist die Grundversorgung mit Lebensmitteln gesichert. In Werda ist der ehemalige HO-Laden von einer westdeutschen Ladenkette übernommen und in einen kleinen Supermarkt umgewandelt worden. Daneben existiert noch ein Metzgereibetrieb sowie eine Bäckereifiliale. Post und Kreissparkasse haben in Werda jeweils eine Zweigstelle eingerichtet. Einen Polizeiposten gibt es in Werda – anders als in Regnitzlosau – nicht, was in der Gemeinde durchgängig bedauert wird. Einige Einwohner verkaufen nebenberuflich noch Getränke und Textilien unterschiedlicher Art (Gardinen, Kinderbekleidung etc.). In Regnitzlosau ist das Warenangebot etwas vielfältiger. Neben mehreren Bäckereien und Metzgereien existieren hier noch drei Lebensmittelgeschäfte, ein Getränkemarkt, ein Haushaltswaren- und ein

Schuhgeschäft, mehrere Bankfilialen sowie eine Zweigstelle der Post. Aufgrund der ehemaligen Grenznähe besteht in Regnitzlosau noch ein Posten der Grenzpolizei, dessen Auflösung inzwischen diskutiert wird, wogegen sich die Gemeinde allerdings heftig sträubt. Die Verkehrsanbindung wird – was den Zustand der Verbindungsstraßen, nicht der Ortsdurchfahrt angeht – in beiden Gemeinden als befriedigend eingeschätzt im Gegensatz zu den Busverbindungen. Diese sind so, daß eine Familie einen Zweitwagen benötigt, wenn einer der Ehepartner außerhalb arbeitet. In Regnitzlosau ist der Zweitwagen in der Familie schon Standard und auch in Werda wurde beim Kauf eines zumeist gebrauchten Westautos der „Trabi" oftmals als Zweitwagen behalten.

7. Freizeitangebote und Vereinsleben

Wie in ländlichen Gemeinden üblich, werden Freizeitangebote fast ausschließlich von den jeweiligen Kirchengemeinden und den ortsansässigen Vereinen organisiert. In Regnitzlosau gibt es neben den Freiwilligen Feuerwehr (je eine pro Ortsteil) und den ortsüblichen Verbänden (dies sind vor allem die Ortsvereine der großen Parteien) insgesamt 20 Vereine, wobei der Sportverein (mit einem vielfältigen Angebot von Fußball über Gymnastik bis hin zum Tennisspiel), der Gesangsverein und der Schützenverein nicht nur die ältesten, sondern auch die mit den meisten Mitgliedern sind. Als Kuriosum sollte vielleicht der umtriebige Pfeifenclub „Fliegentod" Erwähnung finden, der sich als „Losauer Elite" versteht. Neben den Vereinen bietet auch die Volkshochschule noch in unregelmäßigen Abständen Möglichkeiten der Freizeitgestaltung an: Bastel-, Töpfer- und Nähkurse sowie Lichtbildervorträge. Sprachkurse nehmen die Regnitzlosauer lieber außerhalb wahr: niemand soll schließlich wissen, daß man sich mit einer fremden Sprache abquält – so etwas erregt nur Neid und Spott. Ergänzt werden die Freizeitmöglichkeiten schließlich durch 4 Gaststätten in der Kerngemeinde mit insgesamt 5 Stammtischen, denen, weil fest institutionalisiert, eine besondere Bedeutung zukommt. Hier wird nicht nur im eigentlichen Sinne die „Dorfpolitik" gemacht, sie sind auch die Integrationsagentur für Neubürger. Erst derjenige, der an einem der Stammtische mindestens „zwei Runden geschmissen hat", wird als „vollwertiger Losauer" anerkannt. Eine Sehenswürdigkeit besonderer Art ist die Gastwirtschaft von „Oma Hilde", eine altertümliche Gaststätte, die von ihrer über 80-jährigen Besitzerin nur noch nach Bedarf geöffnet wird. Tritt man in die Gaststube ein, fühlt man sich um 100 Jahre zurückversetzt. Zwischen hölzernen Biertischen stehen die Bierkästen auf Hockern, in der Ecke qualmt noch ein alter Kanonenofen und an den rauchgeschwängerten Holzwänden prangen noch die Porträts von Bismarck und Kaiser Wilhelm.

Abbildung 8: „Gaststätte von ‚Oma Hilde' in Regnitzlosau"

Kinder- und Jugendarbeit ist vor allem die Angelegenheit der Kirchengemeinde, die hier auch ein reichhaltiges Angebot vorlegt, das von der Bibelarbeit, über Musik- und Gesangsgruppen bis hin zu einem Videoclub reicht.
Auch stellt die Kirche den Jugendlichen einen eigenen Treffpunkt, die „Grot-
te" zur Verfügung, in der auch regelmäßig Tanzveranstaltungen stattfinden.
Die meisten Vereine betreiben zwar auch eine explizite Jugendarbeit, bis auf
den Sportvereine haben sie aber alle enorme Probleme mit der Rekrutierung
von Nachwuchs. Immer mehr Jugendliche ziehen es vor, ihre Freizeit außerhalb von Kirche und Vereinen zu verbringen. Konsequenterweise hat sich so
im Dorf auch ein informeller Treffpunkt herausgebildet, das Schutzhäuschen
an der Bushaltestellen, wo die Jugendlichen sich auf eine Zigarettenlänge
treffen, um zu „quatschen", vor allem aber, um gemeinschaftliche Fahrten in
die nächsten Städte zu organisieren.

In den Sommermonaten ist in Regnitzlosau Hochbetrieb. Jeder Verein ver-
anstaltet sein Sommerfest, so daß kaum ein Wochenende ohne ein solches
vergeht. Diese Feste sind in der Regel alle gut besucht, nicht nur von Einheimischen, auch Auswärtige stoßen häufiger dazu, und helfen den Vereinen,
ihre laufende Arbeit mitzufinanzieren. Unbestrittener Höhepunkt ist das alle
2 Jahre stattfindende „Wiesenfest", an dem sich in einem 2500 Personen fas-
senden Festzelt die ganze Gemeinde für mehrere Tage dem Trubel von Mu-
sik, Bier und Gesang hingibt. Das Regnitzlosauer Wiesenfest ist aufgrund

seiner tollen Stimmung, wie die meisten Einwohner stolz berichten, in der gesamten Region berühmt, um nicht zu sagen „berüchtigt".

Auch in Werda wird die Freizeit inzwischen hauptsächlich durch die Angebote der Vereine bestimmt. In der ehemaligen DDR war das Freizeitwesen zwar in anderer Form organisiert, so in Betriebssportgruppen oder in von der Partei oder der FDJ beherrschten Kulturbünden oder Clubs. Auch die Freiwillige Feuerwehr war nicht in Vereinsform aufgebaut. Nach der Wende haben einige dieser Vereinigungen, allen voran der Sportclub und die Freiwillige Feuerwehr, dann aber schnell Vereinsform angenommen, ohne daß sich allerdings am Mitgliederbestand und an der Besetzung der Führungsfunktionen wesentliches geändert hätte. Andere Aktivitäten, wie sie insbesondere der ehemaligen Kulturbund getragen hatte, photographische Arbeitsgemeinschaften, geführte Wanderungen, Lichtbildervorträge, Konzert- und Theaterbesuche, sind, nachdem der Träger nicht mehr existierte, eingeschlafen. Die Gemeinde bemüht sich zwar, diese Aktivitäten wiederzubeleben, bisher scheiterten diese Bemühungen aber zu gleichen Teilen am Geldmangel wie auch an der mangelnden Bereitschaft der Bevölkerung, leitende Aufgaben zu übernehmen. Dasselbe gilt auch für die ehemals von der FDJ getragene Jugendarbeit. Sichtbar wird dies an der Schließung des örtlichen Jugendclubs, die nicht nur von den Jugendlichen im Dorf, sondern auch von vielen Erwachsenen bedauert wird. Die kirchliche Jugendarbeit in Werda ist rudimentär und kann die so entstandene Lücke nicht füllen. Sie beschränkt sich im wesentlichen auf die Betreuung eines Jugendkreises, dessen hauptsächliche Aktivität in der gemeinsamen Bibelarbeit besteht. Eine Erweiterung der kirchlichen Angebote ist zwar geplant, doch wird diese zur Zeit noch durch die Vakanz der Pfarrstelle behindert. Auch deshalb hat sich in Werda nach der Wende ein informeller Treffpunkt für die Jugendlichen entwickelt und zwar am Rande des Sportgeländes – was in Werda aufgrund der Neuartigkeit der Situation von den Erwachsenen mit größerem Mißtrauen und Angst verfolgt wird als in Regnitzlosau.

Der größte Anbieter von Freizeitmöglichkeiten ist der Sportverein, der schon zu DDR-Zeiten im Vergleich zu den umliegenden Gemeinden mit einer Turnhalle, einem Vereinsheim und einer Sauna sehr gut ausgestattet war. Mit seinen Angeboten und seiner Ausstattung (wozu auch noch ein Skilift für den Wintersport gehört) gilt er als das „Kleinod" der Gemeinde, auf das alle stolz sind – auch aus dem Grund, weil die meisten Anlagen von den Mitgliedern in Eigenarbeit errichtet worden sind. Eine besondere Bedeutung im Freizeitbereich kommt der Spartenanlage zu, die etwa einen Kilometer außerhalb des Ortskerns liegt und die im Volksmund „Ukraine" heißt, so genannt in der Hoffnung, daß sie sich so fruchtbar erweisen möge wie diese. Zwar haben hier auch Ortsfremde Sparten gepachtet, die meisten Parzellen werden jedoch von Einheimischen bewirtschaftet, die jedenfalls im Sommer den größten Teil ihrer Freizeit hier verbringen. Mittelpunkt der Spartenanlage ist das Spartenheim, Ort vieler geselliger Runden, an denen sich nicht nur

Kleingärtner beteiligen. Neben dem Spartenheim existieren in Werda noch zwei weitere Gaststätten, ein Café und der eigentliche Dorfgasthof. Dieser entwickelte sich aus dem ehemaligen Kulturhaus der Gemeinde, ist jetzt in Privatbesitz übergegangen und bildet das Zentrum des dörflichen Lebens – nicht zuletzt, weil der neue Besitzer in einem Nebenraum moderne Spielautomaten aufgestellt hat. Auch der Gemeindestammtisch trifft sich hier regelmäßig auf ein Bier. Bestandteil des Gasthofes ist auch ein größerer Veranstaltungssaal, in dem nicht nur Familienfeiern stattfinden, sondern auch regelmäßig Musik- und Tanzveranstaltungen angeboten werden. Wie in Regnitzlosau werden auch in Werda in den Sommermonaten zahlreiche (Vereins-) Feste gefeiert, an denen sich zumeist die ganze Gemeinde beteiligt. Einen festlichen Höhepunkt, wie das Regnitzlosauer Wiesenfest, kennt Werda noch nicht. Es kann aber sein, daß sich die „Kirchweih", die gleich nach der Wende wieder eingeführt wurde (nachdem sie zu DDR-Zeiten nicht gefeiert werden durfte), zu einem solchen entwickelt.

Abbildung 9: „Stammtisch in Werda"

Abbildung 10: „Werda, ‚Geordnete Räume‘"

8. Dorfbilder

Beide Gemeinden unterscheiden sich in ihrem äußeren Erscheinungsbild kaum von anderen Dörfern. Um einen alten Ortskern herum, in dessen Mittelpunkt sich die Kirche befindet, gruppieren sich unterschiedlich alte, aber immer sehr gepflegte Neubausiedlungen. Die Kirche in Regnitzlosau ist eine der schönsten protestantischen Barockkirchen in Oberfranken, mit Kunstwerken reich ausgestattet, deren unbestrittenes „highlight" die sehenswerte Kassettendecke mit Darstellungen aus dem „Neuen Testament" darstellt. Dagegen fällt die Kirche in Werda ab, doch auch sie ist ein ansprechender, frei

Abbildung 11: „Regnitzlosau, „Eigentum und Ordnung‘‘‘

49

lich schlichterer Bau im Stil des protestantischen Barock. Kirche und Wohnhäuser, sowohl die Alt- wie auch die Neubauten sind zumeist mit schwarzem Schiefer gedeckt, eine für das Vogtland typische Eigenart. Charakteristisch für die älteren Häuser in den Ortskernen beider Gemeinden sind als Folge des rauhen Klimas die wenigen und zudem recht kleinen Fenster, deren Reihe ab und zu in auffälliger Weise von wenigen überdimensionierten Fenstern unterbrochen wird – ein Zeichen dafür, daß sich in den dahinterliegenden Räumen einst ein Heimwebstuhl befand. Die einstige Ärmlichkeit der Verhältnisse in beiden Gemeinden drückt sich auch in der zusammengestückelten Bauweise der älteren Gebäude aus. Diese sind zwar heute, sowohl in Werda als auch in Regnitzlosau, zumeist renoviert (oftmals mit Hilfe von das Gesamtbild leicht störenden Kunststoffverkleidungen) und gepflegt, doch weisen die vielen unterschiedlichen Aus- und Anbauten darauf hin, daß die finanziellen Verhältnisse es den Bewohnern in der Vergangenheit nicht gestatteten, sich einen Hausbau „aus einem Wurf" zu leisten. Charakteristisch für den Ortskern beider Gemeinden sind auch die hohen Gartenzäune aus aneinandergereihten Holzlatten, die auch die im Ortskern sehr großen Grundstücke umschließen, um nicht zu sagen gegeneinander abschließen. Die überdurchschnittliche Höhe der Gartenzäune, die beiden Gemeinden ein spezifisches Gepräge verleiht, ist sehr wahrscheinlich auf die harten, schneereichen Winter zurückzuführen: Auch bei großen Schneehöhen sollten die Grundstücksgrenzen noch sichtbar sein. Vergleicht man nun als unbefangener Beobachter nur die Ortskerne der beiden Gemeinden miteinander, fällt es auf den ersten Blick schwer, anzugeben, ob man sich im Osten oder im Westen befindet.

Deutliche Unterschiede ergeben sich allerdings bei der Betrachtung der Neubaugebiete. Während die Neubauten in Regnitzlosau eine behäbige Wohlhabenheit dokumentieren und – in den neueren noch mehr als in den älteren Neubaugebieten – einen gesteigerten Hang zur individuellen Gestaltung der Häuser (sowohl im Grundriß wie auch in der Farbgebung) erkennen lassen, herrscht in den Werdaer Neubaugebieten (noch) eine gewisse „graue" Monotonie vor, die nicht nur aus der einheitlichen dumpfen Farbgebung resultiert, sondern vor allem aus der Tatsache, daß zu DDR-Zeiten beim Bau eines Wohnhauses nur drei verschiedene Bautypen zur Auswahl standen, nach denen man sich richten mußte. Allerdings sind in Werda die Zeichen der „neuen Zeit" schon nicht mehr zu übersehen. Einzelne ältere Wohnhäuser tragen bereits neue Außenanstriche und bei den wenigen ganz neuen Häusern verrät die Architektur schon deutlich die Orientierung an westlichen Standards. Aller Voraussicht nach werden die jetzt von der Gemeinde ausgewiesenen Neubaugebiete sich in einigen Jahren von entsprechenden Siedlungen im Westen nicht mehr unterscheiden: das „Allgäuer Kompakthaus" mit Holzbalkon, Giebelchen und Sprossenfenstern wird auch in Werda Triumphe feiern.

Anders als in Regnitzlosau, wo sich der individuelle Gestaltungswille und der Wunsch nach Gemütlichkeit, Behaglichkeit und Schönheit schon bei der

Konzeption und beim Bau des eigenen Hauses (Giebel- und Dachfensterarchitekur, Balkone, Wintergärten, angebaute Ziertorbögen, überdachte Hauseingänge, bemalte Garagentore) entfalten konnte, konzentrierten diese sich in Werda – aus den oben genannten Gründen – mehr auf die Gestaltung der

Abbildung 12: „Datsche in Werda"

Gärten, der Gartenzäune und, vor allem, der außerhalb gelegenen Kleingärten, den sogenannten „Sparten". Die Grundstücke im Dorf sind teilweise umgeben von vielfältig spielerisch-verzierten Zaunkonstruktionen aus Stahl oder Beton mit teilweise wilden Farbkombinationen. Großangelegte Blumenbeete, bunte Vogelhäuschen, Windmühlen und Windräder, Blumenkübel aus Holz und Plastik, überdimensionierte Grills, Hollywoodschaukeln und Gartenzwergparaden dominieren die Gärten. Und die Kleingärten sind bebaut mit teilweise abenteuerlichen „Datschas" von manchmal beachtlicher Größe, an denen der Gestaltungswille und die Phantasie des Erbauers sich richtig austo-

Abbildung 13: „Fassadenschmuck in Regnitzlosau"

ben konnten. Geschwungene Fassaden und Dächer, verschieden farbige Verkleidungen, folkloristische Verzierungen (alte Wagenräder und Deichseln, Holzrechen und geschmiedete Laternen aller Art) geben der „Ukraine" ein abwechslungsreiches und farbenfrohes Flair.

Demgegenüber wirken die öffentlichen Anlagen und Gebäude in beiden Gemeinden etwas trist. Sie befinden sich zwar durchgängig in einem gepflegten Zustand – sieht man einmal von den Straßen ab, für deren Zustand die Gemeinden aber nur bedingt verantwortlich sind. Aber es fällt doch auf, daß es für beide Gemeinden wichtigere Aufgaben gibt, als das „Herausputzen" des Rathauses, der Kinderspielplätze und der wenigen öffentlichen Anlagen. Zwar gibt es in beiden Gemeinden Ansätze zur Ausschmückung des Dorfbildes. So hat Regnitzlosau in den letzten Jahren seinen Dorfplatz neugestaltet, in dessen Mittelpunkt jetzt der sogenannte „Drei-Länder-Brunnen" thront.

Abbildung 14: „Sonnenuhr in Werda"

Und so hat Werda mit Hilfe von ABM-Maßnahmen die Verbindungsstraße zu der Kleingartenanlage neu asphaltiert, mit Laternen ausgestattet und alleeartig bepflanzt. Doch zeigt sich in beiden Gemeinden auch deutlich die Begrenztheit der Mittel. Deutlich wird dies in Werda zum Beispiel an der Einzäunung des Kinderspielplatzes, bei der man – aus Kostengründung – auf Teile der alten Grenzzäune an der ehemaligen deutsch-deutschen Grenze zurückgegriffen hat. Und auch in Regnitzlosau fristet der Kinderspielplatz ein eher trostloses Dasein und ist kaum in der Lage, kindliche Phantasie und Abenteuerlust zu befriedigen – ein Umstand, der von fast allen Eltern kleinerer Kinder beklagt wurde. Ganz anders dagegen die kirchlichen Gebäude. In Regnitzlosau wurde die Kirche erst vor kurzem mit den modernsten Mitteln der Denkmalspflege vollständig renoviert und strahlt nun in vollem Glanze. Das Gemeindehaus ist von der Raumaufteilung großzügig dimensioniert und mit modernsten Geräten ausgestattet. Die Kirche in Werda macht zwar von außen einen etwas verschlafenen Eindruck, die Fassaden „erstrahlen" noch im alten „DDR-Grau", an den Mauern, die das Kirchengelände eingrenzen, bröckelt der Putz, und die Zugänge sind noch nicht, wie im Westen, geklinkert, sondern nur mit Sand aufgeschüttet. Betritt man dann jedoch den Innenraum, dann wandelt sich das Bild: Bedächtig und schlicht, aber sorgfältig renoviert und gepflegt wirkt der Kirchenraum mit den doppelstöckigen Emporen und der – im Vergleich zu Regnitzlosau – kleinen Orgel. Keine moderne Lautsprecheranlage regelt die Intensität von „Gottes Wort".

Sucht man nun nach übergeordneten Gesichtspunkten, unter denen sich die beiden Gemeinden von ihrem Dorfbild her vergleichen lassen, dann kann direkt an das eben über die beiden Kirchenbauten Gesagte angeküpft werden. Werda wirkt – jedenfalls für westliche Augen" – durchgängig etwas „altmodischer", etwas „idyllischer", in gleichem Maße etwas „verschlafener" und etwas „wilder". Es strahlt noch den „Charme der Improvisation" aus, den „Geist des Selber-Machens", die „Kunst des Dilletantismus". Fast überall auf den Grundstücken zeigt sich die individuelle Handschrift des Eigentümers, so etwa in der selbst gebauten Hollywoodschaukel, im selbst gemauerten Grill, im selbst gebastelten Vogelhäuschen und im selbst konstruierten Glashaus. Demgegenüber wirkt in Regnitzlosau alles etwas professioneller, durchgestylter und musealer. So steht zum Beispiel der Vielgestaltigkeit der Einzäunungen in Werda die erdrückende Dominanz des industriell gefertigten, „treudeutschen" Jägerzauns in Regnitzlosau gegenüber. Den meisten Gartenhäuschen, wie auch den vielen Sitzbänken, die in Regnitzlosau vor den Häusern mit Blick zur Straße hin stehen, sieht man an, daß sie als normierter Bausatz im Heimwerkerbaumarkt erworben wurden. Und stößt man auf ein älteres Gartenhaus, dann ist dieses so kunstvoll und sorgfältig als „Museumsstück" herausgeputzt und konserviert, daß man kaum zu glauben vermag, daß in ihm noch Leben tost. Hier, wie übrigens auch an den Inneneinrichtungen vieler Regnitzlosauer Wohnungen, zeigt sich ein eindeutiger Trend hin zur Musealisierung – zwar noch nicht so eindeutig ausgeprägt wie in vielen Akademiker-Haushalten, aber doch erkennbar. Afrikanische Skulpturen, mitgebracht aus dem letzten Kenia-Urlaub, wechseln ab mit bayerischen Bierkrügen, Stilmöbelimitate stehen neben dem Fernsehsessel aus Plüsch, auf renovierten Bauerntischen thront die Mikrowelle. Am markantesten freilich sind diese hier nur angedeuteten Unterschiede auf den Friedhöfen der beiden Gemeinden greifbar. In Regnitzlosau reiht sich auf engem Raum ein Grab an das andere. Normierte Umrandungen aus Granit grenzen die einzelnen Gräber ein. Es dominieren industriell vorgefertigte Grabplatten, individuelle Abweichungen sind selbst beim Grabschmuck kaum zu erkennen. Alles wirkt wie am Reißbrett entworfen, steril, getragen vom Gedanken der Zweckmäßigkeit, auf engem Raum möglichst viele Grabstätten unterzubringen. Der Werdaer Friedhof dagegen wirkt weitläufiger, ungeschnittene Hecken und schattenspendende Bäume unterbrechen und teilen die einzelnen Grabreihen

Abbildung 15: „Gartenhaus in Regnitzlosau"

ab, Ziersträucher umrahmen die einzelnen Gräber, die noch bepflanzt werden und durch recht uneinheitliche Grabsteine gekennzeichnet sind. Im hinteren Teil fristen überwucherte Grabstätten ihr Dasein, die bruchlos in einen verwilderten Garten übergehen. Auf dem Werdaer Friedhof läßt sich an einem sonnigen Tag noch pietätvoll spazierengehen, auf dem Friedhof in Regnitzlosau kann man nur noch begraben werden. Doch ist es auch, jedenfalls was diese Unterschiede angeht, wahrscheinlich, daß sich beide Gemeinden in Zukunft annähern werden. Von normierten Marmorplattenimitaten auf dem Friedhof haben wir in Werda zwar noch nichts gesehen, in den Vor- und Kleingärten freilich hat der Siegeszug der westdeutschen Baumarktkultur schon begonnen. Das erste, was sich einige Werdaer Bürger nach der Wende geleistet zu haben scheinen, waren jene massenhaft hergestellten weißen Kunststoffgartenmöbel aus dem Westen und jene leicht antikisierten, amphorenähnlichen Blumenkübel aus weißem Plastik, die mit Stiefmütterchen bepflanzt jetzt die Eingangstüren bewachen.

Abbildung 16: „Friedhof in Werda"

Abbildung 17: „Friedhof in Regnitzlosau"

Kapitel III
Leben im Dorf:
Dimensionen der alltäglichen Lebenswelt

So sehen also die beiden vogtländischen Gemeinden aus, in denen wir auf die Suche nach „Mentalitätsunterschieden" gegangen sind. Von den äußeren Gegebenheiten sind sie sich ziemlich ähnlich. Gilt dies aber auch für die Menschen, die hier leben? Dieser Frage wollen wir uns nähern, indem wir die lebensweltlichen Ordnungsvorstellungen und Orientierungsmuster der Menschen aufsuchen, die die alltägliche Lebenswelt in beiden Gemeinden dominieren. Diese äußern sich vor allem in den grundlegenden Einstellungen und routinisierten Werthaltungen zu Arbeit, Beruf und Freizeit, zu Ehe, Familie und Verwandtschaft, zu den vielfältigen Dimensionen der Dorfgemeinschaft, aber auch zu Religion und Kirchengemeinde. Geht man von der phänomenologischen Grundannahme der relativen Veränderungsträgheit des Alltagswissens aus, ist es wahrscheinlich, daß sich trotz der vielen neuen Situationen, mit denen die Menschen in beiden Gemeinden in den letzten Jahren fertig werden mußten, diese Einstellungen und Werthaltungen kaum geändert haben. Im Gegenteil: Es drängt sich die Vermutung auf, daß die Menschen intensiver und vor allem bewußter als früher auf der Bewahrung des Bekannten und Gesicherten beharren, das angesichts des Einbruchs des Fremden verteidigt werden muß.

Beide Gemeinden sind – wenn auch in unterschiedlichem Ausmaße – von den Wendeereignissen betroffen. Für Werda muß dies nicht eigens ausgeführt werden. Für Regnitzlosau bedeutete die Wende aber ebenfalls einen Einschnitt in seine Geschichte. Das einstmals abgeschlossene Idyll sah sich plötzlich mit dem Einbruch von „Welt" konfrontiert, vor allem in der Form eines überdimensional gestiegenen Verkehrsaufkommens, aber auch in der Form der direkten Konfrontation mit fremden Personen, sei es durch den Zuzug ehemaliger DDR-Bürger, sei es im Wiederaufleben lange verschütteter Verwandtschaftsbeziehungen, sei es in der Notwendigkeit, mit den Gemeinden auf der anderen Seite der ehemaligen deutsch-deutschen Grenze zusammenarbeiten zu müssen. In beiden Gemeinden ist nun der Versuch zu beobachten, die wendebedingten Unsicherheitspotentiale und Gewißheitsverluste dadurch zu entschärfen, daß man sie als „Negativereignisse" aus der eigenen Lebenswelt ausgrenzt, beziehungsweise ihnen dort, wo dies nicht möglich ist, mit den althergebrachten Mitteln zu begegnen versucht. Die Neuartigkeit der

Situation wird nicht als Anlaß genommen, die bisher gültigen Annahmen über die Konstanz der eigenen Lebenswelt grundsätzlich in Frage zu stellen. Vielmehr wird versucht, die neue Situationen und Handlungserfordernisse in den Kontext des bisher fraglos Gültigen zu integrieren. Wo dies nicht gelingt, verklärt sich – in beiden Gemeinden – die Vergangenheit zur „guten alten Zeit".

Wir wollen im folgenden in einem ersten Schritt die grundlegenden, weil Sicherheit und Gewißheit versprechenden Einstellungen und Werthaltungen der Menschen in den beiden Gemeinden zu den oben genannten Bereichen darstellen und interpretieren (Teil A „Stabile Lebenswelten: Die Kontinuität des Bewährten"). Obwohl auch hier schon Verarbeitungsstrategien der neu entstandenen „Wirklichkeit" thematisiert werden, wenn auch nur nebenbei, sollen diese doch in einem zweiten Schritt gesondert geschildert und analysiert werden (Teil B: „Lebenswelten im Wandel: Der Einbruch des Fremden"). Wir konzentrieren uns dabei auf jene Bereiche, die von den Menschen in beiden Gemeinden – freilich in unterschiedlicher Intensität – als „vordringlichste Probleme" erlebt wurden: das Problem des subjektiv angenommenen Verlustes an (physischer, materieller und sozialer) Sicherheit; das Problem steigender Zeitknappheit; das Problem der einsetzenden sozialen Differenzierung; und schließlich das Problem der Konfrontation mit dem konkreten Fremden. In einem dritten Schritt (Teil C: Ländliche Lebenswelten zwischen Individualisierungsdrang und Gemeinschaftssehnsucht) soll schließlich eine vergleichende Gesamtdeutung der Lebenswelten in beiden Gemeinden versucht werden.

A. Stabile Lebenswelten: Die Kontinuität des Bewährten

Im Mittelpunkt der folgenden Analyse steht die Beschreibung jener grundlegenden Orientierungsmuster und Glaubensüberzeugungen, die das alltägliche Leben der Menschen bestimmen: ihre Arbeit, ihre Freizeitaktivitäten, ihre Beziehungen zur eigenen Familie und Verwandtschaft, ihre Kontakte zur Nachbarschaft, ihr Leben in der Dorfgemeinschaft, wozu in beiden Gemeinden als bestimmender Faktor auch die Kirchengemeinde gehört, ihre Partizipation an der Kommunalpolitik. Sind hier zwischen den Gemeinden Unterschiede zu erkennen?

1. Die Herrschaft der Sekundärtugenden: Arbeit, Eigentum und Heimat

Beide Gemeinden sind – wie gesagt – typische Industriegemeinden. Die Mehrzahl der Bewohner arbeitet in der Industrie, viele der Älteren und Frauen als Ungelernte (Vgl. Kapitel II/3). Die Arbeitslosigkeit spielte – jedenfalls zum Zeitpunkt der Befragung – in beiden Gemeinden kaum eine Rolle (Vgl. Kapitel II/3). Die von uns Befragten, hatten – bis auf eine Ausnahme im Osten – alle Arbeit und (jedenfalls die männlichen Ehepartner) eine abgeschlossene Berufsausbildung. Alle in Werda Befragten wohnten im eigenen Haus, in Regnitzlosau waren 2/3 der Befragten Besitzer von Wohneigentum. Allein von daher drängt sich die Vermutung auf, daß die Unterschiede in den Einstellungen zu Arbeit, Eigentum und Wohlstand nicht allzu deutlich ausfallen.

Bedeutung von Arbeit und Beruf

Arbeit ist in beiden Gemeinden eine unhinterfragte Selbstverständlichkeit. Sie ist integraler Bestandteil des Lebens, ja noch mehr, sie ist die Grundbedingung menschlicher Existenz überhaupt. Aussagen wie die folgenden: *"... au ja, also ich könnt schon ohne Beruf sein, weil wir ein schönes Haus haben und Grundstück und Garten und Kinder, ja ...* " (Werda), oder: *„Aus momentaner Sicht könnte ich mir vorstellen mit der Arbeit aufzuhören, wie lange man das dann andauernd durchhält, steht auf einem anderen Papier"* (Regnitzlosau), waren die absolute Ausnahme. Und auch in diesen Zitaten wird deutlich, daß man zwar auf Berufsarbeit verzichten zu können glaubt, wenn die materiellen Voraussetzungen dazu gegeben sind, nicht aber auf Arbeit als solche. In beiden Gemeinden dominiert aber eindeutig die Auffassung, daß ein Leben ohne Arbeit kein Leben sei. Aussagen aus dem Westen wie *„Arbeit braucht man"* oder *„Arbeit ist sozusagen meine Lebensaufgabe"* unterscheiden sich nur aufgrund ihres apodiktischen Charakters von ähnlichen Aussagen im Osten, in denen oftmals noch die Angst mitschwingt, vielleicht selbst bald ohne Arbeit dazustehen: *„Ich war nur zwei Wochen daheim, du glaubst, dir fällt die Decke auf den Kopf".* Oder: *„Schauen Sie, die Vorruheständler, die Männer mit 55, die wollen doch noch ein bißchen was machen, nicht daß sie vielleicht so schwer körperlich arbeiten, aber zuhause sitzen und warten bis das Mittagessen auf dem Tisch steht, das ist furchtbar für sie".* Auf die Frage, wie sie sich bei einem Gewinn einer größeren Summe in bezug auf ihre Arbeit verhielten, antwortete der überwiegende Teil der Befragten in beiden Gemeinden wie folgt: *„Bei einem Lottogewinn würde ich auf keinen Fall mit der Arbeit aufhören"* (Werda) oder: *„Also als erstes würde ich mal ein Haus bauen. Und dann würde ich genauso weiter arbeiten gehen wie bisher. Wenn der Mensch keine Tätigkeit mehr hat, dann wird er stumpfsinnig"* (Regnitzlosau). Viele der Befragten, die zwar den hypothetischen Charakter der Frage erkannten, diese aber trotzdem ganz ernsthaft in Erwägung zogen, konnten sich zwar eine kurze Unterbrechung der beruflichen Tätigkeit vorstellen, zum Beispiel durch einen längeren Urlaub, oder eine Reduzierung, aber nicht die endgültige und definitive Aufgabe ihres Berufs. So sagte ein Mann aus Werda: *„Wenn man oft so spinnt, wenn man einen Lottogewinn machen tät, und müßte nicht mehr arbeiten, ich täte keine achtdreiviertel Stunden mehr arbeiten am Tag, und vielleicht auch nicht als Schlosser, weil es oft schwere Arbeit ist, aber ich würde arbeiten. Dann täte ich auch nicht sagen, ich will früh um 6 anfangen, aber so von 9 bis 3, tät ich arbeiten".* Ähnliche Antworten waren auch für Regnitzlosau typisch: *„Also, ich würd sicherlich nicht ganz aufhören zu arbeiten, aber ich würd massiv reduzieren, sprich auf 2 oder 3 Tage in Woche beschränken oder auf 20 Stunden einschränken oder so. Ich würd dann halt relativ unabhängig leben".* Unterschiede waren, was diesen Aspekt betrifft, in beiden Gemeinden nicht festzustellen.

In beiden Gemeinden dominiert eindeutig die Sichtweise, daß Arbeit die materielle Grundlage des Leben und deshalb *„unausweichlich"* ist. Ein Mann im Osten formulierte diese Grundüberzeugung wie folgt: *„Arbeit bedeutet für uns fast alles. Ohne die Arbeit läuft nämlich nichts. Ohne die Arbeit würden auf einen massigweise Probleme zukommen, in bezug auf Geld und so".* Die Orientierung an materiellen Werten ist eindeutig. Man arbeitet, um sich etwas zu leisten. So sagte ein etwas älterer Mann aus Regnitzlosau: „*Was ich materiell will, hab ich. Ich brauche nichts. Ich habe alles. Ich arbeite halt, um meinen Lebensunterhalt zu sichern, zur Ersatzbeschaffung. Ich hab keinerlei Verpflichtungen oder Schulden*". Hier zeigt sich ein deutlicher Unterschied zwischen Ost- und Westdeutschen. Während in Regnitzlosau viele der materiellen Ausstattungswüsche bereits als erfüllt gelten, ist in Werda noch ein Nachholbedarf erkennbar. Dies zeigt sich insbesondere in den Antworten auf die Frage, was man sich für die nähere Zukunft wünscht. Während in der Regnitzlosau materielle Wünsche von keinem der Befragten geäußert wurden, tauchten sie in Werda zwar nicht häufig, aber doch regelmäßig auf: „*ein neues Auto*" (dreimal), „*eine Reise nach Bali*", eine „*neue Kücheneinrichtung*". Auch in anderer Hinsicht existieren leichte Unterschiede zwischen den Gemeinden. Während in Regnitzlosau bei einigen der Befragten (insbesondere bei solchen mit einer höheren Berufsqualifikation) eine leichte Orientierung an den sogenannten „Selbstverwirklichungsidealen" zu erkennen ist, so exemplarisch in der Aussage: „*Arbeit bedeutet für mich Selbstverwirklichung. Das heißt nicht, daß sie das auch tatsächlich bringt, aber ich erwarte es mir davon. Das ist so die Möglichkeit, Fähigkeiten nach außen zu bringen*", ist davon in Werda noch nichts zu erkennen.

Ein weiterer Unterschied zwischen den beiden Gemeinden wird deutlich in der Akzeptanz und Bejahung von „Leistung". Während in Regnitzlosau die Tatsache, daß man im Beruf Leistung zu erbringen habe, eine nicht in Frage gestellte Selbstverständlichkeit darstellt, zeigt sich bei der Werdaer Bevölkerung hier eine auffällige Diskrepanz. Auf der einen Seite stehen zum einen diejenigen, die sich nach der Wende selbständig machten und in den eigenen Betrieb kräftig investierten, zum anderen diejenigen, die für einen gutbezahlten Arbeitsplatz in den „alten Bundesländern" recht lange Wege auf sich nehmen. Diese haben das „westliche Leistungsdenken" voll übernommen. Typisch hierfür ist die Aussage eines Selbständigen: „*Wer etwas erreichen will, der muß auch was tun*". Diese Gruppe nimmt die neu sich eröffnenden Möglichkeiten freudig wahr, macht Zukunftspläne und setzt diese auch um: „*Ich kann mir meinen Arbeitsplatz jetzt aussuchen, zum Beispiel auf Montage gehen oder meinen Meister machen*". Auf der anderen Seite gibt es aber auch einige, die mit dem neu an sie gestellten Leistungsdruck Schwierigkeiten haben oder ihn rundweg ablehnen: „*Also Arbeit gehört schon dazu, aber nicht so der Druck, der heute so ausgeübt wird*" oder: „*Man möchte Sicherheit haben, das ganze Jahre in einem Trott leben, so wie es 40 Jahre lang war. Wir sind den Druck nicht gewohnt*". Einig sind sich die Werdaer allerdings in der Überzeugung, daß sich Arbeit heute wieder lohnt. Ein Umschlag in Lethargie oder Passivität ist auch bei denen nicht zu beobachten, die sich über den „Leistungsdruck" beklagen. Trotzdem scheint sich hier eine Zweiteilung der Werdaer Bevölkerung in Gewinner und Verlierer der Einheit anzudeuten.

In zwei anderen Punkten sind sich Werdaer und Regnitzlosauer wieder ziemlich ähnlich. Dies ist zum einen die Überzeugung, daß „*Arbeit ordent-*

lich gemacht werden" muß, daß es *„keinen Pfusch"* geben dürfe. In Werda wurde uns oftmals erzählt, wie froh man sei, daß man *„jetzt alles kriegen könne"*, was man brauche, um ordentlich arbeiten zu können. Daß es sich dabei nicht um bloße Lippenbekenntnisse handelt, zeigt sich bei einem Gang durch das Dorf. Die vielen in Eigenarbeit hergestellten Gebäude, Zäune und Ziergegenstände verraten solide Handwerksarbeit. Insbesondere bei den Selbständigen in beiden Gemeinden zeigten sich oftmals noch die klassischen Züge der deutschen Handwerksmoral: *„Sauber schaffen"*. Zum anderen sind sich beide Gemeinden in ihrer Abneigung und der daraus folgenden moralischen Abqualifizierung von „Arbeitslosen" weitgehend einig. Dies überrascht nicht so sehr für Regnitzlosau, in dem *„nur anständige Leute"* leben und in dem sich *„Sozialhilfeempfänger nicht lange wohlfühlen"*, aber doch für Werda, das – wenn auch in weit geringerem Maß als andere Gebiete in der ehemaligen DDR – mit dem Problem der strukturellen Arbeitslosigkeit konfrontiert ist. Aber auch in Werda ist die Mehrzahl der Befragten der Überzeugung, daß Arbeitslosigkeit vor allem ein individuelles Problem sei. Ein in der Gemeindepolitik aktiver Mitdreißiger brachte diese Sichtweise auf die Formel: *„Es machen sich viele Gedanken mit der Arbeit. Ich bin der Meinung, wenn man Arbeit finden will, die findet man"*.

Berufstätigkeit der Frau

Diese Dominanz eher traditioneller Einstellungen zu Arbeit und Beruf zeigt sich auch in den Aussagen über die Berufstätigkeit der Frau. Wie gesagt haben wir unsere Gespräche mit jüngeren Ehepaaren geführt. Während bei den meisten anderen Gesprächspunkten die Ehepartner weitgehend übereinstimmten, ergaben sich bei dem Thema „Berufstätigkeit der Frau" oftmals auffallende Differenzen, die – insbesondere im Westen – teilweise sogar in Streitgespräche zwischen den Ehepartnern übergingen. Allgemein läßt sich konstatieren, daß die Berufstätigkeit der Frauen vor der Ehe und vor der Geburt von Kindern in beiden Gemeinden als eine Selbstverständlichkeit gilt. Daß auch junge Mädchen einen Beruf lernen sollen, wird von niemandem mehr bestritten. Auffallende Unterschiede ergaben sich bei dieser Frage zwischen den Gemeinden nicht. Was allerdings die Vereinbarkeit von Beruf und Kindererziehung betrifft, lassen sich deutliche Unterschiede zwischen Werda und Regnitzlosau feststellen. Das zeigt sich schon an dem Stellenwert, der dem Thema von den Befragten zugemessen wurde. Während in Werda dieses Thema keine großen Emotionen zwischen den Ehepartnern auslöste, wurde darüber in Regnitzlosau teilweise heftigst diskutiert. In Werda wurde die Vereinbarkeit von Beruf und Kindererziehung von beiden Ehepartnern durchgehend bejaht. So meinte ein Mann: *„Wenn ein Kind da ist, muß die Frau selbst entscheiden, ob sie noch arbeiten geht, ob ihr die Belastung nicht zu groß wird. Meine Frau war drei Jahre daheim und dann ist sie wieder auf* *die Arbeit gegangen, nicht aus finanziellen Gründen, sondern weil sie gesagt hat, wenn ich hier daheim bin, ich will mal raus, mit jemanden reden, meinen Beruf ausüben".* Umstritten war bei den Werdaer Frauen höchstens die Frage, wie schnell man nach der Geburt wieder berufstätig werden solle, ob ein Jahr nach der Geburt oder erst nach drei Jahren, daß man aber auf jeden Fall wieder berufstätig werden sollte, wurde von allen Befragten geäußert. Begründet wurde dieser Wille nicht mit finanziellen Notwendigkeiten, sondern fast ausschließlich mit dem Argument, daß Kinder und Hausarbeit das Leben nicht ausfüllten: *„Wenn ich hätte nicht arbeiten gehen können, dann wäre mir die Decke auf den Kopf gefallen".* Der Ausbruch aus der häuslichen Isolation, der Kontakt mit anderen bei der Arbeit, die Abwechslung wurden immer wieder als Gründe für die Rückkehr in den Beruf genannt.

In Regnitzlosau ist die Lage etwas anders. Zum einen war die negative Einstellung der Männer gegenüber der Berufstätigkeit ihrer Frauen deutlicher spürbar, auch wenn sie den Wunsch ihrer Frauen, wieder in den Beruf zurückzukehren, akzeptiert hatten. Zum anderen trafen wir auch auf mehrere Frauen, die gegen das traditionelle Rollenverständnis nichts einzuwenden hatten: *„Ich bin keine Karrierefrau, wenn Kinder da sind, bleibe ich zuhause":* Oder: *„Es ist üblich, daß der Mann verdient und die Frau daheim ist. Ich kann mir das umgekehrt kaum vorstellen".* Je jünger die befragten Ehefrauen waren, desto eher zeigte sich allerdings eine leichte Kritik an diesem traditionellen Rollenverständnis: *„Haushaltsarbeit ist eine Arbeit, die nicht anerkannt wird oder nicht in dem Maße, wie sie es eigentlich verdient".* Vor allem die jüngeren Frauen wollen, wenn die Kinder ins Kindergartenalter kommen, wieder berufstätig werden. Auch in Regnitzlosau wird dieser Wunsch nur im Ausnahmefall mit finanziellen Notwendigkeiten gerechtfertigt, sondern mit dem Erlebniswert der Arbeit. So sagte eine jüngere Frau: *„Der Beruf bedeutet, daß ich wieder unter Kollegen kommen und was mitkriegen tue, und man halt ein wenig rauskommt, was hört und sieht. Da hat man halt auch seine Bestätigung. Man tut was leisten und du hast halt auch dein eigenes Geld mit heimgebracht".* Oder noch deutlicher: *„Arbeit macht Spaß und bietet Erfolgserlebnisse, Selbstbestätigung. Daß man also wieder fähig ist, da zurückzukehren, wieder was zu leisten, einfach wieder so in den ganzen Prozeß eingegliedert zu werden, Abwechslung vom Haushalt".* Daß allerdings die Kindererziehung immer noch die Hauptaufgabe der Frau sei, wurde von keiner der Befragten bestritten. Nur konsequent war deshalb auch der in Regnitzlosau durchgängig geäußerte Wunsch, vor allem halbtags einer Beschäftigung nachzugehen: *„Es müßte so ein Zwischending geben, daß man zumindestens ein paar Stunden arbeiten gehen könnte".* Übereinstimmung herrschte bei den Regnitzlosauer Frauen auch in der Frage, wie lange Frauen nach der Geburt warten sollten bis zur Rückkehr in den Beruf. Bereits nach einem Jahr zurückzukehren und die Kleinkinder in fremde Hände zu geben, wurde durchgängig abgelehnt. Man solle zumindestens solange warten, bis die Kinder in den Kindergarten gehen. Interessant war, daß mehrere Frauen in Regnitzlosau in dieser Frage direkte Vergleiche mit der ehemaligen DDR anstellten: *„Drüben war das ja so mit der Krippe, nach einem Jahr. Das ist schon schlimm, ich will mein Kind schon selber erziehen".*

Zufriedenheit mit Arbeit und Beruf

Angesichts der großen Zahl von gelernten und ungelernten Arbeitern in beiden Gemeinden überraschte die relativ hohe Zufriedenheit mit der eigenen Arbeit und dem Beruf etwas, die uns in beiden Gemeinden begegnete. Spiegeln sich hier, in diesen stabilen volkskirchlichen Milieus evangelisch-lutherischer Prägung, noch Restbestände der alten lutherischen Berufsethik wider, die Max Weber so treffend portraitierte? Diese Frage entzieht sich freilich jedem Versuch einer Beantwortung, weil Aspekte einer religiöse Rechtfertigung der Arbeit und des Berufs in keinem der Gespräche auszumachen waren. Fest steht, daß keiner der Befragten sich explizit unzufrieden mit seiner Berufswahl zeigte und auch niemand sich mit dem Gedanken anfreunden konnte, den Beruf zu wechseln. Ein Mann in Werda brachte diese allgemeine Zufriedenheit auf den exemplarischen Nenner: *„Ich tät mir also keinen neuen Beruf raussuchen, wenn es nicht unbedingt notwendig wäre, selbst wenn ich arbeitslos wäre".* Durchgängig war auch zu hören, daß Arbeit Spaß machen muß und daß dies selbstverständlich für die eigene Arbeit gilt: *„Arbeit muß erst einmal Spaß machen. Man kann eine Arbeit nicht nur wegen des Geldes machen"* (Werda). Oder: *„Also ich würd klipp und klar sagen, die Arbeit muß Spaß machen. Wenn man morgens aufsteht und keine Lust hat, also das wär schlimm"* (Regnitzlosau). Wenn es aber um die Entscheidung geht, zwischen einer gut bezahlten, aber langweiligen und einer weniger gut bezahlten, aber befriedigenden Arbeit zu wählen, fällt den meisten die Auswahl dann doch schwer, wie die folgenden Zitate zeigen: *„Ich würde mich für eine weniger gut bezahlte Arbeit entscheiden, wenn sie mehr Spaß macht, es darf aber nicht viel weniger sein"* (Werda). Und: *„Wenn es Spaß macht, würde ich die weniger gut bezahlte Arbeit nehmen, vorausgesetzt daß es für den Lebensunterhalt reicht"* (Regnitzlosau). Alles in allem zeigt sich in dieser Frage in beiden Gemeinden ein gesunder Realismus, gepaart mit einer gewissen Behäbigkeit und Gesäßigkeit. Der eine oder andere hatte früher noch Träume, wollte studieren oder wenigstens Beamter mit einem sicheren Arbeitsplatz werden, jetzt aber haben sie sich eingerichtet und mit den Verhältnissen arrangiert. Sie sind mit dem, was sie tun, zufrieden. Jede Art der Umstellung und des Umlernens würde nur als eine unangenehme Störung der alltäglichen Routine empfunden werden.

Mobilität

Noch deutlicher wird die eben beschriebene „Gesäßigkeit" bei der Frage eines berufsbedingten Wohnortwechsels. Keiner der Befragten in beiden Ge-

Abbildung 18: „Regnitzlosau, ‚Heimat heißt Ordnung'"

meinden war bereit, wegen beruflicher Vorteile seinen Wohnort, seine Heimat zu verlassen. Aussagen wie: „*Aus beruflichen Gründen wegziehen, nur als letzte Alternative*" oder: „*Ich kann es mir nicht vorstellen, berufsbedingt in einer anderen Stadt zu arbeiten*" waren in beiden Gemeinden an der Tagesordnung. Als Gründe für diese Haltung werden in erster Linie die Eigentumsverhältnisse aufgeführt: „*Wir haben das Grundstück hier, wir haben das Haus, ich wüßte nicht, warum ich das aufgeben sollte*" (Regnitzlosau). Oder: „*Ich hatte fast jeden Stein von dem Haus in der Hand, das würde ich nie aufgeben*" (Werda). Doch nicht nur die Aufgabe des (zumeist mit Hilfe von viel Eigenarbeit erstellten) Hauses hindert sowohl Werdaer als auch Regnitzlosauer an einem beruflichen Wechsel. Fast ebensowichtig war für alle Befragten, daß sie bei einem Wegzug „*ihre Heimat*", ihre Freunde und Bekannten und überhaupt die vertraute Umgebung verlören. „*Das wesentliche ist doch*", sagte ein Mann aus Werda, „*irgendwo ein Nest zu haben, wo einem viel vertraut ist*". Diese Antwort ist typisch für die Gesäßigkeit in beiden Gemeinden, wobei uns scheint, daß die Verwurzelung in der Heimatgemeinde in Werda noch stärker ausgeprägt und noch emotionaler untermauert ist als in Regnitzlosau. Um überhaupt mit dem Gedanken zu spielen, den Wohnort zu wechseln, müßten schon schwerwiegende Gründe vorhanden sein, wie „*eine lange Arbeitslosigkeit*". Nur ein etwas besserer Verdienst genügt nicht, um die Befragten aus ihrer gewohnten Umgebung wegzulocken. „*Wegen 500 oder 1000 Mark mehr im Monat würde ich nicht wegziehen, ich müßte ja dann meine Freunde und alles aufgeben, das wär es mir nicht wert"*, sagte ein Mann aus Werda. Und ein Regnitzlosauer meinte: *„Auch für eine attraktive Stelle würde ich nie von hier weggehen. Wir haben unsere Erfahrungen gesammelt, wir bleiben hier. Ich war sieben Jahre unterwegs, ich bin dann aber doch gerne zurückgekommen, man ist doch irgendwie verwurzelt hier, und was soll ich weiter sagen, ich zieh hier auch nicht mehr weg"*. Einige Wenige, vor allem in Werda, gingen sogar so weit, ein kurz- oder mittelfristiges Verlassen der Heimat kategorisch auszuschließen: *„Daß ich auf Montage gehen würde, das würd ich nicht machen"*. Oder: *„Unter dem Strich lohnt sich das Pendeln nicht"*. Man schließt zwar nicht aus, sich auch in einer neuen Umgebung eingewöhnen zu können, aber der Verlust des Gewohnten wiegt schwerer: *„Ersatz für die Heimat gibt es schon. Aber ich tät sagen, die ganze Umgebung gefällt mir hier. Man ist die Nachbarn gewöhnt. Ich würde das Gemütliche hier vermissen"*.

Konnte sich schon kaum einer der Befragten mit dem Gedanken anfreunden, jemals aus seiner Heimat wegziehen zu müssen, so reagierten sie auf die Möglichkeit, vielleicht sogar in eine Stadt gehen zu müssen, geradezu mit Entsetzen: *„Ohje, also ich tät nicht geschenkt in der Stadt wohnen, nee also nicht geschenkt"*. Die Stadt und ganz besonders die Großstadt erweist sich in der Sichtweise fast aller Befragten geradezu als der Ort des Bösen. Dort herrschten Kriminalität und Gewalt. Drogen und Sekten bedrohten die Kinder. Frauen könnten sich nachts nicht mehr auf die Straße trauen. Dagegen erscheint dann die eigene dörfliche Lebenswelt als Idyll, in der noch alles in Ordnung ist, wo Kinder noch Kinder sein können, wo man sich noch kennt und wo man sich aufeinander verlassen kann. Ein Mann aus Regnitzlosau begründete seine Abneigung gegen die Stadt wie folgt: *„Na einfach weil für die Kinder hier die Entwicklungsmöglichkeiten am Lande besser sind. Die Extreme, wie sie in den Großstädten sind, die sind sicherlich hier auf dem Land nicht so. Wenn ich bloß sehe, was es in Hof in den Schulen für Probleme gibt, muß man schon froh sein, auf dem Land zu wohnen"*. Die Summe aller Argumente, die für alle Befragten gegen ein Leben in der Stadt sprechen, zeigt sich exemplarisch in der Schilderung eines Mannes, der zur Fortbildung für drei Wochen nach Nürnberg mußte: *„Wissen Sie, wie das ist in der Stadt? Wenn man zum Beispiel, sagen wir, durch Nürnberg durchläuft, da bin ich neulich drei Wochen drunten gewesen mit einem Kollegen, der auch in einem Dorf wohnt, und da sind wir in der S-Bahn gesessen, da haben wir gesagt, Mensch die Leute, da lacht keiner, die schauen alle runter, die glotzen, da ist kein Mensch freundlich. Und dann haben wir uns weiter unterhalten und neben uns sind ein paar ältere Leute gesessen und haben das Tuscheln angefangen, was sind das denn für zwei. Es fällt einem einfach auf, daß die Leute in den Städten, nicht irgendwie unfreundlicher, aber es ist ganz anders als bei uns, die Anonymität, keiner kennt keinen, und selbst in den Wohnungen drinnen, die kennen ja nicht einmal ihre Türnachbarn. Da freut man sich* *schon, daß man auf dem Dorf wohnt. Ich würd also zur Not schon mal wo anders hinziehen, aber wieder auf ein Dorf, aber in keine Stadt".*

Spar- und Kreditverhalten

Aufgrund der unterschiedlichen Wirtschaftssysteme, in denen beide Gemeinden beheimatet waren, insbesondere aber aufgrund der unterschiedlichen Bedeutung, die in diesen Systemen dem „Geld" als Medium zugesprochen wurde, war zu vermuten, daß die Menschen in beiden Gemeinden ein je spezifisches Verhältnis zum Geld besitzen. Dem ist nicht so. Zwar war, wie viele der Befragten in Werda sagten, zu DDR-Zeiten das *„Geld nichts wert"*, als es dann aber nach der Währungsunion etwas wert war, wußte man auch schnell damit umzugehen. Wenn überhaupt Unterschiede im Umgang mit Geld auszumachen sind, dann die eines etwas größeren Vertrauens in die Stabilität der neuen Währung und einer noch latent vorhandenen Unsicherheit über den Wert größerer Summen im Osten. So wurde in Regnitzlosau auf die Frage, ob man sich bei einem Lottogewinn von einer Million vorstellen könne, mit der Arbeit aufzuhören, von vielen Befragten geantwortet: *„Was ist schon eine Million! Eine Million reicht da nicht aus".* Man war sich also über den realen Wert dieser Summe durchaus im klaren und relativierte ihn, indem man ihn in Beziehung zu den realen Lebenshaltungskosten einer Familie setzte. In Werda hingegen übte die Summe von einer Million noch einen ungetrübten Reiz aus: *„Oh ja, das wär schön!"* und war Anlaß, mit dem Träumen zu beginnen. Die sich hier zeigende leichte Unsicherheit über den realen Wert des Geldes führte in Werda konsequenterweise zu einer etwas größeren Sensibilität im Umgang mit demselben als in Regnitzlosau. Exemplarisch dafür steht die Aussage der Besitzerin eines kleineren Gardinengeschäftes: *„Also ich merke es im Geschäft. Ich hatte ja zu DDR-Zeiten auch schon einen kleinen Laden. Da hat sich nie einer von hundert sich meinetwegen fünf Pfennige wieder gebenlassen, was ich jetzt immer habe. Und wenn es ein Pfennig ist, lassen sich die Leute jetzt rausgeben. Kannte ich früher nie. Oft 50 Pfennige, 1 Mark. Immer war das so. Also das merkt man ganz deutlich jetzt in dem Umgang mit dem Geld, daß das Verhältnis ganz anders geworden ist".* Die Geschäftsführerin des Lebensmittelgeschäftes äußerte sich übrigens ganz ähnlich. Es scheint also so zu sein, daß mit dem Wiedererstarken des Geldwertes und der sich daraus ergebenden Unsicherheiten, die alten Tugenden (*„Wer den Pfennig nicht ehrt, ist des Talers nicht wert"*), die einst zum Umgang mit dem Geld anleiteten, wieder in Kraft getreten sind – Tugenden, die in Regnitzlosau auch bei jüngeren Leuten nie vergessen worden sind.

Dieser hier nur angedeutete, eher konservative Umgang mit Geld zeigt sich nun explizit im Spar- und Kreditverhalten. In Werda wie in Regnitzlosau gilt das Sparen als die erste Finanzierungsquelle für größere Anschaffungen und Schuldenmachen dementsprechend als sozialer Makel. Auf die Frage, ob man für den Erwerb eines neuen Autos lieber sparen oder doch einen Kredit aufnehmen sollte, lautete die Antwort in beiden Gemeinden durchgängig: *„lieber sparen".* Exemplarisch hierfür steht die Aussage eines Mannes aus Regnitzlosau: *„Lieber sparen. Daß man es selber hat, das Geld und nicht auf die Bank muß. Kredit aufnehmen, da kommst ja nicht mehr von den Schulden, genau wie das Autoleasing, da hast du ja nie ein eigenes Auto. Deswegen back ich lieber ein wenig kleinere Brötchen und schau, daß ich mir über die Jahre hinweg was ersparen tue".* Die Antworten in Werda auf diese Frage unterscheiden sich nicht im Ergebnis, hinzu tritt allerdings eine interessante vergleichende Komponente. So meinte ein Mann aus Werda: *„Lieber sparen. Das ist typisch, das steckt in uns drin. Ein Wessi würde bestimmt einen Kredit aufnehmen, ein Ossi, der spart für sein Auto. Schulden vermeiden, dann lieber verzichten. Und wenn Kredit, dann sobald wie möglich wieder tilgen".* Daß diese Meinungsäußerungen nicht nur als bloße Postulate anzusehen sind, zeigen die uns vorliegenden Daten über das Spar- und Kreditaufkommen der örtlichen Filialen der jeweiligen Kreissparkassen. Das Sparaufkommen in Regnitzlosau liegt bei etwa 48 Millionen und übersteigt damit das Kreditvolumen, das bei etwa 15 Millionen liegt, um mehr als das dreifache. Für Werda liegen uns leider keine exakten Zahlen vor, doch nach Auskunft der örtlichen Filialleiterin übersteigt auch hier das Sparaufkommen um ein vielfaches die Kreditaufnahmen. Allerdings sind diese Angaben mit Vorsicht zu genießen, weil die auswärtigen Kreditaufnahmen für uns nicht fassbar waren und vermutet werden darf, daß größere Kreditaufnahmen eher außerhalb abgeschlossen werden. Insgesamt gilt aber für beide Gemeinden, was der Filialleiter der Regnitzlosauer Kreissparkasse über seine Kunden zusammenfassend sagte: *„Vom Menschenschlag her haben die Leute hier die Einstellung: lieber ein kleinerer Kredit und das Haus nicht so groß. Der Rahmen soll überschaubar bleiben".*

Der eher konservative Umgang mit dem Geld wird in beiden Gemeinden auch in der Art der Spareinlagen deutlich. Der Wunsch nach Sicherheit schließt in beiden Gemeinden risikobehaftete Geldgeschäfte aus. Bevorzugt werden festverzinsliche, langfristige Anlagen. So konstatierte der Filialleiter der Kreissparkasse im Westen: *„Hier wird doch mehr Geld auf dem Sparbuch behalten, aber in den letzten zwei Jahren geht der Trend deutlich zu höher verzinslichen Anlagen. Die Leute fragen danach, Anregungen werden schon aufgenommen. Gegenüber der Stadtbevölkerung sind die Leute aber schon ein bißchen hinten nach mit der Entwicklung".* Und seine Kollegin aus dem Osten schloß sich ihm weitgehend an: *„Die Sparkassenbücher sind leergeräumt worden, bis auf Mindestbeträge, und es ist eben alles festgelegt worden, also jahrweise, noch länger oder dann Termingelder, eben monatlich bis zu einem halben Jahr, wo der Kunde auch rankann. Das war eine totale Explosion".* Interessant ist vielleicht die Detailbeobachtung, daß in Werda in besonderen Maße nach „Bundesschatzbriefen" verlangt wurde. Drückt sich hier noch so etwas wie sozialstaatliche Obrigkeitshörigkeit aus: der Staat als der absolute Garant von Sicherheit und Eigentum? Gleich wie dem auch sein mag, in beiden Gemeinden dominiert eindeutig die Absicht, nicht schnell möglichst viel zu gewinnen, sondern das, was man hat, sicher zu bewahren.

Eigentum und Konsum

Zentraler Fixpunkt in der alltäglichen Lebenswelt der Befragten ist in beiden Gemeinden das Eigenheim, entweder als bereits realisierter Fakt oder als noch zu verwirklichender Wunsch. Als aufschlußreich erweisen sich auch hier wieder die Antworten auf die Frage, was man mit einem Lottogewinn von einer Million Mark anfangen würde. Bis auf eine Ausnahme wurde an erster Stelle immer der Bau eines Hauses genannt: *„Als erstes würde ich mal*

Abbildung 19: „Werda, ‚Sehnsucht nach Heimat'"

ein Haus bauen. Das wär das allererste" (Regnitzlosau). Selbst diejenigen, die schon ein Haus besitzen, wollten in einem solchen Fall nicht nur nur an- oder ausbauen, sondern ein ganz neues Haus errichten, selbstverständlich etwas größer und komfortabler als das bisherige: *„Erst einmal nach Bali flie- gen, dann würd ich mir wahrscheinlich ein Grundstück kaufen, ein neues Haus bauen und den Rest anlegen"* (Werda). Einige gerieten geradezu ins Schwärmen bei dem Gedanken, wie eine junge Frau aus Regnitzlosau: *„Un- ser Traum ist irgendwo ein Haus draußen, in der Art einer Blockhütte, ganz riesig. Mein Mann bekommt einen Billardraum, Kaminzimmer und was würd ich machen, eine Boutique eröffnen. Ja das wär mein Traum"*. Doch nicht nur in den Anworten auf diese hypothetische Frage zeigt sich die Zentralität des Eigenheims im Denken der Befragten. Dafür spricht auch, daß bei der Frage, was sie am liebsten in der Freizeit tun, von fast allen Befragten, die Arbeit im Garten und teilweise auch am Haus genannt wurde. Und in der Tat sind die Ergebnisse dieses Tuns auf den ersten Blick sichtbar. Gepflegte Gär- ten, groß angelegte Blumenbeete, Ziergartenzäune, bemalte Garagentore und Garagenwände, Hausverzierungen wie Rundbögen und Vordächer aus Holz, sorgfältig renovierte oder liebevoll ausgestatte Gartenhäuschen dokumentie- ren die Richtigkeit dieser Angabe. Wie in der Dorfbeschreibung (Kapitel II/8) schon erwähnt, sind diese Bemühungen um Schönheit und Gemütlich- keit in Werda zur Zeit besonders ausgeprägt – sehr wahrscheinlich aufgrund der Überzeugung, hier etwas nachholen zu müssen. So berichtete uns der Ge- schäftsführer eines Hofer Baumarktes, daß die enorme Kauflust der „Ossis" für alles, was Haus und Garten betrifft, bis heute ungebrochen anhält.

Bei all diesem Streben nach Schönheit und Gemütlichkeit zeigt man offen, was man besitzt und was man geschaffen hat, man dokumentiert seinen Wohlstand (und das gilt selbst für die erworbene „Leibesfülle") stolz auch nach außen. Der andere soll es ruhig sehen, daß man sich nun Garagentore aus Holz, mit geschnitzen Verzierungen und durchsetzt mit Glasbauteilen lei- sten kann. Eine Art „avantgardistisches" Künstlertum ist freilich in beiden Gemeinden verpönt. Man hält sich an die althergebrachten, von allen geteil- ten Muster: die Farben dürfen nicht zu grell, die Motive nicht zu gewagt sein. Gartenzwerge sind erlaubt, Wagenräder an den Hauswänden gelten als Zei- chen von Gemütlichkeit, es triumphiert die „Idylle". Alles wirkt bodenstän- dig, sauber, adrett und strahlt eine behäbige Zufriedenheit aus. Dementspre- chend überrascht auch der hohe Grad an allgemeiner Zufriedenheit, der über- einstimmend in beiden Gemeinden geäußert wurde, kaum noch. Charakteri- stisch hierfür sind folgende Antworten auf die Frage, was für den Betreffen- den Glück sei: *„So leben wie momentan"* (im Westen); *„Daß es uns weiter so gut geht, vielleicht noch ein wenig besser. Uns geht es gut"* (im Osten).

Abbildung 20: „Werda, ‚Zufriedenheit im Alter‘“

Zusammenfassung

Zieht man Bilanz, so läßt sich – leicht ironisierend – von einer ungebrochenen Dominanz der „Sekundärtugenden" in beiden Gemeinden sprechen. Die Geltung traditioneller Arbeitswerte, wie Fleiß, Ordentlichkeit, Pünktlichkeit, Sauberkeit, Sparsamkeit, aber auch Disziplin und Bescheidenheit[39], dauert in beiden Gemeinden wesentlich ungebrochen fort. Entgegen landläufiger Annahmen, bestimmten diese „klassischen Arbeitstugenden" in Werda das Arbeitsleben auch schon vor der Wende. Wenn auch ihre Verwirklichung aufgrund systembedingter Hemmnisse im Berufsleben nur bedingt möglich war, so waren sie aus den Köpfen der Menschen doch nicht verschwunden. Sie verlagerten sich nur von der Berufsarbeit auf die Arbeit am eigenen Haus und im eigenen Garten, teilweise sogar auf die Arbeit in der Gemeinde, wie sich in Werda exemplarisch an den mit Hilfe von viel Eigenarbeit erstellten Sportanlagen zeigt. Ihre fortdauernde Geltung ermöglicht jetzt vielen die im großen und ganzen problemlose Anpassung an westliche Leistungsstandards: *„Es gibt überhaupt keine Probleme bei unseren Arbeitskräften"*, meinte der örtliche Unternehmer in Werda, *„die Arbeitswilligkeit ist da, die Arbeitsintensität ist da, genau wie in den alten Bundesländern"* – eine Einschätzung, die uns übrigens auch von vielen oberfränkischen Unternehmern bestätigt wurde, die jetzt Arbeiter aus der ehemaligen DDR beschäftigen. In vielen Gesprächen in Werda ist der Wille deutlich hervorgetreten, jetzt endlich *„loslegen"* zu können, um das noch vorhandene materielle Wohlstandsgefälle ausgleichen zu können. Die in beiden Gemeinden stark ausgeprägte traditionale Handlungsorientierung zeigte sich auch in dem Wert, den das eigene Haus und das gewohnte, als „Heimat" empfundene, unmittelbare Wohnumfeld für die Menschen besitzt. Hier verwirklichen sich dann, vielleicht noch mehr als im Arbeits- und Berufleben, die Werte von Sauberkeit, Ordentlichkeit, Behaglichkeit und Gemütlichkeit zu einer für beide Gemeinden charakteristischen Haltung der „Wohlanständigkeit". In der Tugend der Bescheidenheit verkörpert sich das Selbstbewußtsein des *„anständigen Menschen"*. Und im Vergleich zu der „Stadt" erscheint das Dorf als derjenige Ort, wo die *„Welt noch in Ordnung ist"*.

Versucht man nun, diese Beschreibungen mit Hilfe des Ordnungsschemas, das die Theorie des Wertewandels[40] anbietet, zu interpretieren, so ergibt sich folgendes Bild: Der jedenfalls für die alten Teile der Bundesrepublik diagnostizierte Wertewandel, die Abkehr von den sogenannten „materialistischen" und die Hinwendung zu den sogenannten „postmaterialistischen" Wertorientierungen, hat in Regnitzlosau nur in geringem Umfang, in Werda überhaupt nicht stattgefunden. In beiden Gemeinden, in Werda noch mehr als in Regnitzlosau, dominieren eindeutig noch die „materiellen Orientierungen", so-

---

39 Vgl. zur näheren Kennzeichnung dieser Begriffe: Klages 1985, S.39ff.
40 Vgl. zum Begriff des Wertewandels: Inglehart 1977 und Klages 1985.

wohl was die Einstellungen zur Arbeit, zum Eigentum und auch zum Konsum betrifft[41].

2. Das „kleine Glück" der Geborgenheit: Familie, Kinder und Verwandtschaft

Für alle Befragten in Werda wie in Regnitzlosau bedeutet die Familie – neben der Arbeit – den entscheidenden Ort, an dem der Mensch soziale Anerkennung, Geborgenheit und Sicherheit finden kann. Es ist daher bezeichnend, daß in keinem einzigen Interview die zentrale Bedeutung der Familie, ihre „Stabilität" und „Dauerhaftigkeit" hinterfragt oder gar angezweifelt wurde. Die mit den Themen „Scheidung", „Trennung", „Alleinerziehende" verbundenen Probleme kamen überhaupt nicht zur Sprache. Die stillschweigend vorausgesetzte Intaktheit der Familie, das soziale Gebot ihrer „Unversehrtheit", die Vorstellung, daß „man" in geordneten Verhältnissen und d.h. in einer „*ordentlichen Familie*" beheimatet sein müsse, um sein Leben meistern zu können, bildete den selbstverständlichen und unbefragten Hintergrund aller Gespräche. Wenn man überhaupt auf Probleme zu sprechen kam, die im Zusammenhang des familiären Miteinanders auftreten, waren die Befragten durchgängig der Meinung, daß sich nahezu alle Schwierigkeiten durch ein geduldiges Vertrauen in die heilenden Kräfte der Zeit oder durch ein gutes Gespräch lösen lassen.

Das Dorf als Familie – Familienleben auf dem Dorf

Als der beste Garant, um familiäre Probleme gar nicht erst entstehen zu lassen, erscheint indes das Festhalten an der Überschaubarkeit des Gewohnten, am Ererbten und am eigenen Besitz, also die bodenständige Verankerung der eigenen Möglichkeiten und Grenzen in der Region, in der man aufgewachsen ist. Auf ihre beruflichen Zukunftspläne und -wünsche hin angesprochen gaben daher viele Jugendliche an, daß sie es sich nicht vorstellen könnten, ihre Heimat zu verlassen. So sagt ein Regnitzlosauer: *„Sobald man sich ein Nest gebaut hat, ist das doch sehr zementiert. Ich hatte schon viele Male die Mög-*

---

41 Vgl. zu dieser Aussage auch: Noelle-Neumann 1991. – Noelle-Neumann stellt fest, daß in der gesamten DDR ein Wertewandel nicht stattgefunden hat: „Die Fragen nach den Auffassungen vom Leben – das Leben als Aufgabe oder als Genuß –, dem Rangplatz der Arbeit, der Bedeutung der traditionellen Tugenden, wurden von der ostdeutschen Bevölkerung beantwortet wie von den Westdeutschen in den fünfziger Jahren" (S.69).

Abbildung 21: „Werda, ‚Familie in Hollywood'"

lichkeit, Hof als Beschäftigungsort zu verlassen und aufzusteigen. Da war dann aber der Beigeschmack: ‚Du gibst zuviel auf'. Auch die Familie leidet ja darunter". Der Verlust der Heimat wird als eine Gefährdung der Stabilität familiärer Bindungen und Beziehungen angesehen. „*Die Menschen hier*", so sagte ein Befragter aus Werda, „*sind stock-konservativ. Es gibt hier eine ganze Menge Leute, die haben das heutige Chemnitz noch nicht gesehen. Selbst nicht raus und bei uns niemand rein. Bei manchem bricht jetzt regelrecht die Welt ein*". Und eine weitere Befragte aus Werda berichtete: „*Wir fahren auch in diesem Jahr nicht weg mit den Kindern. Mit Geld hat das nichts zu tun. Wenn ich die Kundinnen im Laden höre: ich fahre nach Mallorca oder nach Tunesien, das läßt mich kalt. Wenn ich hier sitze und gucke aus dem Fenster: wo will ich denn hin? Hier hinten ist der Wald, drüben ist das Wasser und mein Bett ist immer noch das Beste*". Ähnliche Meinungen waren auch in Regnitzlosau zu hören.

Die Verbundenheit mit der Familie, die oft genug bis in die dritte Generation reicht, die Liebe zur Heimat, materielle Bescheidenheit und das Bekenntnis zur Immobilität gehören zusammen. Das Dorf ist nicht „weltoffen" und „pluralistisch". Der Enge seiner Gassen und Winkel entspricht der selbstgenügsame anti-intellektuelle Affekt seiner Bewohner. Gegenüber der Buchstabengelehrsamkeit der Stadt schätzt man die eigene bodenständige, handfeste und praktische Lebenseinstellung als lebenstauglicher ein. Naivität

Abbildung 22: „Regnitzlosau, ‚Deutsches Glück‘"

gilt hier als Natürlichkeit. So meinte eine Befragte aus Werda: *„Kinder vom Dorf sind dumm. Wir waren auch nicht anders. Wir waren damals in Chemnitz, da haben wir die Großstadt kennengelernt. Die haben sich über Sachen unterhalten, da haben wir noch nie etwas davon gehört".* Es wäre ein völliges Mißverständnis, wollte man in dieser Äußerung auch nur die Spur des eigenen Bedauerns finden. Das Gegenteil ist der Fall. Mit einem gewissen Stolz wird hier auf die Tatsache hingewiesen, daß es in unserer immer komplizierter und unübersichtlicher werdenden Welt immer noch einige, wenn auch wenige Nischen gibt, in denen der „gesunde Menschenverstand" herrscht.

Wer das Dorf verläßt, so lautet daher eine oft gehörte Meinung, verliert häufig den Kontakt zu seiner Familie. Wer seine eigene Bodenständigkeit aufgibt, gerät leichter in Gefahr, *„aus dem Ruder zu laufen"* und *„auf die*

schiefe Bahn zu kommen". Die Begrenztheit der eigenen Entwicklungsmöglichkeiten erscheint geradezu als Gewinn an sozialer Sicherheit, die man um
so weniger missen möchte, je mehr man der Probleme *„da draußen"* gewahr
wird. Die schützende Hülle der dörflichen Gemeinschaft will jedenfalls niemand missen: *„Angst haben wir eigentlich nicht, denn auf dem Dorf, da sind
die Kinder doch noch etwas mehr behütet wie in der Stadt"*. Die selbstver-
ordnete Beschränkung auf das Private, die Verwandtschaft und die unmittelbare Nachbarschaft erscheint aus der Perspektive einer unüberschaubar gewordenen Welt, in der niemand vor Mord- und Totschlag, Einbruch, Straßen-
raub, Drogen und Beschaffungskriminalität mehr sicher zu sein scheint, nicht
als Rückzug in eine miefige Idylle, sondern als die einzig vernünftige Stra-
tegie, um für sich selber, die Familie und insbesondere die Kindern ein gewisses Maß an sozialer Sicherheit gewährleisten zu können. *„Man hat eben
Angst. Ich weiß auch nicht, man ist eben ängstlicher geworden. Unruhiger,
wenn die Kinder fort sind. Jetzt, da ist dort mal was passiert und da. Stand ja
auch früher nie in der Zeitung bei uns. Die Angst ist eben so allgemein. Was
man eben so hört. Man kann es nicht so gut beschreiben, es ist eben da.
Wenn man da jetzt durch die Straßen geht, da hat früher überall Licht ge-
brannt, wo jetzt alles finster ist"*. Und diese Veränderungen im Dorf werden
sofort auf die Veränderungen im Großen projiziert: *„Ist jetzt alles ganz un-
gewohnt, für mich ging das alles zu schnell. Haben sich alle zu schnell ange-
paßt. Ich hätte noch gerne ein wenig so weiter gemodelt"*.

Die Familie als Hort der Geborgenheit

Da in der DDR von offizieller, d.h. staatlicher Seite der Institution Familie
mit Skepsis begegnet wurde, weil sie sich der totalen Kontrolle durch die
Partei entzog, wurde sie in ein Beziehungsgefüge von Kollektiven eingebun-
den, deren Handeln an den Interessen der Gesamtgesellschaft ausgerichtet
sein sollte. So wurde u.a. die Gleichberechtigung zwischen den Ehepartnern
als Arbeitspflicht für beide Ehegatten ausgelegt, wobei man sich auf den
marxistisch-leninistischen Lehrsatz berief, daß die Persönlichkeitsentwick-
lung wesentlich durch die Teilnahme an der materiellen Produktion geprägt
werde. Um dies zu ermöglichen, sollten beide Ehepartner Familie, Beruf und
gesellschaftliches Engagement miteinander vereinbaren, sich dabei gegenseitig helfen und gemeinsam Verantwortung tragen. Es ist inzwischen kein Geheimnis mehr, daß gerade im Hinblick auf diese Forderungen auffallende
Differenzen zwischen Theorie und Praxis bestanden, weil auch der Sozialismus nicht in der Lage war, das traditionelle Rollendenken zu beseitigen. So
war es nicht unüblich, daß nach wie vor die Frauen den größten Teil der
Hausarbeit erledigten. Obwohl der politische Anspruch in eine andere Richtung ging, läßt sich doch feststellen, daß das Familienleben in der ehemaligen
DDR trotz der hohen Scheidungsziffer, großteils an bürgerlichen, bzw. kleinbürgerlichen Normen orientiert war. Für viele Frauen in Werda war es daher

selbstverständlich, daß sie, wie eine Befragte meinte, „*Familie, Haushalt, Garten und Beruf unter einen Hut*" zu bringen hatten. Die Familie jedoch ging – nicht nur weil ein beruflicher Aufstieg in der Region schwer zu realisieren war – für die meisten Frauen immer vor. Daß man sich um die kleinen Kinder selbst zu kümmern habe und daß diese am besten in der Familie und nicht in irgendeinem staatlichen Hort am besten aufgehoben seien, war weiblicher „common sense". So gab und gibt es in Werda zwar einen Tageskindergarten, aber keine Kinderkrippe. „*Und da wären wir auch überhaupt nicht dafür. Also für die Kinderkrippe waren wir noch nie*".

Obwohl sich das Verhältnis zwischen Eltern und Kindern nach der Wende nicht wesentlich verändert hat, sind doch einige Veränderungen im generativen Verhalten zu beobachten, die von den Befragten in Werda auch ganz eindeutig mit den „*unsicheren Verhältnissen*" in Zusammenhang gebracht werden. Diese Veränderungen betreffen insbesondere den Heirats- und den Kinderwunsch: „*Man wartet mit der Heirat und dem Kinderkriegen, schiebt beides so lange wie möglich hinaus, bis man wieder in geordneten Bahnen lebt*". Oder: „*Was sich noch verändert hat? Das einzige, was stark zurückgegangen ist, das ist die Zahl der Kinder, die geboren werden. Das ist ganz krass zurückgegangen. Das ist die Unsicherheit. Die jungen Leute, die vorher doch häuslich waren, wollen nun was erleben, wollen heute frei sein und die anderen sagen: Wenn ich als Frau jetzt die Arbeit aufgebe, kriege ich dann jemals wieder welche? Und ein Kind ist ja auch eine Belastung, ein Kind ist teuer. Wenn man sich ein Kind anschafft, ist das für die Familie finanziell belastend. Das wird wahrscheinlich immer mehr zurückgehen. Unser ganzes Leben war auf den Arbeitsprozeß ausgerichtet, von Kindheit an. Was man ein Leben lang anerzogen bekommen hat, kann man nicht so schnell umstülpen. Früher hatten wir Arbeit, wir hatten ein geringes, aber geregeltes Einkommen. Wir hatten ja nicht die Warenbreite, die wir jetzt haben. Jetzt ist es anders herum. Das Einkommen ist unsicher, aber es gibt alles*". War es früher die Verpflichtung zur Arbeit, die den Kinderwunsch drastisch reduzierte, so sind es heute die Angst vor der Arbeitslosigkeit und die damit verbundenen finanziellen Probleme sowie auf der anderen Seite die seit der Wende gegebenen Möglichkeiten einer individualisierten Lebensgestaltung, die den Kinderwunsch (wie im Westen) mindern. „*Neulich*", so berichtete eine junge Frau aus Werda, „*sind wir von Bekannten eingeladen worden, die zu dem Entschluß gekommen sind, keine Kinder haben zu wollen. Die fahren dreimal im Jahr in Urlaub*". Und eine andere meinte: „*Die Leute wollen nicht mehr so viele Kinder, rein aus Bequemlichkeit, weil man eben mit einem Kind noch locker arbeiten gehen kann. Bei zwei Kindern ist es dann schon fraglich und bei drei Kindern kannst du es dir abschminken*". Sicher schwingt in der einen wie der anderen Äußerung eine gehörige Portion Neid mit, aber auch der moralische Zeigefinger ist unübersehbar, der auf die Ungehörigkeit einer solchen Einstellung verweist, also auf die Verletzung der Regeln einer bürgerlichen Wohlanständigkeit.

Typisch ist die Mischung aus einem eher traditionalistischen Rollenklischee, von dem man meint, daß man ihm auf dem Lande in irgendeiner Form doch irgendwie zu entsprechen habe und den neuen Werten der individuellen Selbstverwirklichung. Beide „Wertreihen" führen – vor allem bei den Befragten auf der „westlichen Seite" – zu recht bemerkenswerten Disharmonien, die die Befragten aber gar nicht als solche empfinden. *„Wir sind es als Frau einfach nicht gewöhnt, zuhause zu bleiben und die Hausfrau zu spielen".* Oder: *„Früher, also so vor zwanzig Jahren, war halt alles noch nicht so hektisch, jetzt ist ja alles auf Leistung ausgelegt. Heutzutage will man ein wenig fortfahren, will ein wenig Ski fahren. Früher waren die Leute mehr daheim. In der Freizeit ist nicht mehr alles so kinderfreundlich. Ganz so wie früher ist das nicht mehr. Da ist man halt sonntags in die Kirche gegangen. So ist das nicht mehr bei uns. Wir gehen eigentlich auch selten. Aber irgendwie legt man halt doch Wert darauf, daß das Kind getauft ist, das gehört halt doch irgendwie dazu".* Diese bemerkenswerte, für Regnitzlosau typische Mischung aus einem an der Tradition orientierten Geborgenheitsideal, einem an den Idealen der Selbstverwirklichung orientierten Freizeitverhalten und den Rudimenten einer immer noch vorherrschenden protestantischen Arbeitsethik stellt für die Befragten aus Werda eine noch recht ungewohnte Wertreihe dar, in der man sich erst zurechtfinden muß, um seine eigenen Prioritäten begründen zu können.

In beiden Dörfern werden die verwandtschaftliche Bindungen außerordentlich intensiv gepflegt. Nicht nur bei unverrückbaren Ereignissen wie Geburtstag, Kindstaufe, Konfirmation oder Beerdigung trifft man mit den nahebei wohnenden Verwandten zusammen, sondern auch an manchen *„schönen Wochenenden"* oder auch *„einfach nur mal so, weil man sich sehen will".* In welchem Mischungsverhältnis hier liebgewordene Gewohnheiten, familiäre Traditionen, bloße Pflichterfüllung oder eigener Wunsch zur mehrheitlich geäußerten Hochschätzung der eigenen Verwandtschaft führen, ist im einzelnen natürlich nicht zu klären. Tatsache ist, daß *„die Verwandtschaft auf jeden Fall dazugehört",* wenn etwas gefeiert wird und man sich bei ihr, wenn nötig, Rat und Trost sucht.

Trotz der vielen Ähnlichkeiten, die man zwischen dem Familienleben West und Ost feststellen kann, es gibt auch Unterschiede. Geborgenheit, das bedeutet für viele Werdaer immer noch die Öffnung der Familie in den Raum der gemeindlichen Öffentlichkeit hinein. Die Privatheit der Familie hört nicht am Gartenzaun des Nachbarn auf. Öffentlichkeit und Privatheit verschränken sich ineinander: das Öffentliche wird soweit privatisiert, daß es selbst zu einem Privatraum werden kann (auf das durchgängige Duzen wurde bereits hingewiesen) und man hat umgekehrt keine Scheu, das Private öffentlich in Erscheinung treten zu lassen. In Regnitzlosau scheint, was diese, eher altertümlich erscheinenden Identitätsverhältnisse betrifft, der Prozeß der Individualisierung und damit der Rückzug der Familie aus dem öffentlichen Bereich wesentlich weiter fortgeschritten zu sein. Wenn hier von der Geborgen-

Abbildung 23: „Junge Frauen in Regnitzlosau"

heit der Familie die Rede ist, dann kommt die unmittelbare Nachbarschaft gar nicht mehr vor. Die Freizeit wird zumeist hinter den eigenen vier Wänden oder im eigenen Garten verbracht, den eine Ligusterhecke vor den allzu neugierigen Blicken des Nachbarn schützt. Geborgenheit wird hier nur im Intimbereich der Kernfamilie erfahrbar. *„Die Erziehung im Elternhaus hat sich sicher geändert. Am Wochenende wird da mehr unternommen. Die Kinder haben mehr Freizeit und wenig Kontakt zu Freunden, das heißt, sie unternehmen viel alleine in der Familie. Man kann nicht sagen, daß die Gemeinschaft jetzt so groß ist. Die Freundschaft zu pflegen, ist nicht so stark ausgeprägt".*

Abbildung 24: „Werda, ‚Verwandschaft und Bekanntschaft‘"

Geborgenheit, so meinen viele Befragte, kann die Familie auch nur dann vermitteln, wenn sie *„in Ordnung ist"*. Diese Ordnung wiederum wird an der Ordentlichkeit der äußeren Lebensverhältnisse ersichtlich. Insbesondere in Werda sind diesbezüglich recht klare Vorstellungen anzutreffen: *„Ich habe in Hof einen Cousin, der nie herdurfte, weil er bei der Bundeswehr war. Dann haben wir ihn besucht, als es dann ging und da war ich eigentlich enttäuscht. Die waren hier und sagten gleich: ‚Ach, was habt ihr denn alles?‘ Ich war dann auch bei ihm. Die haben ihr Geld in Urlaubsreisen gesteckt. Jedem seine Sache. Wir konnten ja nicht in den Urlaub fahren. Aber bei denen waren gar keine Gardinen am Fenster. Erster Schock: keine einzige Gardine. Keine Schrankwand, nur Regale und bei uns ist ja immer Wert darauf gelegt worden".*

Auf die Frage, in welchen Kreisen man die eigenen Kinder nicht sehen möchte, antworten die meisten Befragten mit einer Assoziationskette, deren Stichworte alle im Umfeld großstädtischen Lebens anzusiedeln sind: Drogen, jugendliche Gangs, *„Radikalinskis"* (linker oder rechter Provenienz), Sekten. Die Bandbreite der Sorgen, die man mit den heranwachsenden Jugendlichen im Dorf hat, scheint sich dagegen auf den exzessiven Genuß von Zigaretten und Alkohol zu beschränken. Insbesondere in Werda tritt die Sorge hinzu, daß die Kinder mit ihrer neu gewonnen Freiheit nichts anfangen könnten und ihr jetziges Herumgammeln und Nichtstun mit einer *„sinnvollen Freizeitbeschäftigung"* nicht zu vereinbaren sei.

Abbildung 25: „Werda, ‚Jugend im Aufbruch'"

Vor der Wende gab es in Werda einen Jugendclub, der von der FDJ organisiert wurde und über einen eigenen Raum verfügte. Nach der Meinung vieler Eltern waren die Jugendlichen „damals" besser versorgt und auch viele Jugendliche trauern der „organisierten" Freizeitgestaltung ein wenig hinterher. „Früher", so meinte die 17jährige Tochter eines Befragten, „hatten wir hier einiges: den Jugendclub, Disco (im jetzt privatisierten ehemaligen Kulturhaus), einen Platz, wo wir uns treffen konnten. Heute haben wir nichts mehr. Jetzt machen wir eigentlich nichts mehr. Außer rumlungern". Die Jugendlichen scheinen selber nicht in der Lage oder auch willens zu sein, an dieser Situation etwas zu ändern. Die folgende Gesprächssequenz zwischen Vater und Tochter macht die Schwierigkeiten deutlich, zwischen der neu gewonnenen Freiheit, die Gestaltung der eigenen Freizeit selbst verantworten zu dürfen, und der Einsicht in die Notwendigkeit einer irgendwie geregelten Ordnung, eine sinnvolle Balance zu finden. In diesem Gespräch zwischen Vater und Tochter geht es um den Raum, den die Gemeinde früher den Jugendlichen als Treffpunkt zur Verfügung stellte.

Vater: „Ich kann es nicht verstehen, warum die Gemeinde den Jugendlichen den Raum nicht wieder anbietet. Der Raum steht leer. Vielleicht liegt es daran, daß von Seiten der Jugend kein Interesse mehr gezeigt wurde. Aber eigentlich wäre das sicherlich eine gute Sache für die Jugend".

Frage: „Macht man sich wohl in letzter Zeit besonders Sorgen um seine Kinder?"

Mutter: „Hier auf dem Dorf eigentlich nicht, würde ich nicht sagen".

Vater: „Klar macht man sich Sorgen. Ich will nicht damit meinen, daß es generelle Befürchtungen sind. Aber es gibt jetzt immer mehr Anbieter, die jederzeit bereit, sind Leute aufzunehmen, die nicht wissen, was sie mit sich anfangen sollen. Sorgen macht man sich schon. Aber hier auf dem Dorf? In der Stadt vielleicht mehr".

Frage: „Wurde die Einrichtung eines neuen Jugendtreffs schon einmal auf einer Bürgerversammlung angeregt?"

Vater: „Naja, das ist doch heute ganz klar, wie das geht. Stellst du eine Anfrage oder stellst du eine Forderung, dann mag das schon alles schön und gut sein, aber dann heißt es doch gleich: ‚Setz dir auch bitte gleich den Hut auf‘. Das ist doch das Problem. Ich spreche das an und dann hast du es auch gleich. Herr XY, heißt es dann, bitte schön. Sie machen das. Sie haben das gefordert, wir stellen das bereit, also kümmern Sie sich darum. Wenn du dann irgendwelche Probleme bekommst, dann heißt es: ‚Du hast es ja gewollt‘".

Frage: „Bringt man solche Anliegen auch nicht vor, weil man es von früher her nicht gewohnt war?"

Tochter: „Ich würde sagen, weil man es vorher nicht gewohnt war".

Vater: „Ja schon, aber ob man den Sachen, die da nachkommen, gewachsen ist, die dann auch unter Kontrolle hat, das ist das Problem. Weil man eben nicht weiß, was noch alles kommen kann, wenn man bedenkt, was es *alles so gibt. Ich sage jetzt einfach mal: rechts oder links, also das ganze Radikale, oder Haschisch oder sonst was. Und dann heißt es immer wieder: Du hast das ja gewollt. Und diese Verantwortung dann, naja. Ich trau das* (gemeint ist der Haschisch-Konsum) *hier niemandem zu, aber irgendwie kann das ja total kommen"*.

Frage: „Gab es die Angst vorher nicht?"

Vater: *„Nein, da gab es überall Grenzen. Grenze dort und Grenze da* (im doppelten Sinne gemeint) *und aus. Da hatte man ganz genaue Richtlinien. Wenn irgendetwas nicht geklappt hat, dann sperren wir den Laden eben zu. Die Freiheit, die es jetzt gibt, die hat sich die Jugend vielleicht eher angeeignet als der andere Bürger. Speziell die Jugend hatte man früher ganz straff im Zug. Da gab es eigentlich nicht viel, was man sagen konnte. In der Disco gab es mal ein Besäufnis, aber dann war wieder Ruhe"*.

Frage: „Findest du die jetzige Situation besser oder schlechter?"

Tochter: *„Naja, früher hattest du deinen Trott, den hast du jetzt nicht mehr. Früher hattest du ja nichts zu tun mit dem Haschisch und dem ganzen Zeug. Aber jetzt ist man da schon voll drinnen"*.

Soweit diese Gesprächssequenz. Sie macht deutlich, daß der Einbruch des Neuen als Verlust von Sicherheit empfunden wird; der Zugewinn an individueller Freiheit scheint auf Kosten einer eingelebten Ordnung zu gehen, deren Nachteile man zwar nicht verschweigt, über deren Vorzüge man sich aber erst jetzt klar wird.

In beiden Gemeinden spielt die Frage nach dem Verhältnis von Freiheit und Ordnung, von Disziplin und Autorität auf der einen, Freizügigkeit und Gewährenlassen auf der anderen Seite, eine große Rolle. Die Sicherheit des moralischen Urteils, – vor allem in Fragen der Erziehung – ergibt sich aus dem Erfahrungshintergrund des eigenen familiären Lebens, das zur Richtschnur der Beurteilung fremder Lebensverhältnisse herangezogen wird. Was den eigenen Erfahrungshintergrund betrifft, erscheint vielen Werdaer Bürgern der „Westen" als eine „fremde Gesellschaft", obwohl die Erziehungsideale, also die Vorstellungen und Ansichten über das, was man den Kindern in der Familie mit auf den Weg geben möchte, in hohem Maße übereinstimmen.

Während man in Werda über die oftmals ungezügelten Freiheitsbekundungen der Jugend den Kopf schüttelt und sich fragt, wie man die Kinder wieder *„in den Griff bekommen kann"*, halten die Regnitzlosauer die Vorstellung, daß man mit der Kindererziehung solche Erwartungen verbinden könnte, bereits für eher antiquiert. In der Schule, so berichtete eine Mutter aus Werda, gehe es jetzt *„drunter und drüber"*. Die Kinder wüßten nicht mehr, wo es lang gehe und die neuen, zumeist jungen Lehrer seien überfordert. Unverständlicherweise habe man gerade einen älteren Lehrer, der mit den Kindern immer gut zurechtgekommen sei, aus der Schule entfernt: *„Unsere Kinder hatten einen Lehrer, der war in der SED, war kein schlechter Kerl, den hat-*

*ten wir selbst noch in der Schule. Der konnte praktisch mit den Kindern um-
gehen, der ist auf die Kinder eingegangen. Der hat sich echt auch im Sport
mit den Jungs beschäftigt und hat mit über 50 Jahren die Erfahrung und die
gewisse Ruhe gehabt und hätte bestimmt aus der Klasse ein Kollektiv gemacht. So wie das jetzt ist: die beißen und kratzen sich, der hat am Hals Wür-
gemale, halbe Rowdies in dem Alter. Die wühlen sich unten auf dem Boden
rum, da kommt der Direktor rein und noch zwei Lehrer, die stehen nicht auf,
die haben keinen Respekt".* In Werda trauert man aber nicht nur dem ehedem
„bewährten" Lehrpersonal nach. Als mindestens genauso problematisch erachten einige Befragte die Tatsache, daß sich einige „übergeleitete" alte Lehrer im Zuge der Wende mit einer nicht ganz nachvollziehbaren Geschwindigkeit an die neuen Verhältnisse angepasst haben: *„Man kann gar nicht beschreiben, wie erstaunlich es ist, daß sich die Menschen mit dem Staat so
schnell wandeln konnten. Also wenn ich bis dahin das unterrichtet habe, die
nächsten Tage kann ich sofort was anderes unterrichten. Das geht ja wohl eigentlich schlecht. Der Lehrer hier hat früher Staatsbürgerkunde der DDR
unterrichtet. Das ist ein Witz, das kann man niemandem erzählen. Der hat in
Hof in der Textilgruppe ein halbes Jahr Praktikum gemacht nach der Wende.
Jetzt kann der alles. Der erzählt von der DDR nichts mehr. Der kann voll das
Bundesrecht. Der widerlegt praktisch seine ganzen Sachen von früher".* Wie
in vielen anderen Bereichen auch werden die Veränderungen im der Schule
und in der Erziehung insgesamt als eine Krise der Glaubwürdigkeit der daran
beteiligten Personen erfahren.

Abbildung 26: „Werda, ‚Spielerisch den Westen lernen'"

Auf der anderen Seite wurde aus Regnitzlosau berichtet, daß die Integration von Schülern aus der ehemaligen DDR nicht ganz unproblematisch sei. *„Denn da drüben war eine ganz andere Sprache. Die sind ganz anders erzogen worden. Das Verhalten ist anders. Sie haben ganz andere Auffassungen. Sie sind nicht so pflichtbewußt, manche Sachen muß man Ihnen mehrmals sagen. Vermutlich auch das Ergebnis der Erziehung, weil sie nicht den ganzen Tag in der Familie gewesen sind. Sie sind auch eher aufsässig und widerspenstig, nicht so leicht zu führen. Unseren Erziehungsstil sind sie nicht gewohnt. Die Kollegen aus den neuen Bundesländern sind über die Mitarbeit der Schüler in den Klassen überrascht".* Was die Schule betrifft, herrscht vor allem in Werda eine starke Verunsicherung darüber, was denn die Aufgabe des Staates bei der Festlegung von Erziehungszielen und Richtlinienkompetenz wirklich ist. Auf die Frage, ob es einen Unterschied zwischen den Erziehungsmaximen in der Familie und in der Schule gebe, antwortete ein Befragter folgendermaßen: *„Nein, das glaube ich nicht. Also, ich meine, hier gab es ein vorgeschriebenes Lehrbild, mit den Pionieren und was es halt alles so gab. Und jetzt ist es schwierig, weil jeder Lehrer es so macht, wie er denkt. Zur Zeit gibt es noch kein vorgeschriebenes Muster, wie er zu lehren hat. Und da macht es jeder Lehrer, wie er will. Da denk ich manchmal, daß sie nicht so genau wissen, wie es nun eigentlich weitergehen soll mit der Schule".* Aus den Antworten wird deutlich, daß die antiautoritäre Erziehung als ein bedeutendes Kapitel der westdeutschen Nachkriegsgeschichte, im Osten übersprungen worden ist. Bemerkenswerterweise hat dies jedoch dazu geführt, daß sich Eltern und Kinder näher geblieben sind. Dieser Sachverhalt wird von einer Untersuchung gestützt, die vor kurzem vom Institut für Demoskopie in Allensbach durchgeführt wurde. Auf die Frage: In welchen Bereichen haben Sie und Ihre Eltern ähnliche Ansichten, antworteten Befragte unter 30 im Westen zu 30%: in keinem. Eine Antwort, die im Osten Deutschlands nur 10% in der gleichen Altersgruppe geben. Die Generationenkluft ist daher (noch) als eine Spezialität der alten Bundesländer anzusehen, mit mancherlei bedenkenswerten Folgen. Interessanterweise geben auf die Frage, was denn die schlechteste Eigenschaft der Deutschen sei, 36% der Deutschen im Westen an, die Deutschen seien nicht kinderlieb. Im Osten sagen das nur 13%.

Von fast allen Befragten in Werda wird der mangelnde Respekt der Kinder gegenüber Erwachsenen, den man insbesondere mit den Veränderungen nach der Wende in Zusammenhang zu bringen glaubt, als eine besonders schwerwiegende Erscheinung hervorgehoben. Weil man es eben gewohnt ist, daß sich alle im Dorf grüßen und duzen (eine Befragte berichtete sogar, daß sie erst dann anerkannt war, nachdem sie im Geschäft den Bürgermeister duzte), wird die zunehmende Unhöflichkeit der Kinder auf der Straße als besonders gravierend empfunden: *„Die Kinder grüßen nicht mehr so wie früher auf der Straße. Die Mehrheit grüßt gar nicht mehr".*

Auch für die Regnitzlosauer stellt der „*mangelnde Respekt der Kinder*" ein Problem dar. Hier aber haben Begriffe wie „Autorität", „Respektsperson" und „Amt" schon eine ganz andere Bedeutung. Auf die Frage, auf wessen Urteil man denn etwas gebe, nannten zwar viele Regnitzlosauer noch den Pfarrer und den Bürgermeister, aber es wurde in den Gesprächen rasch deutlich, daß der Respekt nur der jeweiligen Person, aber nicht mehr mit gleicher Selbstverständlichkeit auch dem Amt gilt. Gegenüber dem Begriff der „Respektsperson" traten viele Regnitzlosauer in deutliche Distanz: „*So wie früher ist das hier nicht mehr. Erstens gibt es hier sowieso fast nur noch jüngere Lehrer, die da keinen Wert mehr drauf legen. Und der Bürgermeister, der wird heuer zwar wieder gewählt, aber dann wirds wieder mal ein anderer*".

Während die Werdaer diese und ähnliche Beobachtungen, die sie an ihren Kindern machen, mit den Veränderungen nach der Wende in Verbindung bringen, sind die Regnitzlosauer eher der Auffassung, daß solche Veränderungen im Benehmen der Kinder auf einen seit vielen Jahren festzustellenden Autoritätsverlust des elterlichen Erziehungsstils zurückzuführen sei, an dem man sowieso nichts mehr ändern könne.

Zusammenfassung

Die im Vergleich zur Stadt ausgeprägteren verwandtschaftlichen Beziehungen, die nicht zuletzt in der Tatsache zum Ausdruck kommen, daß auf dem Dorf noch wesentlich häufiger als in der Stadt Drei-Generationen-Haushalte anzutreffen sind (oder die Großeltern in der unmittelbaren Nähe wohnen), aber auch die große Ähnlichkeit der Berufsgruppen und der Einkommen, die minimale soziale Mobilität und das starke Verbundenheitsgefühl mit der Heimat, alle diese für das Leben auf dem Dorfe auch heute noch charakteristischen Eigentümlichkeiten und die daran gebundenen „mentalen Dispositionen" haben ihren Kern- und Angelpunkt im gegenseitig kontrollierten Familienleben und einer am Modell der Familie orientierten „moralischen Ökonomie". Was „man tut" und was „sich schickt", was man vom anderen erwarten kann und wie man den anderen einzuschätzen und zu bewerten hat, gründet auf moralischen Urteilen, deren Erfahrungshintergrund die Familie bildet. Familiäre Normen, Gewohnheiten, Richtigkeits- und Billigkeitsurteile sowie die zwischenmenschlichen „Normalitätsstandards" resultieren daher nicht aus einer im Vergleich zu den Familien der unmittelbaren Nachbarschaft erkämpften Andersartigkeit des Urteilens, Meinens und Handelns, sondern sind vielmehr das Ergebnis einer möglichst reibungslosen und konfliktfreien Anpassungsleistung an das „im Durchschnitt Geltende". „*Die Frau muß in die Ehe das Schlafzimmer und die Küche, der Mann das Wohnzimmer einbringen. So war das immer. Davon sind auch unsere Eltern ausgegangen*", berichtet eine Frau aus Werda. Das „traute Heim", die „familiäre Geborgenheit" und die „Vertrautheit der sozialen Beziehungen", die über den engen Kreis der unmittelbaren Kernfamilie weit hinausgreifen und für eine die Persönlichkeit stabilisierende Reduktion der sozialen Komplexität sorgen, kommen daher, aus der Perspektive vieler Dorfbewohner, aus einem garantiert konfliktreduzierten und gemeinschaftsförderlichen Anbau.

3. Die Fiktion der Gemeinschaft: Nachbarschaft, Vereine und Gemeindepolitik

Die Gründe, warum auf dem Land die Pflege nachbarschaftlicher und gemeinschaftlicher Beziehungen eine notwendige Selbstverständlichkeit ist, sind schnell benannt. Weil die relative Überschaubarkeit der sozialen Verhältnisse ein individuelles „Abtauchen" in die Anonymität fast unmöglich macht, erscheint die (wenn auch oftmals maßvolle bis kritische) Integration in das Dorf als einzig sinnvolle Verhaltensvariante. Die Meisten erwarten sich, weil sie auf dem Dorf selber groß geworden sind, von der dörflichen Gemeinschaft ohnehin mehr: die Pflege der nachbarschaftlichen Beziehungen dient ihnen zur Befriedigung ihres eigenen Geselligkeitsbedürfnisses. Sie hoffen, daß die Nachbarn bei Alltagsverlegenheiten mit Hilfestellung und Rat einspringen, sie erwarten ihre Anteilnahme an Freud- und Leiderlebnissen, sie tauschen mit ihnen Informationen aus und verrichten mit ihnen gemeinsam bestimmte Tätigkeiten. Alles dies und vieles anderes mehr kennzeichnet auch das Nachbarschaftsverhältnis in den von uns untersuchten Gemeinden.

Wer kein Außenseiter sein will, identifiziert sich mit seiner Gemeinde und bemüht sich um einen „guten Draht" zu seinen Nachbarn. Das soziale Wohlverhalten, als dessen Gradmesser im Dorf das eingestandene Heimatgefühl und die negative Einstellung zur Stadt, die Beurteilung der Dorfgemeinschaft, die Seßhaftigkeit sowie die öffentlich bekundete Zufriedenheit mit der sozialen Umgebung gehören, wird mit einer „Reduktion von Komplexität" in Gestalt einer vorgegebenen Ordnung und Sicherheit, also mit „Identität" belohnt. *„Da hilft einer dem anderen, wenn irgendetwas ist, das ist auch jetzt noch so. Es ist schon ein wenig verschärfter geworden, weil ja jeder versucht, so gut wie möglich rauszukommen. Also die Gemeinschaft, die hängt nicht nur vom Bürgermeister ab, sondern auch vom Wirtshaus oder vom Fußball und solchen Sachen. Das hatten die anderen Ortschaften ja nicht so. Und genau das macht doch das Kollektiv aus. Streitigkeiten, die gibt es zwar auch, aber da ist man sich vielleicht einmal drei oder vier Tage lang böse, dann verträgt man sich wieder, weil der eine wieder was vom anderen braucht".*

Die Beschreibung der Vorzüglichkeiten des eigenen Dorfes und die Herabsetzung der Nachbargemeinden werden zu einem unerschöpflichen Gesprächsthema: Die gute Gemeinschaft, die ist Werda- oder Regnitzlosauspezifisch. Einer der Befragten in der ostdeutschen Gemeinde konstatierte:

Abbildung 27: „Werda, „Zäune sind keine Grenzen"“

Abbildung 28: „Regnitzlosau, „Schwatz am Gartenzaun""

„Werda ist es immer besser gegangen als den anderen Gemeinden. Das ist so schon von der Kommunistenzeit her. Ein wenig vorbelastet. Werda wollte immer ein bißchen vorne dran sein. Die wollten glänzen". Oder: *„Man fühlt sich in Werda einfach wohl, es ist ein gewisser Zusammenhalt da. Die hier geboren sind, sind auch alle hier geblieben. Es gibt keinen Spuk unter den Nachbarn und wenn man jemanden braucht, ist immer jemand da. Man kennt sich, man ist zusammen aufgewachsen".* Ihren Höhepunkt erreicht die Identifikation mit der Heimatgemeinde im sportlichen Wettkampf, beim Sänger- und Schützenwettstreit, bei der Selbstdarstellung auf Festen.

Für den Städter, den es aufs Dorf verschlagen hat, trifft das Gesagte nur bedingt zu. Ihm bedeutet das Dorf zumeist nichts anderes als eine vorzügliche Wohn- und Schlafstätte. Er wohnt auf dem Dorf, weil dort die Luft besser und die Grundstücke günstiger sind als in der Stadt und denkt zumeist nicht im Traum daran, sich in den dörflichen Traditionsvereinen zu engagieren (Feuerwehr, Gesangverein, Schützenverein). Der auf dem Dorf lebende Städter, ein Typus, der, wenn auch in zahlenmäßig geringem Umfang, vor allem in Regnitzlosau anzutreffen ist, hat zwar mit seinen unmittelbaren Nachbarn zumeist keine Probleme, lebt aber in einer zumeist uneingestandenen affektiven Distanz zum „Dorf als solchem", das er für spießig, rückständig und konservativ erachtet. Diese Identitätsverweigerung führt zu einem geradezu rhetorischen Zwang, in eine sprachliche Distanz zum Dorf zu treten: dem auf dem Lande lebenden Städter fällt alles das störend auf, was bei näherer Kenntnis und einer stärkeren Integration in das Dorf gar nicht auffallen würde.

Nachbarschaft und Vereine – Die Vertrautheit des öffentlichen Raumes

„Spontane" Geselligkeitsformen scheinen bis zur Wende die für Werda typischen Nachbarschaftskontakte geprägt zu haben. Man traf sich nach der Arbeit – die oft bereits am frühen Nachmittag endete – mit den Nachbarn auf der Straße zu einem Plausch, saß auf der Bank vor dem Haus, trank gemeinsam ein Bier oder reparierte an einem Auto herum. Straße und Dorfplatz dienten als „Informationszentrum". Dorfplatz und Sportgelände sind insbesondere die beliebten Treffpunkte der Jugendlichen, die sich dort mit ihren fahrbaren Untersätzen – mit Fahrrädern, Mopeds oder sogar mit eigenem Auto – vor ihren Altersgenossen „produzieren".

Die Einfügung in das Dorfleben, die Eingewöhnung in die nachbarschaftlichen und dörflichen Besonderheiten und Eigenarten stärken nicht nur das Gefühl der individuellen Verwurzelung und der Beheimatung im Dorf. Das sich über diese öffentlichen Intimitätsverhältnisse herausbildende Wir-Gefühl vermag darüber hinaus auch als Mittel der sozialen Kontrolle zu wirken und wird insbesondere über die am Ort ansässigen Vereine (in Werda insbesondere durch den Sportverein) vermittelt.

Abbildung 29: „Werda, ‚Die neue Freiheit'"

Die seit der Wende einsetzende Individualisierung der Lebensstile, die mit der Unsicherheit des Arbeitsplatzes und einer steigenden Mobilität (Pendler) einhergeht, hat dazu geführt, daß die bestehenden Kontakte zu den Nachbarn geringer, die Unterschiede zu ihnen größer und die gegenseitigen Erwartungen diffuser werden. Die zunehmende Differenzierung in allen Lebensbereichen zwingt den Einzelnen zum Rückzug ins Private. Die außernachbarschaftlichen Beziehungen steigen im gleichen Maße, wie die Kontakte zur unmittelbaren Nachbarschaft geringer werden. Es bilden sich Unterschiede heraus, man schränkt die Vertrautheit mit dem Nachbarn ein, weil man keinen Sozialneid heraufbeschwören will. Das Interesse am anderen ist nicht mehr vorhanden, weil man an wunde Stellen rühren könnte. Aus der ökonomischen Notgemeinschaft geht langsam, aber unaufhaltsam, eine dem individuellen Eigennutz verpflichtete „offene" Gemeinschaft hervor. Das Dorf ist keine aus der Not geborene „Schicksalsgemeinschaft" mehr. Die damit einhergehende Lockerung – manche Werdaer sprechen sogar von einer Auflösung – der gemeinschaftlichen Verpflichtungen und Bindungen sind vor allem in den Nachbarschaftsverhältnissen, aber auch im Vereinsleben spürbar. *„Früher war mehr los als jetzt. Da war die Geselligkeit ausgeprägter. Jetzt ist jeder auf sich bedacht. Du hast jetzt gar nichts mehr, alles ist eingeschlafen, weil keiner hier mehr weggeht".* Seit der Wende besucht man sich auch nicht mehr so wie früher unter Nachbarn. Man kennt sich und man grüßt sich, man redet aber nicht mehr wie früher miteinander. Jetzt überlegt man mehr, was man sagt. *„Gerade so mit der Arbeit, wo du früher mehr darüber* gesprochen hast, mußt du jetzt erst einmal vorsichtig sein, denn es gibt dann viele Neider. Früher hast du deinen Arbeitsplatz fest gehabt, jetzt, wo du ihn nicht mehr fest hast, darfst du kein Wort sagen". Daß sich die altgewohnte Gemeinschaft mit den Nachbarn auflöst, jedenfalls nicht mehr so funktioniert, wie man es eigentlich erwarten würde, wird in fast allen Gesprächen betont. „In diesem Jahr", so berichtete ein Werdaer Bürger, „sind zum ersten Mal zu meinem Geburtstag die Nachbarn nicht erschienen. Dieses Mal nicht. Ich weiß auch nicht, es hat keiner mehr Zeit. Früher, in der DDR, da ist auch mehr am Zaun erzählt worden. Jetzt sind die Leute in erster Linie auf sich bedacht und wenn mal welche ins Gespräch kommen, gibt es immer nur die gleichen Themen. Früher waren wir ein Club mit acht Mann und meist jeden Monat tanzen. Das ist nicht mehr. Hat sich alles zerschlagen nach der Wende. Aber auch ehrlich. Jetzt bist du geschaffter, denn wenn man Arbeit hat, ist man danach auch geschafft". Und ein weiterer Befragter aus Werda sagte: „Im Moment ist fast nichts los. Früher war schon mal ein Dorffest. Schulfeste gab es auch manchmal. Das Gesellige ist zur Zeit ein bißchen in den Hintergrund getreten. Man hofft, daß es wieder einmal besser wird". Von diesen Veränderungen werden die Vereine – wenn auch nur graduell – ausgenommen: „Nur in den Vereinen, bei der Feuerwehr, den Hasenzüchtern und so, da tut sich noch ein bißchen was. Mehr ist nicht". Ein anderes Beispiel: „Vereinsmäßig", so sagte ein anderer Befragter aus Werda, „ist noch ein gewisses Interesse da, aber alles, was aus freien Stücken, aus lauter Lust an der Freude (geschehen könnte), das bezweifel ich, daß das noch da ist. Die Zeiten haben sich geändert. Weil eben jeder mit sich unheimlich beschäftigt ist". In der Feuerwehr, so berichtete ein Mitglied, „hat die Motivation erstaunlicherweise nicht nachgelassen. Diejenigen, die vorher gekommen sind, kommen jetzt auch". Aber im gleichen Atemzug fügt der gleiche Befragte hinzu: „Seit der Wende hat jeder mit sich selber zu tun. Als wenn sich die Leute alle abkapseln. Sie sind einfach nicht mehr so gesellig. Nicht mehr so offen". Die allwöchentliche Zusammenkunft in den verschiedenen Vereinen scheint unter der Wende nicht so gelitten zu haben wie die gewohnten Formen einer „spontanen Geselligkeit". Nur in einem Verein, dem Sportverein, scheint es größere Einbrüche gegeben zu haben, die einerseits mit der unregelmäßigeren Arbeitszeit seiner Vereinsmitglieder zu tun haben, denen es nun zunehmend schwer fällt, ihre gemeinsamen Trainingsstunden mit ihren unterschiedlichen Arbeitsrythmen zu koordinieren, andererseits jedoch aus der Tatsache resultiert, daß der Sportverein vor der Wende als eine nicht ganz eindeutig zu klärende Institution der sozialen (und wohl auch politischen) Kontrolle zu wirken vermochte. „Der ehemalige Vorsitzende ist über die Stasi gestolpert. Früher hieß es Betriebssportgemeinschaft. Die Gemeinschaft läßt jetzt leider etwas nach. Man hat jetzt weniger Zeit. Früher kam man schon gegen drei von der Arbeit wieder heim. Man muß jetzt lernen, selbständig zu denken. Man bekommt aber auch privat jetzt weniger Besuch. Die Leute wollen nach der Arbeit ihre Ruhe".

Abbildung 30: „Regnitzlosau, ‚Feuerwehrübung‘"

In Regnitzlosau ist ähnliches zu beobachten. Auch hier stellen viele Dorfbewohner fest, daß *„privat immer weniger geht"*, der Zusammenhalt in den Vereinen aber noch ganz gut sei.

„Wenn man berufstätig ist", so sagte ein Befragter aus Regnitzlosau, *„hat man eigentlich wenig Zeit, mit anderen Leuten fortzugehen. Es sei denn, man ist in einem Verein. Die spielen hier schon eine wichtige Rolle"*. Und ein anderer sekundierte: *„Hier ist die Gemütlichkeit schon noch da. Vor allem, weil ich in einigen Vereinen bin"*. Wesentlich eindeutiger als dies in Werda der Fall ist, wird in Regnitzlosau der spontane Kontakt zu den Nachbarn nicht mehr zu jenen wichtigen Integrationselementen gerechnet, die das gemeinsame Zusammenleben wie auch deren „Gemütlichkeit" entscheidend prägen. Wer hier integriert werden möchte, wird auf die Vereine verwiesen. *„Die Leute werden eingegliedert und fühlen sich hier heimisch, wenn sie bereit sind, im dörflichen Leben einmal mitzuhelfen. Sie müssen aber selber etwas unternehmen, also in Vereine eintreten. Sie werden nicht integriert, wenn sie nur herziehen und in ihrer Wohnung leben. Die Regnitzlosauer gehen nicht auf sie zu. Den Anfang müssen Sie machen"*.

Die „spontane" Geselligkeit wird nun in wachsendem Umfang auf bestimmte Orte und eine ganz genau angebbare Zeit beschränkt: sie findet im Vereinslokal einmal in der Woche statt. Daß der Kontakt zu den Nachbarn nicht so eng ist, hält man in Regnitzlosau sogar eher für einen Vor- als für einen Nachteil: *„Der Kontakt zu den Nachbarn ist nicht sehr eng. Aber dadurch gibt es auch überhaupt keine Reibungspunkte. In der ganzen Nachbar-*

schaft sind die Leute eigentlich nicht zerstritten". Die Vielfalt der Angebote im Freizeitbereich und die dadurch entstehende Konkurrenz der jeweiligen Freizeitanbieter, der „Kampf um die Mitglieder", das ist für die Regnitzlosauer – insbesondere für den Pfarrer – das zentrale Problem: *„Zur Zeit tut man sich überall mit regelmäßigen Angeboten seitens der Kirche schwer. Weil da ein Überangebot da ist in den verschiedensten Vereinen. Jeder Verein wirbt um Kinder und Jugendliche, um Nachwuchs. Dann hat man auch zu Hause viel zu tun. Jeder hat zu Hause seinen Computer, mit dem er sich beschäftigt. Das ist gar nicht so leicht, Kinder für kirchliche Sachen zu gewinnen"*.

Ganz allgemein ist man in Werda der Meinung, man unterliege in der neuen, ungewohnten Situation ganz neuartigen Belastungen, die man erst verkraften müsse, um dann *„einen neuen Trott"* zu finden. *„Die Belastungen muß man so verstehen. Das hängt nicht mit dem Geld zusammen, sondern mit dem Druck, daß man sagt, wir sind es nicht gewohnt, daß wir nicht wissen, was in drei Wochen ist. So weit zu denken. Man möchte die Sicherheit haben, das ganze Jahr, also in einem Trott leben, wie es die vierzig Jahre war. Wir sind es nicht gewohnt, das ist das Problem"*. Und ein Anderer meinte: *„Es gibt zwar noch Kontakte, aber seit der Einigung, seit man wieder mehr sehen kann, da machen viele die Wochenenden für sich fort. Wir waren am Wochenende fast immer zuhause. Das war rundherum so. Wo sollten wir denn auch hin. ... Die ein Auto haben, fahren jetzt öfter fort. Wir, die wir beide glücklich Arbeit haben, wir haben Streß bis zum geht nicht mehr. Und die anderen haben eben den Frust, weil sie keine Arbeit haben"*.

Dorfpolitik: Von der Vollzugsverwaltung in die politische Selbständigkeit

Den Gemeinden in der DDR kamen als eigenständige politische Instanzen so gut wie keine Bedeutung im System des Staatssozialismus zu. Während die kommunale Ebene im föderativen Rechtsverständnis der Bundesrepublik nach dem Grundsatz einer Selbstverwaltung der Bürgerschaft, also als nicht-staatliche Angelegenheit gilt, waren die rund 7 500 DDR-Gemeinden schon dem Gesetz nach „Organe der sozialistischen Staatsmacht". So heißt es dementsprechend im „Wörterbuch zum Sozialistischen Staat": „Das Organ der einheitlichen sozialistischen Staatsmacht in der Gemeinde, das unter der Führung der Partei der Arbeiterklasse auf der Grundlage der Gesetze und anderer Rechtsvorschriften und in enger Verbindung mit den Werktätigen und den gesellschaftlichen Organisationen die Staatspolitik der Arbeiter-und-Bauern-Macht in der Gemeinde verwirklicht, ist die von den wahlberechtigten Bürgern gewählte Gemeindevertretung"[42]. Als „staatlicher Leiter", so fügt das Wörterbuch hinzu, verfüge der Bürgermeister über einen „wissenschaftlichen sozialistischen Arbeitsstil", der „eine zutiefst demokratische und humanisti-

---

42 Wörterbuch zum Sozialistischen Staat 1974, S.264.

sche Art und Weise des Leitens" darstelle[43]. Die politische Unterordnung der Gemeinden der DDR fand ihren Ausdruck in dem Prinzip der doppelten Unterstellung aller staatlichen Organe, die der zentralen Führung nachgeordnet waren. Doppelte Unterstellung bedeutet, daß jede örtliche Verwaltungsabteilung gleich zweifach kontrolliert wurde: Horizontal durch das kollektive Verwaltungsorgan, den lokalen Rat und seinen Vorsitzenden, vertikal durch die übergeordnete Fachverwaltung in den Räten der Kreise und Bezirke. Gravierender noch als die politische Unterstellung der Gemeinden war ihre organisatorische und sachliche Einbindung in die zentralstaatliche Lenkung von Produktion, Investition, Infrastruktur und Arbeitskräften sowie in das einheitliche Steuergefüge. Zur Sicherung der zentral gelenkten Versorgungsleistungen war die Gesellschaft der DDR auf persönliche Aushandlungsverhältnisse angewiesen. Auch für die Teilhabe des Einzelnen an den verfügbaren Mitteln und den staatlichen Leistungen war weniger die Inanspruchnahme von Institutionen als vielmehr der Anschluß an informelle Netzwerke entscheidend, in denen staatliche Ressourcen nun persönlich reprivatisiert wurden. Damit entwickelten sich Mechanismen der sozialen Integration, die eher traditionalen Gesellschaften anzuhaften scheinen: Personalität, Trennung von Binnen- und Außenmoral, Gemeinschaftlichkeit[44]. Daß in Gemeinden, Nachbar- und Verwandtschaften, Stammtischen, Honoratiorengruppen, Vereinen, „Seilschaften" als informelle Aushandlungsgremien quasi-politische Funktionen übernehmen, dabei vom Ideal der Konfliklosigkeit bestimmt werden und das Arrangement der Interessen unter Umgehung polarisierender Strategien zugunsten von Koalitionsbildungen vonstatten geht – alles dies ist in Gestalt eines „lokalen Gesamtbetriebes" aber nicht nur für Gemeinden der DDR zu konstatieren, sondern wird als ein kennzeichnendes Merkmal lokaler Politik immer wieder auch für die Kommunen der alten Bundesrepublik festgestellt.[45]

Nicht die Konkurrenz der Parteien, sondern das gemeinsame Interesse, *„zum Wohle der Gemeinde"* zusammenzuarbeiten, bestimmt daher die Gemeindepolitik. Gleichzeitig gibt man sich aber nicht der Illusion hin, daß die am politischen Geschehen beteiligten Personen ohne einen persönlichen Vorteil aus ihrer Arbeit ziehen zu wollen, also aus selbstlosen Motiven, für die Gemeinde tätig wären. *„Kommunalpolitisch, da sieht keiner, daß das irgendwie abgegrenzt wird zwischen SPD, CDU oder FDP oder so. Da gibt es eigentlich nichts. Die Interessen, die sind da eigentlich nicht zu trennen. Das ist immer personengebunden. Das Verständnis füreinander also in so einem Dorf, finde ich, kann ja nicht durch eine Partei irgendwie hervorgehoben*

---

43 Vgl. hierzu auch Mampel 1973.
44 Vgl. hierzu vor allem: Neckel 1992.
45 Vgl. zu diesem Zusammenhang die Arbeiten von Berking/Neckel 1991 und Berking/Neckel 1992; ebenso aufschlußreich: Ettrich 1992; in diesem Zusammenhang darf aber auch der Hinweis auf die inzwischen „klassische" Studie von Benita Luckmann über die „Politik in einer deutschen Kleinstadt" nicht fehlen (Luckmann 1970); ferner Srubar 1991.

werden. Ich meine, viele haben gedacht, jetzt sind die vierzig Jahre vorbei. Aber im Grunde genommen wird die Welt so bleiben. Man wird sich immer die Taschen vollhauen, anders gehts nicht wahrscheinlich, wenn man irgendwie hochkommen will". Die Einstellung der Werdaer Bürger zu ihrer Gemeindeverwaltung und insbesondere zu ihrem „alten" Bürgermeister, der auch nach der Wende vom Gemeinderat einstimmig wiedergewählt wurde, ist durchgängig positiv. *„Mit der Gemeinde haben wir keine Probleme. Auch vorher zur Kommunistenzeit nicht. Gerade der Bürgermeister, wir waren immer zufrieden mit ihm. Er hat vieles möglich gemacht, wo er über seinen Schatten springen mußte, auch jetzt wieder. Auch wenn er hier in der Partei war, kann man nicht sagen, daß das einer mit Holzhammerpolitik war".* Und ein Anderer fügte hinzu: *„Vor der Wende konnte niemand was sagen und nach der Wende, ich weiß nicht, ob es viele geben würde, die sich beschweren würden".* Diese durchgängige Zufriedenheit mit den politischen Verhältnissen in der eigenen Gemeinde – vor wie nach der Wende – darf allerdings nicht darüber hinwegtäuschen, daß man sich über die damalige Ausweglosigkeit eines ökonomisch maroden Systems völlig im klaren war. *„Wir haben immer gedacht, alle zusammen, zu Erichs Zeiten, so kann es nicht mehr weitergehen. Irgendwie mußte etwas passieren. Aber wie sich jetzt die ganze Sache entwickelt mit der Arbeitslosigkeit, die ganzen Kosten, die auf uns zukommen, obwohl die Löhne zum Teil immer noch dieselben sind oder nicht viel angehoben worden sind. Da fragt man sich doch, wie soll die Entwicklung eigentlich weitergehen. Im Endeffekt kommt hüben nichts in die Tasche und dort geht alles raus. Und die Stimmung in dem Sinne wird kritisch. Sie werden der Regierung gegenüber kritischer. Früher haben sie gesagt: bloß weg von den Roten und jetzt sagen sie: man muß sich doch Gedanken machen, wo das denn alles hinführen soll. Die sozialen Sicherheiten sind in dem Sinne ja auch nicht mehr da. Früher war das alles zum Nulltarif, heute müssen wir für alles bezahlen. Und die Jugend mit ihrem Radikalismus. Ich weiß auch nicht, von einem Extrem ins andere".*

Gemeindepolitik, so wurde uns oft berichtet, das bedeutete in Werda vor der Wende eben nichts anderes, als aus der – aus damaliger Sicht – unabänderlichen ökonomischen Notsituation für alle das Beste zu machen. Diese „Politik des wirtschaftlichen Notstands" beförderte auf der anderen Seite den Gemeinsinn in Gestalt gemeinsamer Arbeitseinsätze und formte dadurch die Gemeinde zu einem, wie es in den Gesprächen oft genug hieß, *„guten Kollektiv"*, zu einer *„positiven Gemeinschaft"*. *„Wirkliche Probleme"*, so meinte ein Befragter, *„hatten wir eigentlich wenig, weil wir als Bürger einer kleinen Gemeinde schon unter kommunistischen Verhältnissen versucht haben, das Beste daraus zu machen. Die Gemeinschaft in Werda ist eigentlich gut. Das war früher noch mehr ausgeprägt, unter den schwierigen Bedingungen, da hat man also gesagt: paß mal auf, Geld gab es in diesem Sinne ja fast keines, dann wurde halt gesagt, wir machen jetzt einen Arbeitseinsatz, da kriegt jeder eine Bockwurst oder Bratwurst und ein Bier oder zwei und da machen*

wir, sagen wir mal, den Berg hier oben sauber oder im Verkehrssicherheits-
aktiv, wie es damals noch hieß, die Schilder wieder alles richten. Die Sportler
haben ihre Sporthalle in Ordnung gehalten. Da war natürlich großer Zu-
sammenhalt und auch immer relativ viele Leute".

In beiden Gemeinden sind es weniger die parteipolitischen Bindungen und
Orientierungen als die dörfliche Tradition und insbesondere die Persönlichkeit der Politiker, die in der Kommunalpolitik eine Rolle spielen. Die persönliche Einflußnahme von Gemeinderäten hat daher größere Auswirkungen auf
den politischen Meinungsbildungsprozeß als die Partei, der sie sich zurech-
nen. Daß es der Werdaer Gemeinde auch früher nicht schlecht ging, so wurde
gesagt, *„das liegt ganz bestimmt am Bürgermeister. Er hat sich schon früher*
viel eingesetzt für die Gemeinde. Der hat schon immer gewußt, wo das Geld
herkam. Er hat vieles möglich gemacht, wo er über seinen Schatten springen
mußte".

Ähnlich auch in Regnitzlosau. Auch dort geht es primär um eine pragmati-
sche Politik zum Wohle der Gemeinde und nicht um irgendwelche parteispe-
zifischen Interessen. Selbst wenn negative Äußerungen in Bezug auf die Gemeindepolitik fallen, richten sie sich kaum gegen eine oder mehrere bestimmte Parteien, sondern immer gegen bestimmte Personen. Auch in Regnitzlosau ist die Kommunalpolitik scheinbar kein Ort, an dem parteienorien-
tierte Politik betrieben wird. Die besten Einflußmöglichkeiten sieht der Bürger in persönlichen Beziehungen zu den Politikern und in einer Art Garten-
zaunpolitik, wo die Probleme auf direktem Wege abgearbeitet werden. Inwie-
weit dieses Idealbild einer nahezu konfliktfreien Gestaltung der Politik mit
der Realität übereinstimmt, ist dabei eine ganz andere Frage. So läßt sich in
beiden Gemeinden eine gewisse Apathie und Resignation gegenüber den
Kommunalbehörden feststellen, die insbesondere in einem weit verbreiteten
Desinteresse an gemeindebezogenen Problemen zum Ausdruck kommt und
der Devise folgt: Wenn der Politiker vertrauenerweckend scheint, wird das,
was er politisch vertrit und durchsetzt, auch seine Richtigkeit haben. So
berichtet ein Werdaer Bürger: *„Die Politik ist im Ort doch meistens perso-*
nenbezogen. Ich meine, die haben hier alle gelebt, vierzig Jahre, und viele
haben hier auch mit Politik gemacht, die jetzt auch wieder mit Politik ma-
chen. Es waren einige im alten Gemeinderat und auch in höheren Funktio-
nen. Die Situation ist nicht mehr so wie am Anfang. Der eine oder andere hat
auch jetzt seine Erfahrungen gemacht mit diesem neuen Staat. Und es ist ja
auch vieles, wo man gedacht hatte, also wir sind hier die Werdaer und da
wird nur das gemacht, was wir beschließen. So eine Meinung war erst da.
Also, ohne meinetwegen eine Gemeindeverfassung und ‚uns kann niemand
mehr was sagen‘. Die Erfahrung mußten wir aber auch schon machen, daß
es nun auch wieder Strukturen gibt und auch Sachen, wo die Bürger nicht
gefragt werden und auch zum Teil die Gemeinde nicht. Und da kommt auch
jetzt immer mal wieder eine kritische Meinung über das, was uns jetzt
drübergestülpt wird".

Der Wunsch nach Autonomie, einer neuen Freiheit für die Gemeinde und damit verbunden, die Hoffnung auf eine geringere „Regelungsdichte" und Weisungsbefugnis „übergeordneter Zentren" hat sich aus der Sicht der in der Politik engagierten Bürger nicht verwirklicht. Die Bürokratie, so meinen sie, ist eher noch stärker geworden, als es in früheren Zeiten war und von einer neuen Unabhängigkeit der Gemeinde könne nicht die Rede sein. *„Umsonst gelernt, umsonst geherrscht. Alles, was früher gültig war, ist heute ungültig".* Für die meisten Bewohner scheint der Aufwand, den man heute betreiben muß, um seine eigenen Angelegenheiten zu regeln, größer zu sein als früher. Ideal, so denken es sich viele Werdaer, wäre es gewesen, wenn man *„noch ein wenig so weiter wie bisher sich hätte durchwursteln können",* um dann eine geeignete Verbindung zwischen den Vorzügen des alten und den Möglichkeiten des neuen Systems herzustellen. Dieser „dritte Weg" zwischen Sozialismus und Kapitalismus entspricht den Wunschbildern vieler Werdaer Bürger. *„Mich stört jetzt einiges. Mich stört, daß wir alles übernehmen mußten. Manches war doch gut bei uns. Zum Beispiel unsere Versicherungsausweise. Das war doch herrlich, ja herrlich. Wir haben vier Kinder. Die müssen zum Orthopäden, die müssen zur Zahntechnik, zum Zahnarzt und zwei Kinder sind laufend beim Kinderarzt. Da habe ich früher meine Bücher hingelegt, da waren alle Eintragungen drin, alle Impfungen, alles. Nichts, gar nichts wurde davon übernommen, nichts. Also das war doch nicht schlecht. Das Politische und wie wir eingeengt waren, das ja, aber es gab auch Sachen, die schön waren. Aber die heutige Bürokratie, die wir jetzt haben, o Gott, was haben wir schon geschimpft. Wir dachten, wir hätten die ärgste Bürokratie. ... Aber jetzt? Viel mehr!"* Die merkwürdige Gespaltenheit zwischen einer Kritik an den politischen Unzulänglichkeiten des alten Systems und den bekannten Ungerechtigkeiten, die sie schuf und der Hochachtung vor der Entschiedenheit, mit der Mitbürger an ihrer alten politischen Gesinnung hängen, ist ein charakteristisches Kennzeichen der Übergangssituation, in der sich die Werdaer Gemeinde zur Zeit befindet. Daß die Politik die Festigkeit einer bestimmten Gesinnung zu honorieren habe – so falsch sie auch immer sein mag – dieses bemerkenswerte Festhalten an einem als Weltanschauung vorgestellten Politikbegriff wurde in jeweils unterschiedlichen Varianten von den Werdaer Bürgern häufig zum Ausdruck gebracht: *„So wie es früher war, daß man gerade drei politische Phrasen gesagt hat und war in der Schule angesehen, so ist es ja Gott sei Dank nicht mehr. Wir hatten einen, der hatte in Mathe und in Deutsch einen Vierer, der war gerade mal so, daß er eben mit durchkam. Und der hat dann gesagt, er macht Offizier, geht für 25 Jahre zur Armee. Den hat der Mathelehrer dann jeden Nachmittag gefördert. Der wußte in Deutsch, was in der Arbeit drankam. Dann stand der plötzlich auf zwei. So war das. Und jetzt ist er in der Bank. Mit schwarzem Anzug und Schlips. Und ein Auto haben wir nur bekommen, wenn einem vom Bürgermeister gesellschaftliche Aktivität bestätigt wurde. Ein Lehrer, der wirklich ehrlich ist, der jetzt auch noch in der PDS ist und gibt seinen Standpunkt zu und bleibt in der*

Partei, warum soll denn der gehen? Weil er wirklich mit den Kindern was anfangen kann? Wenn der jetzt gesagt hätte, ich war in der SED, aber sagt es niemandem, ich mach jetzt rein in die CDU. Aber der hat offen gesagt, er war in der SED und bleibt in der PDS. *Der war eben seiner Sache treu. Das sind wir ja eigentlich alle. Auch wer sich zu den Republikanern bekennt. Das ist doch in Ordnung, das muß man akzeptieren. Das ist eine anerkannte Partei".*

Das oftmals feststellbare Desinteresse gegenüber den Prinzipien einer „Formaldemokratie" – erinnert sei an das bekannte Diktum, daß man Gerechtigkeit erwartet und den Rechtsstaat bekommen habe – ist das Resultat eines über alle anderen politischen Werte erhobenen Ordnungs- und Sicherheitsbedürfnisses, das seine Befriedigung von einem paternalistischen Staat erwartet. Bisher war die Sicherheit des Arbeitsplatzes weder durch Mangel an Leistungswillen, noch durch einen Mangel an Leistungsfähigkeit ernsthaft gefährdet. Nur politische Mißliebigkeit konnte das dicht geknüpfte Netz sozialer Sicherung zerreissen lassen. Nicht umsonst ist diese Arbeitsplatzgarantie von der politischen Führung propagandistisch zum wichtigsten Menschenrecht hochstilisiert worden und es kann daher auch nicht verwundern, daß die Angst vor der Arbeitslosigkeit inzwischen eine beachtliche politische Dimension angenommen hat. Denn dies ist der in Jahrzehnten in allen Farben des Schreckens ausgemalte Alptraum jedes ehemaligen DDR-Bürgers: nicht langfristig planen zu können und unkalkulierbaren Risiken ausgesetzt zu sein. In dieser Situation haben die Deutschen in der ehemaligen DDR die Fähigkeit zur Improvisation und Anpassung entwickelt, die sich auch durch widrige Umstände nicht beirren läßt. Denn in diesen Umständen konnte man nur bestehen, wenn man über eine nicht zu kleine Zahl von Freunden und Kollegen verfügte, die nach dem Prinzip des wechselseitigen Vorteils kleine Minisolidargemeinschaften entwickelten, welche eben der DDR-Gesellschaft ihre gelegentlich gerühmte Intimität gaben. In der Tat waren es die ökonomischen Verhältnisse, nämlich die Situation der Mangelwirtschaft, die eine besondere Art von Solidarverhalten erzeugte.

Um ein wenig mehr über das politische Interesse der Dorfbewohner zu erfahren, erkundigten wir uns auch nach der Teilnahme an den jährlichen Bürgerversammlungen und so auch indirekt nach der Bereitschaft, sich über gemeindespezifische Probleme aus erster Hand eine Meinung zu bilden. Eine interessante Beobachtung war dabei, daß ein Großteil der Befragten in der westlichen Gemeinde die Einrichtung von Bürgerinitiativen befürwortet und diese im äußersten Falle sogar als Mittel der eigenen Willensäußerung benutzen würde, aber die Möglichkeit, sich über die aktuelle Gemeindepolitik zu informieren und in der Bürgerversammlung direkten Einfluß auf Entscheidungen zu nehmen, nur in sehr begrenztem Umfang wahrgenommen wird. *„Ich selber war noch auf keiner Bürgerversammlung, aber einige kommen bestimmt. Es sind aber immer dieselben, die da hingehen"* (vermutet wird, es seien die Dorfnörgler, die berufsmäßig Unzufriedenen). Die Bereitschaft, sich für die Gemeinde zu engagieren, wächst mit dem Grad der direkten Betroffenheit. In gewisser Weise spielt auch die mögliche Kritik Dritter an den eigenen Meinungen und Äußerungen eine große Rolle: *„Wenn man etwas dagegen sagt, wird man schon als Nestbeschmutzer hingestellt, wenn man hier einmal etwas kritisiert"*.

Die Möglichkeit, an kommunalpolitischen Entscheidungen teilzunehmen, wurde von den Bürgern in Werda anfangs mit großem Interesse wahrgenommen: *„Also, wollen wir es mal so sagen, 1989, als die Wende kam, da war natürlich alles voll, aber dann hat es doch grob nachgelassen. Da haben die Bürger nicht mehr so viel Interesse gehabt"*. Nach der anfänglichen Begeisterung ist anscheinend eine Ernüchterung eingetreten, denn die persönlichen Einflußmöglichkeiten in Bürgerversammlungen wurde höher eingeschätzt, als sie dann in der Tat war: *„Bürgerversammlungen in dem Sinne gibt es hier gar nicht. Da kommen eigentlich noch gar keine richtigen Diskussionen vom Bürger zum Gemeinderat zustande. Richtige Beziehungen gibt es da gar nicht. Wenn da ein einzelner hingeht, das ist umsonst. Man sollte besser kleinere Interessengemeinschaften bilden. Man kann schon mal an einer solchen Gemeinderatssitzung teilnehmen, aber ob das soviel Sinn hat, das glaube ich nicht"*.

Von wirklicher politischer Bedeutung ist in beiden Gemeinden insbesondere der Stammtisch, eine Tatsache, die als solche zwar geschätzt, aber dennoch immer wieder als bedenklich eingeschätzt wird. *„Meine Meinung ist, das zuviel am Stammtisch ausgefochten wird. Jeder hört was, jeder weiß was und jeder reimt sich dann etwas zusammen"*. In Regnitzlosau wird das gängige Ohnmachtsgefühl, an dem, was *„da oben"* beschlossen wird, doch nichts ändern zu können, besonders deutlich artikuliert. Dabei handelt es sich keineswegs um Politikverdrossenheit, sondern vielmehr um politisches Desinteresse. *„Die paar ‚Hansala‘, die da etwas machen würden, kann man an fünf Fingern abzählen. Es gehört nicht zum guten Ton, daß man gegen etwas ist"*. Die Leute, so sagt ein anderer Regnitzlosauer, *„sind viel zu phlegmatisch. Man braucht sehr lange, bis man für sich etwas realisiert, um aus dieser Lethargie herauszukommen und aktiv zu werden. Irgendwie habe ich den Eindruck, daß alles sehr im Privaten schwebt und aus diesem Stammtischgelaber nicht herauswill"*. Ein politisches Interesse wird nur erwartet, wenn die Bürger sich unmittelbar betroffen fühlen. *„Es ist doch überall irgendwie das Sankt-Florian-Prinzip. Keiner sagt wohin, aber keiner will z.B. die Mülldeponie vor seiner Haustür haben"*. Früher, so sagten uns viele in Werda, habe man ja gar nicht mitbekommen, was im Gemeinderat alles besprochen wurde. Eine aktive politische Beteiligung der Bürger an den Geschäften der Gemeinde war ja gar nicht möglich. Heute sei dies zwar anders, aber man mache doch die Erfahrung, daß man politisch doch eher wenig bewegen kann. *„Früher hat sich keiner groß getraut zu fragen, was im Gemeinderat vor sich ging. Es hat ja auch niemand erfahren, was die da oben gemacht haben. Das ist nicht rausgetragen worden. Das kam alles vom Kreisrat run-*

ter. ... Die Stimmung ist jetzt teils optimistisch, teils pessimistisch. Da gibt es schon welche, die früher ihre Position hatten und den Posten jetzt verloren haben. Es gibt wirklich welche, die ins Wasser gefallen sind. Und solche versuchen dann auch, einen Pessimismus aufzubringen und wenn es im Wirtshaus ist".

Zusammenfassung

Während in Regnitzlosau eine für die alten Bundesländer typische Einstellung zur Politik deutlich wird, die durch eine der Politik gegenüber grundsätzlich kritische bis ablehnende Attitüde des beleidigten Vorwurfs und der nörgelnden Resignation gekennzeichnet ist, hat sich in Werda ein gewisses Pathos einer unpolitischen Gemeinschaftsrhetorik als Abwehr gegen alles Schwierige, Unübersehbare und Komplizierte erhalten. Trotz solcher Unterschiede des politischen Selbstverständnisses, die weniger grundsätzlicher Art sind, sondern mit der zeitlichen Verspätung zu tun haben, mit der sich die ehemalige DDR-Gemeinde zu verwestlichen beginnt, hat Sighard Neckel zu Recht darauf hingewiesen[46], daß es problematisch ist, den segmentären Traditionalismus lokaler Politik in der ehemaligen DDR allein als Merkmal der Vergesellschaftung im Staatssozialismus zu begreifen, da Ähnlichkeiten zwischen dem konkordanzdemokratischen Kommunalmodell im Westen und dem Muster der politischen Betriebsgemeinschaften im Osten festzustellen sind. Auf der lokalen Ebene gibt es eine Koexistenz traditionaler und moderner Herrschafts- und Sozialformen. Erweitert man daher den Untersuchungsraum auf die tatsächliche Praxis lokaler Vergesellschaftung, tauchen Gemeinsamkeiten zwischen dem „konkordanzdemokratischen" Modell im Westen und der politischen „Betriebsgemeinschaft" im Osten auf. Sie lassen sich im Selbstverständnis der Gemeinde als eigentlich „unpolitischer" Lebensbereich ausmachen, der sich dadurch ebensosehr für Gemeinschaftssemantik wie auch für die strategischen Motive privater Interessenverfolgung öffnet. Daß beides in den differenten Gesellschaftssystemen von Staatssozialismus und westlicher Demokratie anders eingebettet und gerahmt wurde, ändert nichts an der Tatsache, daß hier wie dort die kommunale Ebene auch ein normatives Eigenleben führte, daß sich von den jeweiligen Offizialnormen unterschied, in sich selbst aber Ähnlichkeiten aufweisen konnte. So entstand zwischen der Partei und der kommunalen Gesellschaft ein dichtes Netzwerk klientelistischer Beziehungen, wo Loyalität und Partizipation gegen die Zuweisung knapper Ressourcen, soziale Bevorzugung und ideologische Zugeständnisse getauscht wurden. Die lokale Ebene des Staatssozialismus hatte hier eine strategische Funktion. Sie partikularisierte staatlich erzeugte Problemlagen als örtlich bedingte Gegebenheiten und absorbierte dadurch Kon-

---

46 Vgl. Neckel 1992, dessen Ausführungen wir an dieser Stelle weitgehend folgen.

flikte, trug aber damit auch zu einer legitimatorischen Entlastung des staatlichen Leistungs- und Versorgungssystems bei. „Wo persönliche Beziehungen sachliche Funktionsmängel substituierten und nur traditionale Formen des Austausches, Planerfüllung und Leitungsaufträge garantierten, bildete sich eine Einstellung aus, der es zur Gewohnheit wurde, eher auf Informalität als auf Verträge, eher auf persönliche Verhältnisse als auf bürokratische Verfahren, eher auf Interessenausgleich als auf den Konflikt zu vertrauen. Nur so konnte sich in den Gemeinden der DDR unterhalb der oberen Leitungsebenen der Partei so etwas wie ein lokales Establishment herausbilden, zu dem die Leitungen der örtlichen Betriebe, die Funktionsträger der Kommunal- und Kreisverwaltungen, die Vorsitzenden der großen Vereine sowie bekannte Personen aus öffentlichen Einrichtungen und den Massenorganisationen der Partei gehörten. Unterhalb der politischen Subordinierung durch die SED entwickelte sich so auf der lokalen Ebene ein unpolitisches Gemeindemodell kommunaler Kooperation, in dem es – unter den besonderen Bedingungen einer staatlich verhinderten „Modernisierung" im westlichen Sinne – zu einer Nischenbildung im Sinne des Modells „Gemeinschaft" kommen konnte". „In die politische Identitätslogik", so schreibt Neckel summierend, „konnten auf lokaler Ebene daher traditionelle Mentalitäten eingefaßt und konserviert werden, die im Wert der „Gemeinschaft" ihren Bezugspunkt hatten, wovon auch noch die jeweils persönliche Art eingefärbt war, Konflikte auszustehen oder ihnen aus dem Weg zu gehen, Vorteile zu ergattern oder Risiken zu vermeiden".[47]

4. Stabile volkskirchliche Milieus: Kirche, Religion und Alltagsethik

Kirche und Religion spielen in beiden Gemeinden noch eine wichtige Rolle. Dies zeigen allein die Kirchenmitgliedszahlen (Vgl. Kapitel II/4). Für beide Gemeinden läßt sich festhalten – legt man einmal allein das formale Kriterium der Kirchenmitgliedschaft zugrunde –, daß „Kirche" als Institution, jedenfalls als Gemeindeinstitution, fest verankert war im dörflichen Leben und es heute auch noch ist. Die Zugehörigkeit zur Kirche gilt mehr oder weniger als unhinterfragte Selbstverständlichkeit. Dies überrascht nicht so sehr für Regnitzlosau, aber doch für Werda. 40 Jahre atheistische Propaganda und Politik waren hier scheinbar nicht in der Lage, das volkskirchliche Milieu zu zerstören. Wie drückt sich Religion nun im Alltag aus? Welche Bedeutung wird ihr von den Menschen zugesprochen?

---

47 Neckel 1992, S.263.

Das Verhältnis zwischen Kirchengemeinde und politischer Gemeinde

Das Verhältnis von Kirchengemeinde und politischer Gemeinde gestaltet sich in beiden Dörfern relativ problemlos. Der Gemeinderat in Regnitzlosau wird seit Jahrzehnten von der CSU dominiert. Die Gemeinde gilt, wie von den Bewohnern mehr oder weniger stolz berichtet wird, als „schwarze Oase". Allein von daher scheidet jede Art von Konfrontationspolitik seitens der politischen Gemeinde gegen die Kirchengemeinde aus. Da zudem die Kirchengemeinde Träger des Kindergartens und Besitzer und Verwalter des Friedhofs ist, ergibt sich die Notwendigkeit einer Zusammenarbeit fast von selbst, auch wenn sich die Kirche – und das heißt konkret der Pfarrer – nicht direkt in die Dorfpolitik einmischt. Bürgermeister und Pfarrer (neben dem Arzt und dem ortsansässigen Unternehmer) gelten in weiten Kreisen der (insbesondere älteren) Bevölkerung als respektierte Autoritäten. Die alte Dorfhierarchie (Pfarrer, Lehrer, Bürgermeister) existiert hier – in Grenzen – noch weiter.

Ähnliches gilt auch für Werda. Schon vor der Wende wurde sowohl von seiten der Gemeindeverwaltung wie auch von seiten der Kirche versucht, Konfrontationen zu vermeiden und dort, wo möglich, auch zusammenzuarbeiten. Die Aussagen sowohl der aktiven Kirchenmitglieder wie auch der Gemeindeverwaltung gehen hier nicht auseinander. Die Politik der Gemeindeverwaltung, in Gestalt vor allem des Bürgermeisters, schien darauf hinauszulaufen, Konflikte zu minimieren und zu neutralisieren. Als Beispiel kann hier angeführt werden, daß Jugendliche, die sich der „Jugendweihe" verweigerten, jedenfalls was die Gemeindeschule, die der direkten Einflußnahme der örtlichen Führung ausgesetzt war, betraf, sich nur bedingt benachteiligt fühlten. „Religiöse Schüler" sollten nicht aus der Dorfgemeinschaft ausgegrenzt werden – was später aus ihnen wurde, entzog sich der Einflußnahme der örtlichen Parteiführung. Auch seitens der Kirche schien Wert auf eine – begrenzte Kooperation – mit der örtlichen Verwaltung gelegt zu werden, jedenfalls dann, wenn es um Maßnahmen zum Wohl des Dorfes ging. So stellte die Kirchengemeinde kircheneigene Grundstücke zur Anlage von Parkplätzen und zur Erweiterung des Schulgebäudes zur Verfügung. Auch hier spricht vieles für die Vermutung, daß die relativ gute Zusammenarbeit von SED und Kirche in Werda Ergebnis des stabilen volkskirchlichen Milieus war. Fast alle lokalen Parteiführer wurden in der Gemeinde geboren und sind in ihr aufgewachsen. Für sie war die Kirchengemeinde integraler Bestandteil der Dorfgemeinschaft und ihrer Tradition. Dieser aber konnte man sich nur schwer entziehen. An Festtagen ging auch die lokale Partei-Spitze in die Kirche: *„Weihnachten, da waren die größten Genossen in der Kirche. Da hat sich alles getroffen"*. Und sofort nach der Wende wurden die bisher getrennten gemeindlichen und kirchlichen Weihnachtsfeiern zusammengelegt und die bisher (verbotene) Kirchweih als zentrales Dorffest wieder eingeführt.

Der Gottesdienstbesuch liegt in beiden Gemeinden im landesüblichen Durchschnitt, so um die 7% der Kirchenmitglieder (Vgl. Kapitel II/4). Für Regnitzlosau wie für Werda gilt also, daß einer relativ geringen Zahl von „kirchentreuen" (diese schließt neben den regelmäßigen Gottesdienstbesuchern noch Teilnehmer an kirchlichen Gruppen und Kreisen ein) eine weitaus größere Zahl von „kirchenfernen" Kirchenmitgliedern gegenübersteht. Letztere sehen sich allerdings sehr wohl als *„evangelische Christen"* an, auch wenn sie den Erwartungen der Kirche nicht entsprechen und dieses auch wahrnehmen. In beiden Dörfern sind wir des öfteren der Aussagen begegnet: *„Man kann auch Christ sein, ohne jeden Sonntag in die Kirche zu gehen".* Oder: *„Unser Pfarrer schimpft immer, daß wir keine Christen sind, weil wir nicht in die Kirche gehen. Aber deswegen kann man doch seine Kinder christlich erziehen, und das ist auf dem Dorf eh normal".* Typisch für beide Dörfer ist eine Aussage, die wir in Werda erhalten haben: *„Wir glauben an Gott und unsere Kinder sind getauft. Wir rammeln nicht jeden Sonntag rein in die Kirche. Wie das halt so ist ... Ostern, Weihnachten und Pfingsten. Aber wir beten abends mit unseren Kindern. Und da könnte ich nie auf den Gedanken kommen, daß da ein Kind drüber lacht, daß man in die Kirche geht".* Begründet wird dieses Verhalten nicht mit Desinteresse, sondern bei fast allen Befragten mit Zeitnot: *„Also, ich bin früher gerne gegangen, aber ich sag ehrlich, seitdem ich in Regnitzlosau bin, geh ich nicht mehr so oft hin. Erstensmal muß ich die ganze Woche tüchtig arbeiten und da will ich am Wochende meine Ruhe haben und da in die Kirche gehen und das Zeug hören, nein. Ich hab daheim meinen Glauben und wenn einmal was ist, Beerdigung, Hochzeit oder Weihnachten, da geh ich schon in die Kirche, aber immer sonst nicht".*
Der Sonntag gilt in beiden Gemeinden weitgehend als Familientag. Am Sonntag kümmert man sich um die Familie, und das heißt bei vielen Familien noch, daß dazu auch die engere Verwandtschaft zählt: Familien mit Kindern treffen sich am Sonntag bei Oma und Opa. Eine Frau aus der westdeutschen Gemeinde beteuerte, gerne öfters mal in die Kirche gehen zu wollen. Sie berichtete, daß es während der Woche ab und zu auch mal ökumenische Gottesdienste in der Gemeinde gäbe, die sie besuche. Ausschlaggebendes Argument für einen solchen Besuch war freilich nicht der Gedanke der Ökumene, sondern die Wahl des Zeitpunktes für einen solchen Gottesdienst: *„Aber wie jetzt im Mai, da ist schon mal ökumenischer Gottesdienst, da werde ich schon mal gehen, weil unter der Woche da habe ich doch eher mal Zeit wie am Sonntag, denn da muß ich ja kochen; die meiste Zeit ist das hektisch: da muß ich meine Torten machen, das geht nicht früher, die werden sonst sauer, meine Torten".* Ein Mann aus Werda gab an, daß er zwar keine Zeit zum Gottesdienstbesuch habe, daß er sich aber den Gottesdienst im Radio anhöre: *„Ich höre es mir immer im Radio früh an. Ist bedauerlich, aber ist so".* Oder man will sich am Sonntag erholen und das heißt konkret, endlich einmal aus-

schlafen zu können: „*Na, der Sonntag ist eigentlich der einzige besondere Tag, der Tag, wo wir ausschlafen können, der Familientag*". Oder: „*Klar, da ist man schon einmal froh, wenn man ausschlafen kann, sonntags, wenn man jeden Morgen um sechse raus muß und samstags auch noch, dann bist du schon froh, wenn du sonntags mal liegenbleiben kannst*".

Die nicht regelmäßige Teilnahme am Gottesdienst bedeutet für die Mehrzahl der Befragten keine Ablehnung der Kirche. Oftmals ist sogar ein gewisses „*schlechtes Gewissen*" bemerkbar im Sinne der oben bereits genannten Aussage „*ist bedauerlich, ist aber so*" oder „*man sollte eigentlich öfter*". Typisch hierfür ist folgende Aussage, die wir in Regnitzlosau erhalten haben: „*Also ich muß sagen, wir gehen beide nicht häufig in die Kirche, aber wenn ich mal da bin im Gottesdienst, muß ich sagen, daß es mich schon irgendwie aufbaut. Ich geh also hinterher irgendwie gelassener raus und denk, Mensch, ist doch alles nicht so schlimm, was du vorher für Probleme hattest. Mich befreit es irgendwo, muß ich sagen. Mich unterstützt das und ich muß sagen, ich sollte eigentlich bald wieder hingehen*". Auf die Nachfrage, warum man es denn nicht tue, kam wieder das typische Zeitargument: „*Naja, weil wir sowieso wenig Zeit haben für uns zwei*". – Allgemein spricht aber einiges für die Vermutung, daß in beiden Dörfern die Vorstellung vorherrscht: Religion sei etwas, das man mit der Taufe und der Konfirmation erworben habe (man könnte, nimmt man die Äußerungen über die Kirchensteuer hinzu, schon fast sagen: gekauft habe), nun besitzt und das einer „Pflege" und „Erneuerung" (durch Teilnahme am Gottesdienst) nicht mehr bedürfe. Relevante Unterschiede in dieser Haltung existieren zwischen beiden Dörfern nicht.

Kirchliche Feste

Kirchliche Feste sind in beiden Gemeinden fest im Dorfleben verankert. Weihnachten, Ostern und in kleinerem Maß auch Pfingsten und Erntedank sind die Kirchen gefüllt. Kirchweih ist das zentrale Gemeindefest, an dem das ganze Dorf zusammenfindet. Wie oben bereits gesagt, wurde in der ostdeutschen Gemeinde direkt nach der Wende Kirchweih wieder gefeiert und zwar im selben Stil wie im Westen (mit Gottesdienst, Tanzveranstaltungen, Vergnügungs- und Schaustellerbetrieben). Man kann also, was die großen kirchlichen Feste anbelangt, in beiden Gemeinden von einer lebendigen „religiösen" Festkultur sprechen, die eindeutig traditional bestimmt ist und durch „Gruppendruck" am Leben erhalten wird. Wer sich ihr entzieht, schließt sich gleichzeitig aus der Dorfgemeinschaft aus. Es existiert zwar kein „äußerer Zwang", sich dieser „Festreligion" zu unterwerfen, es ist eher ein „innerer Wille" zur Konformität zu beobachten, der in der Haltung zum Ausdruck kommt: „*Bloß ja nicht anders sein als die Anderen*". Typisch für diese traditional-religiöse Festkultur ist folgende in Werda erhaltene Aussage, die überdies zeigt, daß sich auch SED-Mitglieder ihr nicht entziehen konnten:

„Naja, hier konnte der Opa, der das Abzeichen gehabt hatte, nicht sagen: ,Nein, wir gehen da nicht hin.', wenn das Enkelkind gesagt hat: ,Ich will das jetzt einmal sehen, die Engel in der Kirche'".

Zentrales kirchliches Fest ist in beiden Gemeinden das Weihnachtsfest. Explizit religiöse Motive, Weihnachten als Fest zu begehen, sind allerdings in der Minderzahl. Sie werden in der Regel nur von denjenigen angegeben, die sich selbst als „kirchentreu" definieren: „Geburt Christi", „Fest der Liebe". Ansonsten gilt in beiden Gemeinden das Weihnachtsfest als das zentrale Familienfest, das die engere Verwandschaft (Großeltern, Eltern, Kinder) zusammen feiern und zu dessen Gelingen die „christliche Folklore", wie Gottesdienstbesuch und Krippenspiel, Weihnachtsmann und Liedersingen (selbst für viele, die aus der Kirche ausgetreten sind) notwendig dazugehört: „Wir feiern eben Weihnachten, aber nicht im kirchlichen Sinne, einfach als Familienfest. Aber zum Krippenspiel zu Heiligabend, da gehen wir, da ist die Kirche auch immer voll." Oder: „Wir feiern Weihnachten mit echten bösen Weihnachtsmännern mit Rute, mit Kinder aushauen, Bescherung, mit Gänsebraten, Licht anzünden und erst Kirche. Dann sind wir meistens hier. Wir machen einen großen Sack und da stecken wir alles rein, auch für die Omas. Da kriegt eben jeder vom Weihnachtsmann sein Geschenk. Und dann hat der auch ein so großes Buch. Da steht eben drin, was alles war, wenn sie frech waren und so. Das ist immer alles sehr schön. Dann muß jeder ein Gedicht aufsagen. Am 1. Feiertag ist alles was Rang und Namen hat bei den Eltern zum Mittagessen. Am 2. Feiertag sind dann alle bei uns". Weihnachten soll eben, „ein wenig besinnlich und familiär" sein, „nicht so mit Geschenken, wie manche, die da total ausflippen, halt ruhig und schön, so daß man sich zusammensetzt und mal über alles nachdenkt. Geschenkt wird das, was gebraucht wird, aber es wird nicht gegenseitig aufgetrumpft". Relevante Unterschiede in der Art, das Weihnachtsfest zu begehen, existieren zwischen den beiden Gemeinden nicht. Der einzige Unterschied, der deutlich geworden ist, betrifft die Praxis des „Schenkens". Während in Regnitzlosau des öfteren – insbesondere bei der Frage nach der religiösen Bedeutung des Weihnachtsfestes – Kritik am „Geschenkwahn" laut wurde, der den „Sinn des Weihnachtsfestes" zerstöre (ohne daß die Betreffenden hätten angeben können, worin denn dieser „Sinn" bestünde), spielte dieser Aspekt in Werda (noch) keine Rolle – wahrscheinlich allein aus dem Grund, weil dort die materiellen Voraussetzungen für den „Geschenkwahn" noch fehlen.

Kirchliche Kasualien: Taufe, Konfirmation, Hochzeit, Beerdigung

Ähnlich wie das Weihnachtsfest für fast alle der Befragten in beiden Gemeinden eine „sozial-religiöse" Verpflichtung (in ganz wenigen Fällen nur eine unreflektierte Tradition) darstellt, so auch die kirchlichen Kasualien. Bei diesen aber, so scheint unser Eindruck, steht das Traditionsmotiv, das zur Ritualerfüllung anleitet, stärker im Vordergrund als beim Weihnachtsfest, dem doch noch – wenn auch weitgehend ein eher diffuser – „christlicher Sinn" zugesprochen wird. Außerdem wird von vielen Befragten bei der Frage nach der Bedeutung von Taufe und Konfirmation, insbesondere bei „Kirchenfernen", neben dem Traditionsargument fast regelmäßig die soziale Notwendigkeit dieser „Initiationsriten" betont, ansonsten der „soziale Ausschluß" aus der Dorfgemeinschaft drohe. Gleiches gilt für die „kirchliche Hochzeit" und die „kirchliche Bestattung". Der Konformitätsdruck ist in beiden Gemeinden so hoch, daß sich nur wenige, sich mehr oder weniger bewußt als „Atheisten" verstehende Gemeindemitglieder, dieser Gemeinschaftspflicht entziehen. Und selbst bei diesen „intellektuellen Skeptikern" (hoher Bildungsgrad, linke politische Orientierung, pädagogischer Beruf) wird dieser Druck so stark empfunden, daß einige Überlegungen anstellen, ob es nicht sinnvoll und für ihre Kinder besser sei, in der „Kirche" zu bleiben und am „kirchlichen Leben" in irgendeiner Form (durch Taufe und Konfirmation der Kinder) teilzunehmen.

Ähnlich wie beim Weihnachtsfest konnten auch bei den Kasualien nur Wenige (und dann nur die „Kirchentreuen") Antworten auf die Frage nach Sinn und Bedeutung zum Beispiel von Taufe und Konfirmation geben, die in der Regel den traditionellen Antwortvorgaben der evangelisch-lutherischen Kirche folgten: *„Taufe bedeutet für mich an sich, daß die Eltern mich in die Christengemeinde eingeführt haben. Meine Eltern haben mich auf den richtigen Weg gebracht. Und die Konfirmation ist das Eigentliche. Ja, für mich fing an dem Tag, an dem ich konfirmiert worden bin, das eigentliche Christsein an. Zuvor war es die christliche Erziehung und bei der Konfirmation habe ich ein Stück meines Lebens Jesus übergeben. Er ist jetzt ein Bestandteil von mir"* (eine junge Frau aus Werda). Oder: *„Taufe und Konfirmation haben eine große Bedeutung, also weil ich versuche, Christ zu sein. Vor allem die Taufe, bei der Taufe meiner Tochter dann beten halt für Unterstützung und den Schutzengel – den hat sie schon gehabt. Und dann die Konfirmation, wo man sich entscheiden muß"* (eine junge Frau aus Regnitzlosau). Oder: *„Na eigentlich ist doch die Konfirmation die Befestigung der Taufe, wo man sein eigenes Ja dazu gibt. Und das war es für mich auch. Und als persönliches Fest ist es auch gefeiert worden"* (ein junger Mann aus Werda).

Wie gesagt, diese Aussagen sind die Ausnahme. Für die meisten der Befragten, die sich selbst als „Kirchenferne" einschätzen, sind Taufe, Konfirmation, kirchliche Hochzeit und kirchliche Beerdigung zwar Selbstverständlichkeiten, begründet wird die Inanspruchnahme „kirchlicher Dienste" in der Regel aber nicht „theologisch", sondern mit dem Traditionsargument: weil es sich so gehört, weil man es halt so macht, weil es schon immer so war, weil es im Dorf so üblich ist und weil, wenn man sich ihnen entzieht, im Dorf schief angesehen wird. Die Summe dieser Argumente wird deutlich in einem Gespräch mit einem „kirchenfernen" Ehepaar aus Regnitzlosau. Auf die Frage nach der Bedeutung kirchlicher Feste wie Taufe und Konfirmation antwortete die Frau: *„Also für mich schon eine große Bedeutung. Das gehört da-*

zu. Ich find, das ist schon gut so" Und an ihrem Mann gewandt: *„Für Dich ist das nicht so gut, ich weiß schon"*. Dieser entgegnete: *„Naja, Taufe schon okay. Aber die anderen Feste, die würde ich mitmachen, damit meine Kinder nicht ausgeschlossen werden aus der Gemeinschaft"*. Und die Frau ergänzend dazu: *„Das ist halt in Losau so. In Losau ist man ein Außenseiter, wenn man nicht konfirmiert. In den Städten ist es umgekehrt"*. In den meisten Befragungen trat das Argument des „sozialen Zwangs" deutlich in Erscheinung. Auf die Frage, warum man an kirchlichen Kasualien teilnehme, antwortete ein Mann aus Regnitzlosau: *„Eigentlich mehr aus Tradition. Also wenn ich jetzt rein nach der Überzeugung gehen würde, dann müßte ich aus der Kirche austreten, aber, wie gesagt, das ist nicht einfach mit Familie. Mit Kindern ist das dann doch nicht das Wahre. Also da bin ich nicht konsequent"*. Der „soziale Zwang", zur Kirche gehören zu müssen, um nicht als Außenseiter zu gelten, zeigt sich in der westdeutschen Gemeinde auch in dem Tatbestand, daß sich die meisten der ehemaligen DDR-Bürger, die sich nach der Wende hier niederließen – soweit sie Nichtkirchenmitglieder waren – sofort taufen ließen, um in die Gemeinde integriert zu werden.

In Werda sind die Einstellungen und Begründungen ganz ähnlich. Als aufschlußreich erweist sich hier die zu DDR-Zeiten seitens der „aktiven Gemeindemitglieder" getroffene Unterscheidung zwischen den wenigen „ordentlichen Konfirmanden", die sich der staatlichen „Jugendweihe" verweigerten, und den sogenannten „Nachkonfirmanden", die ein Jahr nach der „Jugendweihe" sich noch zusätzlich konfirmieren ließen. Der „soziale Druck" der Dorfgemeinschaft, daß Taufe und Konfirmation „zum Leben dazu gehören", war also mindestens so groß wie der „staatliche Zwang" zur Jugendweihe. Beides zu vereinbaren, das heißt, sich weder die berufliche Karriere zu verbauen, noch sich den Anforderungen der „Gemeinschaft" zu entziehen, war dementsprechend eine nur konsequente Handlung.

Allgemein läßt sich für beide Dörfer konstatieren, daß die kirchlichen Kasualien von fast allen Befragten in Anspruch genommen werden: entweder aus Überzeugung oder aus Tradition oder aufgrund „sozialen Drucks". Taufe und Konfirmation muß im Selbstverständnis der Befragten allein schon deshalb sein, weil man sonst nicht zur kirchlichen Trauung oder zum kirchlichen Begräbnis zugelassen wird. Diese gehören aber *„zum Leben dazu"*: *„Also eine Hochzeit ohne kirchliche Trauung wäre für mich nie in Frage gekommen"*. Und ein Mann aus Werda antwortete auf die Frage, warum er denn seine Tochter taufen ließ: *„Daß sie später auch mal die Möglichkeit hat, kirchlich zu heiraten"*. Solche und ähnliche Antworten waren an der Tagesordnung. Die Inanspruchnahme kirchlicher Kasualien ist elementarer Bestandteil des Familienlebens. Interessant erscheint uns dabei, daß die Feststellung der Wichtigkeit kirchlicher Kasualien für die Familie ebenso wie die Selbstdefinition als „religiös" nicht für die eigene Person beziehungsweise für die des Ehepartners getroffen wird, sondern fast ausschließlich auf die eigenen Kinder bezogen wird. Religion und kirchliche Kasualien werden von fast allen Befragten für die Erziehung ihrer Kinder als „wichtig" angesehen, auch wenn dies nicht begründet werden kann: *„Irgendwie legt man halt doch Wert darauf, daß das Kind getauft wird"* Und oftmals sind es gerade die Initiationsriten wie die Taufe der eigenen Kinder, in der latente Religiosität wieder manifest wird, beziehungsweise in der „religiöse Fragen" wenigstens ansatzweise gestellt und problematisiert werden: *„Also, wie gesagt, unsere Kinder sind getauft. Wobei man da auch schon immer ein schlechtes Gewissen hat, weil man solche Sachen in Anspruch nimmt, aber dann regelmäßig an den anderen Aktivitäten nicht so teilnimmt, sprich regelmäßiger Gottesdienstbesuch, was von einem guten Christen ja eigentlich erwartet wird"*. Auch Familien, die sich selbst als religös indifferent einschätzen, halten eine „christliche Erziehung" wenigstens nicht für „schädlich". Auf die Frage, ob in der Familie ab und zu über religiöse Themen gesprochen werde, lautete die Standardantwort zwar in der Regel: *„Ab und zu schon, aber nicht tiefgreifend"*, oder: *„Wenig"*, oder: *„Kaum, nicht direkt"*. Auf die Nachfrage, ob es spezielle Gelegenheiten für solche religiösen Gespräche gebe, kam meistens

Abbildung 31: „Regnitzlosau, ‚Kirchenjugend'"

die Antwort: *„Mit den Kindern"*. Religion ist in beiden Dörfern integraler Bestandteil der Kindererziehung: Man redet mit Kinder über den lieben Gott, man betet mit ihnen (nicht nur „Kirchentreue", sondern auch die meisten „Kirchenfernen"), man nimmt mit ihnen an der christlichen Folklore teil und übt sie darin ein: Krippenspiel, Nikolaus, Liedersingen etc. Die Kinder, so die allgemeine Überzeugung in beiden Dörfern, sollen christlich (und für die

109

meistens heißt dies auch kirchlich) erzogen werden. Will man diese Haltung auf einen kurzen Nenner bringen, so ließe sich formulieren: Religion und Kirche werden für die Eltern nur durch ihre Kinder zum Thema und die Kinder sind die Garantie für die Kirchenmitgliedschaft der Eltern. Kinder, so die allgemeine Überzeugung, brauchen Religion und Kirche, entweder weil das eben so ist, und/oder weil sie bei Nichtteilhabe an den Kasualien Probleme bei der Integration in die Dorfgemeinschaft zu erwarten haben.

Religionsunterricht

Diese eben beschriebene Sichtweise prägt auch die Einstellungen der meisten Befragten zum Religionsunterricht. Religionsunterricht – dies läßt sich generell sagen – wird in beiden Gemeinden überaus positiv gesehen. Man kann fast von einer hundertprozentigen Akzeptanz des Religionsunterrichts sprechen. So plädierten alle von uns befragten Einwohner Regnitzlosaus für den Religionsunterricht, die überwiegende Mehrheit sogar für den Religionsunterricht als Pflichtfach, das der individuellen Wahlfreiheit enthoben sein sollte. Selbst Nichtkirchenmitglieder lassen ihre – teilweise sogar nichtgetauften – Kinder am Religionsunterricht teilnehmen, weil sie sich entweder selbst als „christlich" einschätzen oder aber der Überzeugung sind, daß Kinder wissen sollten, was Religion ist, um sich später frei entscheiden zu können. Aber auch hier fällt wieder die „negative Begründung" der Teilhabe am (staats-) kirchlichen Angebot auf. Reflektierte Antworten auf die Frage nach dem Sinn und den Inhalten des Religionsunterrichts waren eher die Ausnahme. Es schien so, als ob nicht viel hängen geblieben sei vom eigenen Religionsunterricht, der in der Regel auch ziemlich negativ bewertet wurde. Diese Einschätzung führte freilich nicht zu einer generellen Ablehnung. Im Gegenteil. Typisch waren Antworten wie: *„Es schadet nichts"; „Also das ist für junge Menschen vielleicht mal ganz hilfreich"* oder: *„Die dreiviertel Stunde sollte schon drin sein"*. Religionsunterricht gehört zum Leben einfach dazu, über Sinn, Zweck und Inhalte wird nicht weiter nachgedacht: *„Also verkehrt ist es nicht, sag ich, weil irgendwie, also man braucht irgendwie einen Halt, also so bin ich eingestellt; ich geh zwar auch nicht viel in die Kirche, aber ein bißchen was muß man schon haben. Wenn es einem einmal schlecht geht, denkt man doch, es ist irgendwie was da, also einen Glauben muß man schon haben"*. Charakteristisch für diese „traditionale" Grundhaltung ist auch die Aussage eines kirchenskeptischen jüngeren Mannes: *„Anhören sollten sie es sich schon"*. Konfrontiert mit der Alternative eines „offenen" Ethikunterrichts, antwortete er spontan: *„Da wäre es ja noch besser, die Kinder gingen in den Religionsunterricht"*. Aus diesen Aussagen läßt sich ablesen, daß alles was die hergebrachte Routine gemeinschaftlicher Selbstverständlichkeiten stört, offen abgelehnt wird. Religionsunterricht aber gehört eben zu dieser gemeinschaftlichen Routine, man selbst hat ihn über sich ergehen lassen, sollen es die eigenen Kinder eben auch tun. Es kann nichts schaden, und vielleicht, wer weiß das schon, ist es sogar manchmal von Nutzen.

In dieser Grundhaltung unterscheiden sich die Einwohner der ostdeutschen Gemeinde kaum von denen der westdeutschen Gemeinde. Allerdings läßt sich festhalten, daß die Werdaer offener sind für Alternativen wie Religionskunde oder Ethikunterricht. Die meisten der von uns Befragten plädierten für die Freiwilligkeit des Religionsunterrichts. Nur ganz wenige meinten, der Religionsunterricht müsse zur Pflicht erhoben werden. Alle, auch die Nichtkirchenmitglieder, waren sich einig in der Überzeugung, daß Kinder über „Religion" Bescheid wissen sollten. Die Nichtkirchenmitglieder, aber auch die meisten Kirchenmitglieder plädierten allerdings für einen „offenen" Religionsunterricht in Form einer nicht kirchengebundenen Religionskunde. Direkte „religiöse Unterweisung" sollte weiterhin außerhalb der Schule in der freiwilligen Christenlehre beziehungsweise im Konfirmandenunterricht erfolgen. Erklären läßt sich dieses Plädoyer für die „Freiwilligkeit" des Religionsunterrichts sicher damit, daß in der Vergangenheit das Bekenntnis zur Religion und zur Kirche für jeden einzelnen – jedenfalls dann, wenn es um den Religionsunterricht ging – eine bewußte Entscheidung bedeutete. Diese „Bewußtheit" der Entscheidung soll in der Meinung der Befragten auch weiterhin erhalten bleiben. Viel öfter als dies im Westen der Fall war, meinten die ostdeutschen Eltern, daß ihre Kinder sich später selbst entscheiden sollten, ob sie in der Kirche bleiben wollten oder nicht. Aber um diese Entscheidung überhaupt treffen zu können, müßten sie eben über Religion und Kirche erst einmal Bescheid wissen. So gilt auch in Werda die traditionale Überzeugung von der Selbstverständlichkeit einer christlichen Erziehung. Eine Frau brachte diese Einstellung treffend auf den folgenden Nenner: *„Religionsunterricht gehört zur Allgemeinbildung. Finde ich. Wenn die das Alter haben, 5. oder 6. Klasse, was weiß ich, warum denn nicht. Fremdsprachen lernen sie auch. Können sie auch Religion lernen. Warum sollen sie das nicht mitkriegen, meiner Meinung nach"*.

Kirchensteuer

So wie der Religionsunterricht als Selbstverständlichkeit angesehen wird, so in beiden Dörfern auch die Kirchensteuer. Von ganz wenigen Ausnahmen abgesehen, wird jedenfalls bei den Kirchenmitgliedern die Kirchensteuer nicht in Frage gestellt.

Selbst die aus der Kirche Ausgetretenen lehnen die Kirchensteuer nicht generell ab. Typisch hierfür ist die Aussage eines Mannes aus Werda: *„Irgendwie müssen die sich ja auch ernähren und es ist ja auch eine gewisse soziale Leistung da"*. Diese Haltung führt unter anderem dazu, daß sich die meisten der Nichtkirchenmitglieder in beiden Gemeinden kirchlichen Sammlungen wie „Brot für die Welt" nicht verschließen. Für aktive Kirchenmitglieder gilt fast durchgängig die Einstellung: *„Man glaubt an die Kirche und deshalb* *zahlt man. Man ist von grundauf so erzogen worden"*. Kirchenferne handeln eher nach dem Muster: *„Warum nicht? Es wird soviel Geld ausgegeben, da kommt es auf die paar Mark auch nicht mehr an. Also ich muß sagen, die Kirchensteuer, die bringt einen nicht um"*. Fast durchgängig, ganz besonders stark aber bei der letzten Gruppe, wurde die Bereitschaft zu zahlen, ausschließlich mit den sozialen Leistungen der Kirche begründet: *„Also wenn die für einen angemessenen Zweck verwendet wird, dann habe ich nichts dagegen, aber ein bissele niedriger könnten die sie schon machen, weil man zahlt ja ein Kirchgeld auch noch, wir zahlen ja doppelt, nicht. Aber wenn sie es wirklich für bestimmte Zwecke verwenden, habe ich nichts dagegen, wie zum Beispiel Diakonie oder Altenheime oder irgendeine soziale Einrichtung oder Kindergarten oder so"*.

Auch was die Kirchensteuer betrifft sind Unterschiede in den Einstellungen zwischen den beiden Gemeinden kaum zu beobachten. Die Akzeptanz der Kirchensteuer liegt in Regnitzlosau etwas höher als in Werda, wo etwa ein Viertel der befragten Kirchenmitglieder für freiwillige Zahlungen an die Kirche plädierten, allerdings fast durchgängig gleich wieder einschränkten: *„Freiwillig wäre schön, würden aber nicht viele machen"*. Zudem wurde in der ostdeutschen Gemeinde Kritik an der Höhe der Kirchensteuer laut, etwas das es im Westen nicht gab. Das liegt unter anderem aber daran, daß die meisten der ostdeutschen Befragten noch gänzlich uninformiert sind über die Modalitäten des Kirchensteuereinzugs. Was bei einigen Kirchenfernen in Regnitzlosau *„sauer aufstieß"*, war die Überzeugung, daß die Kirche neben der Kirchensteuer auch noch Kirchgeld beanspruche, daß sie sozusagen *„doppelt kassiere"*. Bei denjenigen, die für die Freiwilligkeit der Zahlungen plädierten, wie bei denen, die sich über die Höhe beziehungsweise die Doppelung der Gelder beschwerten, wird die Kritik oftmals mit dem Finanzgebaren der Großinstitution Kirche begründet. Vor Ort sieht man direkt, was mit dem *„eigenen Geld"* geschieht (Kirchenreparaturen, Friedhof, Kindergarten, Jugend- und Altenarbeit), was außerhalb der eigenen Gemeinde passiert, entzieht sich weitgehend der Kenntnis der Menschen und erzeugt deshalb Unsicherheit und Mißtrauen: *„In der Kirche, da gibt es auch viel Schmuh"*. Interessant hier ist vielleicht die Beobachtung, daß sich die Kritik eher an der Katholischen Kirche, ihrem jetzigen Papst und ihrem allgemeinen Finanzgebaren entzündete, mit der man doch gar nichts zu tun hat, und nicht so sehr an der Praxis der eigenen Kirche. Hier scheint das ehemalige „Feindbild" der „geldgierigen Papisten" noch etwas nachzuwirken – auch wenn auf der anderen Seite immer wieder das gute Zusammenleben mit den wenigen ortsansäßigen Katholiken hervorgehoben wird.

Alltagsethik

Ethische Wegmarken und moralische Richtlinien des Alltagshandelns, so wie sie in der Vorstellung über das Zusammenleben in der Familie und der Dorfgemeinschaft, in den Bildern vom „guten Menschen" beziehungsweise vom „schlechten Menschen", in den Vorstellungen über das, was „Glück" ist, in den Erziehungsidealen und den eigenen Lebenserwartungen zum Ausdruck kommen, beruhen in beiden Dörfern fast durchgängig noch auf den traditionellen Mustern „christlich geprägter Sittlichkeit". Dies zeigt sich zum einen daran, daß die Kirche eher als eine gesellschaftlich-moralische Institution bejaht wird, denn in ihrer explizit religiösen Funktion. Selbst wer nicht mehr „glaubt", fühlt sich doch den traditionellen, christlich geprägten Moralvorstellungen verbunden. Die allgemeine Akzeptanz des Religionsunterrichts in beiden Gemeinden ist nur ein Indiz dafür. Auch der Respekt und die Sympathie, die Menschen, die ihre Religion versuchen zu leben, selbst bei Nichtkirchenmitgliedern genießen, spricht dafür: *„Naja gut, ich habe einen guten Freund gehabt, einen Schulfreund, der ist in der Kirche sehr aktiv gewesen, früher schon, der hat seinen Beruf aufgegeben, Elektriker, das war zu DDR-Zeiten ganz schön schwer gewesen, das zu lernen, der hat sich dann unheimlich engagiert und hat dann eben seinen Beruf aufgegeben, ist dann in ein christliches Jugendheim für Behinderte, die er betreuen tut. Vor solchen Leuten ziehe ich schon den Hut, das ist schon eine Leistung"*. Ebenso typisch für diese Grundhaltung ist die Tatsache, daß der Pfarrer in beiden Gemeinden auch für Nichtkirchenmitglieder Ansprechpartner bei persönlichen Problemen war beziehungsweise noch ist: *„In der Gemeinde kennt man sich. Der war immer ein guter Pfarrer. Ich kenn ihn als guten Ansprechpartner. Wenn man da einmal was hatte, auch wenn man nicht in der Kirche war, dann hieß es, red mal mit ihm, es sind immer welche hingegangen"*. Christliche Moralvorstellung ebenso wie die Autorität von Kirche und Ortspfarrer gelten in beiden Gemeinden als zu bewahrendes „Traditionsgut". Niemand käme auf die Idee, hier Grundlegendes in Frage zu stellen. Das heißt nicht, daß an kirchlichen Moralvorstellungen, insbesondere was die Sexualmoral betrifft, nicht auch Kritik geübt wird. Aber entweder hat man dabei die „katholische Kirche" als den eigentlichen „Bösewicht" angegriffen, mit der man Gott sei Dank ja nichts zu tun habe, oder sich auf eine gewisse Kritik an der „Heuchelei der Frömmler" oder der Großinstitution Kirche beschränkt. Auf einen kämpferischen Atheismus aber, der die allgemeinen christlichen Werte in Frage stellt, sind wir weder in Westen noch im Osten gestoßen.

Wie gesagt, die Alltagsmoral fußt auf den Mustern traditioneller christlicher Sittlichkeit. Als „gute Menschen" werden jene angesehen, die *„hilfsbereit"*, *„offen"*, *„ehrlich"*, *„anständig"* und *„zuverlässig"* sind. „Schlechte Menschen" sind solche, die *„hinterfotzig"*, *„hinten herum"*, *„egoistisch"* und *„nur auf sich selbst bedacht"* sind, die *„lügen"*, *„übel nachreden"* und *„Hilfe verweigern"*. Diese Merkmale, die in beiden Gemeinden durchgängig genannt wurden, gelten auch als Maßstäbe der Kindererziehung. Die eigenen Kinder sollen *„anständige Menschen"* werden, *„offen"*, *„ehrlich"*, *„hilfsbereit"*, *„nicht lügen"* und nicht *„hinten herum"* sein, *„keine Drogen nehmen"* und nicht *„saufen"*. In diesen allgemeinen Zielen ist man sich in beiden Gemeinden einig. Es fiel allerdings auf, daß in Werda – wahrscheinlich aus dem Grund größerer gegenseitiger Hilfsbedürftigkeit – mehr Nachdruck auf „Hilfsbereitschaft" gelegt wurde als in Regnitzlosau. („Hilfsbereitschaft" wurde in der ostdeutschen Gemeinde bei der Aufzählung der Merkmale, die einen „guten Menschen" ausmachen, fast immer sofort an erster Stelle genannt). Interessant erscheint uns auch die Beobachtung, daß in der ostdeutschen Gemeinde immer von „Hilfsbereitschaft" und nicht von „Solidarität" die Rede war (trotz fortwährender sozialistischer „Solidaritätsappelle"), während in der westdeutschen Gemeinde des öfteren, insbesondere bei etwas gebildeteren, zumeist pädagogisch tätigen Befragten, „Solidarität" und nicht „Hilfsbereitschaft" gesagt wurde. Auffallend war auch, daß im Osten vielfach noch das „Grüßen", die „Höflichkeit" und die „Bescheidenheit" zum Bild des „guten Menschen" gehören. Insbesondere darauf, daß die Kinder lernen zu grüßen, wird dort noch großer Wert gelegt: *„Naja, das ist erstmal, daß sie freundlich sind, wie es bei uns im Dorf üblich ist, da wird gegrüßt, das ist egal, ob die jetzt am anderen Ende vom Ort wohnen, oder ob das direkte Nachbarn sind".* Im Vergleich zu Werda traten diese Werte in Regnitzlosau deutlich zurück und wurden, wenn überhaupt, nur noch sehr selten genannt. Dafür hat hier schon der sozialwissenschaftliche Jargon, die Rede von „Toleranz", „Solidarität" und „die Gesellschaft ist verpflichtet", Einzug gehalten hat. Alles dies spricht dafür, daß in Werda nicht nur die „Sprache" noch „altertümlichere" Züge trägt, sondern auch die dort gepflegten „Werte" und „Erziehungsideale", während in Regnitzlosau die emanzipatorische Pädagogik und das massenmedial vermittelte „aufgeklärte Bewußtsein" schon Spuren hinterlassen haben.

„Hilfsbereitschaft" läßt sich in beiden Gemeinden ohne weiteres als die zentrale moralische Kategorie identifizieren, um die herum sich die anderen Werte „Offenheit", „Ehrlichkeit", „Anständigkeit", „Höflichkeit" gruppieren. Daß „Hilfsbereitschaft", oder das „Auch an andere Denken", nicht nur abstrakte Begriffe sind, mit deren Hilfe sich die Menschen versuchen moralisch zu verorten, sondern „gelebte Maximen", zeigen insbesondere Nachbarschaftshilfe und Spendenbereitschaft. Die (subjektive) Spendenbereitschaft für caritative Zwecke („Brot für die Welt"; „SOS-Kinderdörfer"; „Rotes Kreuz") ist in beiden Gemeinden hoch. Auch das (objektive) Spendeneinkommen (überprüfbar waren für uns nur die kirchlichen Sammlungen) liegt in beiden Gemeinden über dem Durchschnitt. Auffallend war allerdings, daß sich in Regnitzlosau „Hilfsbereitschaft" zumeist in der Spendenbereitschaft erschöpfte, tätige Nachbarschaftshilfe oder Gemeindeengagement aber weitgehend fehlte. Ein Hinweis: In Regnitzlosau wurde von fast allen Befragten (junge Eltern) das Fehlen eines Spielplatzes für die Kleinen beklagt, niemand dachte allerdings daran, eine Elterninitiative zu gründen, um ein solches Projekt voranzutreiben, vielleicht sogar selbst am Wochenende mal eine Schaufel in die Hand zu nehmen. Die Verantwortung wurde auf die politische Gemeinde abgeschoben. In der ostdeutschen Gemeinde hingegen wäre so etwas wohl (noch) als „Gemeinschaftsaufgabe" begriffen worden und in freiwilliger Leistung ein entsprechender Spielplatz errichtet worden. „Hilfsbereitschaft" ist also in beiden Gemeinden ein zentraler Wert, er wird aber in Ost und West (noch) unterschiedlich ausgefüllt. Während er im Osten konkrete Hilfe gegenüber konkreten Personen miteinschließt, enthält er im Westen bereits eine abstrakte, entpersonalisierte Dimension: Hilfe ja, aber wenn möglich, persönlich nicht damit belästigt werden, am besten hilft man eben doch durch (Geld-) Spenden. Allerdings zeigen sich auch in der ostdeutschen Gemeinde bereits Tendenzen, die in diese Richtung weisen.

Natürlich gibt es in beiden Gemeinden auch Grenzen der „Hilfsbereitschaft". Das Verständnis für Menschen, die in Not sind, ist zwar in beiden Gemeinden sehr groß, ebenso wie die Bereitschaft zu helfen (zum Beispiel großes Spendenaufkommen für die „Jugoslawien"-Hilfe), aber die „Not" muß sichtbar sein, muß verknüpft sein mit „außeralltäglichen" Noterfahrungen wie Krieg, Erdbeben, Vertreibung, Überschwemmungen. Alltägliche Armut wird selten als Anlaß interpretiert, durch Spenden zu helfen. Daran seien *„die Leute ja selbst schuld"*. Sichtbar wird diese Grundhaltung in der Antwort eines Regnitzlosauers auf die Frage nach Integrationsproblemen für Neuzugezogene. Nachdem der Betreffende die Frage erst einmal grundsätzlich verneint hatte, schränkte er sofort ein: *„Wir sind hier einfach konservativer eingestellt und auch finanziell alle gut situiert. Also Sozialhilfempfänger, also das ist natürlich hier ein Fremdwort. Es kommt schon einmal einer, zieht her. Der fühlt sich aber nicht lange wohl hier, weil das eben einfach ein ganz gesunder Volksstamm ist da"*.

Zusammenfassung

Läßt man die theologischen Konnotationen des Volkskirchenbegriffes einmal beiseite und definiert „Volkskirche" wie es Gerhard Schmidtchen getan hat: „Volkskirche ist solange gegeben, wie die große Mehrheit der Bevölkerung sich als christlich empfindet und am kirchlichen Leben wenigstens an den hohen Festtagen oder an den Wendepunkten des Lebens teilhat"[48], so kann man ohne Zweifel in beiden Gemeinden vom Fortleben stabiler volkskirchlicher Strukturen sprechen. Sowohl in Regnitzlosau als auch in Werda begreift sich die überwiegende Mehrzahl der Befragten als „Christen", bejaht die Existenz von „Kirche" und ihren „sozialen Aufgaben", nimmt deren Kasualangebote fast uneingeschränkt wahr und beteiligt sich wenigstens partiell am „kirchlichen Leben". Unterschiede zwischen den Gemeinden sind in dieser Grundhaltung kaum zu beobachten. Aufgrund der Umbruchsituation und den partiellen Erfahrungen von Not, sowie aus der Tradition heraus, sich im Sozialismus „bekennen" zu müssen, scheint in Werda die religiöse Rede etwas (aber nur wenig) lebendiger und reflektierter zu sein, insbesondere dann

---

48 Schmidtchen 1979, S.196.

wenn es über den Sinn und Zweck des Religionsunterrichts geht. Irgendeine Form des Nachdenkens über den Sinn des „Christseins" ist in beiden Gemeinden aber nur anläßlich individueller Schlüsselereignisse (Geburt und Taufe; Tod und Beerdigung) sowie anläßlich des Weihnachtsfestes (sich entzündend am Sinn des Schenkens) erkennbar. Zudem wird in beiden Gemeinden der Religion kein „Wert an sich" zugesprochen, sondern fast aufschließlich auf die eigene Familie bezogen. Insbesondere für die Erziehung der eigenen Kinder gilt sie als wichtig und bedeutsam. Kirchliche Kasualien ebenso wie kirchliche Feste, vor allem das Weihnachtsfest, werden im Kern als „Familienfeste", nicht als primär „religiöse Ereignisse" interpretiert. Die in der Soziologie populärer Religiösität zunehmend beobachtete „Familialisierung der Religion"[49] bestimmt das „religiöse Leben" in beiden Gemeinden: „Familie ist nicht nur Mitträger, sondern primärer Träger von Religiosität"[50].

Die ausgeprägte Familialisierung von Religion ist der eine Aspekt, der das religiöse Leben in beiden Gemeinden charakterisiert. Der andere liegt in ihrer sozialisierenden und gemeinschaftsstiftenden Kraft. Man muß nicht gleich auf Durkheim und dessen These, daß sich in der Religion die Gemeinschaft nur selbst feiere[51], zurückgreifen; in beiden Gemeinden ist freilich nicht zu übersehen, daß Kirche und Religion nicht nur ein fester und integraler Bestandteil der individuellen Biographie sind, sondern auch der Gemeinschaftsidentität des Dorfes. Die Zugehörigkeit zur Kirche und die Selbsteinschätzung als religiös gehört bis heute zum Kanon der das Dorfleben ordnenden sozialen Normen. Da für beide Gemeinden eine große Bereitschaft zur Konformität und zur – im Idealbild der funktionierenden Dorfgemeinschaft zusammenlaufenden – Harmonie typisch ist, hieße es für jeden, der sich bewußt „anti-kirchlich" oder strikt „atheistisch" gibt, sich auch aus der Dorfgemeinschaft auszuschließen. Der „soziale Zwang" zu Kirche und Religion darf jedenfalls in beiden Gemeinden nicht unterschätzt werden.

Die in der gegenwärtigen Religionssoziologie gängige, von Franz-Xaver Kaufmann[52] eingeführte Differenzierung von Einstellungen zu Kirche und Religion in folgende 4 Typen: Typus 1 – kirchlich und religiös; Typus 2 – kirchlich und nicht religiös; Typus 3 – nicht kirchlich und religiös; Typus 4 – nicht kirchlich und nicht religiös, hilft bei der Verortung des „religiösen Lebens" in beiden Gemeinden nur bedingt weiter. Die breite Masse der Befragten läßt sich nicht in dieses Schema eingliedern. Für beide Gemeinde ist eher eine undefinierbare Gemengelage charakteristisch, in der Elemente aller vier Typen mit einfließen. Will man generalisieren, so läßt sich vielleicht das Paradoxon formulieren: Die Mehrzahl der Einwohner beider Gemeinden sind kirchlich ohne Kirche und religiös ohne Religion. Man fühlt sich als Teil der Kirche, ohne den Erwartungen der Kirche nachzukommen, geschweige denn

---

49 Vgl. dazu: Ebertz/Schultheis 1986, S.32ff.
50 Ebertz/Schultheis 1986, S.32.
51 Vgl.: Durkheim 1984.
52 Kaufmann 1973.

diese als für sich selbst verpflichtend anzuerkennen. Man definiert sich selbst als religiös, ohne die Grundlagen der Religion zu kennen, geschweige denn ihre ethischen Gebote bewußt zur Richtschnur der eigenen Lebensführung zu erheben. Man gehört zur Kirche und man ist religiös, weil das halt so ist, weil sich das so gehört und weil das immer so war. Kirche und Religion sind integraler Bestandteil der gewohnten Lebenswelt, angesiedelt im Halbdunkel traditionaler Handlungsorientierung; sie werden beibehalten, weil alles was das Gewohnte stört, Gefahr signalisiert und nur Angst und Unsicherheit auslöst, und weil sie in individuellen „Krisen" ein Orientierungsangebot bereithalten, auf das man fraglos zurückgreifen kann. Uns scheint, daß sich eine solche Gemengelage am besten auf den Begriff bringen läßt, wenn man zwei religionssoziologische Interpretationsmuster für religiöse Einstellungen und Werthaltungen zusammenbindet: den Typus des Gewohnheitschristentums und den der lebenszyklisch-orientierten Kasualfrömmigkeit[53]. Charakteristisch sowohl für Werda als auch für Regnitzlosau wäre dann die Dominanz einer gewohnheitsmäßig ausgeübten, auf der Schwelle von bewußt und unbewußt angesiedelten, lebenszyklisch-orientierten Kasualfrömmigkeit. Das aber ist nur die Summe dessen, wofür der Begriff des „volkskirchlichen Milieus", jedenfalls in der Bedeutung, die die Definition Schmidtchens nahelegt, steht.

---

53 Zu diesen religionssoziologischen Begriffen und ihrer Bedeutung vgl.: Ebertz/ Schultheis 1986.

B. Lebenswelten im Wandel: Der Einbruch des Fremden

Das bisher gezeichnete Bild der beiden Gemeinden scheint geradezu ein „paradiesisches Idyll" zu beschreiben. Und in der subjektiven Wahrnehmung der Befragten ist dies auch weitgehend so. Dafür spricht nicht nur der sehr hohe Grad von Zufriedenheit der Menschen mit ihrer unmittelbaren Situation, dafür spricht auch der durchgängig zu beobachtende Wille, auf keinen Fall diese gesicherte und geordnete Lebenswelt zu verlassen. Das heißt nicht, daß es in beiden Gemeinden nicht auch Probleme und Konflikte gibt. Letztere schwelen zwar eher unter der Oberfläche und sind verdeckt durch den in beiden Gemeinden zu beobachtenden Willen, die Dorfgemeinschaft als ein in sich harmonisches Ganzes zu verklären, sind aber deutlich zu erkennen.

Um diese Problembereiche und Konfliktfelder, um die Sorgen und Ängste, die die Menschen in beiden Gemeinden bewegen, soll es im folgenden gehen. Obwohl die beiden Gemeinden auch vor der Wende nicht die harmonischen Ensembles waren, als die sie uns präsentiert wurden, sind die meisten der geäußerten Sorgen und Befürchtungen doch im Kern Produkt der Veränderungen, die sich in beiden Gemeinden seit der Wende vollzogen haben, oder wurden jedenfalls durch diese verstärkt. Im Mittelpunkt dieser Ausführungen steht deshalb die ostdeutsche Gemeinde, in der aufgrund des radikalen Systemwechsels und der damit verbundenen Konfrontation mit dem „Fremden" und dem „Neuen" notgedrungen die Zahl derjenigen Situationen, in denen die bis zur Wende gültigen Alltagsroutinen und Deutungsmuster versagten und Unsicherheitspotentiale hervorriefen, ungleich höher ist, als in der westdeutschen Gemeinde. Doch auch an dieser ist die Wende nicht spurlos vorbeigegangen. Regnitzlosau lag bis 1989 am „Ende der Welt", wie viele seiner Bewohner bekannten. Nach Osten, Süden und teilweise auch nach Norden hin abgeschlossen durch die direkt hinter der Gemeinde verlaufenden, undurchlässigen Grenzen zur ehemaligen DDR und zur ehemaligen CSSR, verirrte sich nur selten „ein Fremder" in diese Gegend. Mit dieser Ruhe ist es heute vorbei. Seit der Grenzöffnung ist Regnitzlosau Durchgangsstation auf dem Weg von Süden in das sächsische Vogtland und das Erzgebirge. Das Verkehrsaufkommen ist enorm gestiegen. Der örtliche Gasthof dient vielen Handwerkern und Handlungsreisenden, die in den angrenzenden ostdeutschen Gemeinden Geschäfte tätigen wollen, als Ausgangspunkt. Und viele der dort Wohnenden kommen zum Einkaufen immer noch hierher. Zusätzlich haben sich, wie oben schon erwähnt, circa 130 ehemalige DDR-Bürger nach der Wende in Regnitzlosau niedergelassen. All das bringt eine gewisse Unruhe mit sich und verlangt danach, verarbeitet zu werden. Die Wende hat also auch in Regnitzlosau zu Veränderungen geführt, auf die die Menschen reagieren müssen, so daß – jedenfalls in einigen Aspekten – Vergleiche mit den Umstellungsproblemen, mit denen die Menschen in Werda konfrontiert sind, durchaus möglich erscheinen. Wie also wird die „Neuartigkeit" der Situation in beiden Gemeinden erlebt, wie wird sie gedeutet und wie verarbeitet?

1. Der Verlust der Sicherheit: Kriminalität, Arbeitsplätze und Lebenschancen

Ein erstes Thema, das die Menschen in beiden Gemeinden beschäftigt, ist der mit dem Einbruch des „Fremden" verbundene Verlust an Sicherheit. Sicherheit meint dabei nicht nur physische Sicherheit und der Verlust an Sicherheit nicht nur Angst vor steigender Kriminalität, auch wenn diese von fast allen Befragten in beiden Gemeinden immer an erster Stelle genannt wurde. Hinzu treten – vor allem im Osten – Befürchtungen um die Sicherheit der Arbeitsplätze und der Renten, sowie – und dies wieder in beiden Gemeinden – gewisse Sorgen, was die zukünftigen Lebenschancen und die zukünftige Lebensqualität im allgemeinen betrifft.

Kriminalität

Sobald in den Gesprächen das Thema „Umstellungsprobleme" angeschnitten wurde, ergab sich in beiden Gemeinden als das zentrale Thema, das die Menschen beschäftigte, die Angst vor einer steigenden Kriminalität. Beide Gemeinden waren vor der Wende durch ein hohes Maß an Überschaubarkeit und sozialer Kontrolle geprägt. Exemplarisch sichtbar wird dies in einer Äußerung einer Frau aus Werda: „*Naja, auf dem Dorf wird auch immer aufgepaßt. Da weiß im Prinzip jeder, was der andere tut. Unsere Nachbarin, die paßt ein wenig besonders auf, den ganzen Tag. Da hatten wir einmal Besuch, die sind aus dem Auto gestiegen, da ist sie hingegangen und hat gesagt, wir seien nicht daheim. Die wußte doch gar nicht, ob die jetzt zu mir oder zu meiner Mutter wollten*". Durch den Einbruch fremder Menschen in die allen vertraute Welt des Dorfes wird die Überschaubarkeit gestört, soziale Kontrolle wird erschwert. Eine Frau aus Regnitzlosau meinte: „*Wahrscheinlich hat die Unsicherheit zugenommen. Ich sag einmal so, das liegt vor allem daran, frü-*

her war das so, wenn sich da einer im Dorf bewegt hat, den hat man irgendwie gekannt. Na jetzt, da kannst du das nicht mehr überschauen, weil da soviel Durchgangsverkehr da ist". Aus dieser unüberschaubar gewordenen Situation, die die bisher jedem bekannte Struktur des Dorfes auflöste, entwächst Unsicherheit und Angst: *„Man weiß ja nicht mehr, wer sich hier alles rumtreibt"*, sagte ein Mann in Regnitzlosau. Und eine Frau aus Werda meinte: *„Im Dorf, die wo schimpfen, das ist ganz einfach. Die waren ihre Ruhe gewöhnt. Wer Arbeit hier hatte, der hat eigentlich schön gelebt, keine Kriminalität. Aber jetzt".* In der Aufassung einiger Befragter in beiden Gemeinden scheint die Kriminalität nach der Wende geradezu explodiert zu sein. Zwar ist keiner der von uns Befragten Opfer der angeblich gestiegenen Kriminalität geworden, doch jeder wußte Geschichte davon zu erzählen: *„Also man hört ja immer von was, so im letzten Jahr dahinten im Neubaugebiet. Da hat die Polizei schon gesucht nach einigen, die da rumgestreunt sind"* (Regnitzlosau). Oder: *„Also unten im Dorf, bei denen, da ist schon mal geklaut worden, bei den anderen, da ist geschaut worden, die habens aber noch vorher erwischt. Man wird schon mißtrauischer. Wenn ich ins Geschäft geh, ich nehm mein Kind jetzt immer mit"* (Regnitzlosau). Oder: *„Bei meiner Arbeitskollegin da ist im Bungalow eingebrochen worden, aber direkt, man hört schon mehr, aber direkt betroffen war noch niemand"* (Werda). Fragt man nach den realen Hintergründen dieser Ängste, so ergibt sich freilich ein anderes Bild. Nach Auskunft der beiden für Regnitzlosau und Werda zuständigen Polizeidienststellen kann von einem Anstieg der Kriminalität weder in Werda noch in Regnitzlosau die Rede sein. Die Angst vor der Kriminalität (ebenso wie die Angst vor Drogen und Jugendsekten, die gleichfalls in beiden Gemeinden durchgängig geäußert wurde) beruht also nicht auf eigenen Erfahrungen, sie ist Folge von Geschichten und Gerüchten, von der Übertragung des in der Zeitung Gelesenen oder des im Fernsehen Gesehenen auf die eigene Lebenswelt. Einige der Befragten waren sich dessen durchaus bewußt, trotzdem reagierten auch sie mit einem gestiegenen Mißtrauen Fremden gegenüber. Dies verdeutlicht die Aussage eines Mannes aus Regnitzlosau: *„Ein wenig vorsichtiger muß man schon sein, der Meinung bin ich also auch. Aber Größeres ist mir so eigentlich nicht bekannt. Das wird dann so verallgemeinert, aber wie gesagt, daß da was dran ist, wenig, also große Dinger nicht".* Andere aber beziehen das Gelesene oder Gesehene direkt auf ihre eigene Situation und reagieren dementsprechend. In beiden Gemeinden dachte vor der Wende niemand daran, bei kleineren Besorgungen die Fenster zu schließen oder die Haustür abzusperren. Auf die Frage, ob sie denn ihre Haustür immer abschließe, antwortete eine Frau aus Werda: *„Seit zweieinhalb Jahren immer. In der Straße ist so viel weggekommen, da kann man keinem mehr trauen".* Und einige – vor allem im Osten – gingen sogar soweit, daß sie sich neue Schlösser in die Türen einbauen ließen. Doch gleich wie die Maßnahmen, die man zu seinem Schutz ergreift, im einzelnen auch aussehen mögen, allgemein gilt die Überzeugung, die ein Mann aus Regnitzlosau treffend auf einen

Nenner gebracht hat: *„Man ist vorsichtiger geworden im Vergleich zu früher".* Es überrascht deshalb nicht, wenn in Werda durchgehend nach einem eigenen Polizeiposten für die Gemeinde verlangt wird, und wenn in Regnitzlosau gegen die beabsichtigte Schließung der Polizeistation heftigst protestiert wird.

Arbeitsplätze

Ist die angebliche Bedrohung durch die steigende Kriminalität für die Menschen in beiden Gemeinden ein zentrales Problem, so gilt dies nur bedingt für die Sorge um die Sicherheit der Arbeitsplätze. In Regnitzlosau ist der Verlust des Arbeitsplatzes für fast alle Befragten zur Zeit der Befragung (als von einem Konjunkturabschwung noch nicht die Rede war) kein Thema gewesen. Nur einer der Befragten thematisierte im Zusammenhang mit der Frage, was für ihn „Glück" sei, diesen Aspekt: *„Glück ist erstensmal, daß ich meinen Arbeitsplatz behalten kann".* Ansonsten ging die Mehrzahl der Regnitzlosauer wie selbstverständlich davon aus, daß die Sicherheit ihrer Arbeitsplätze auch in Zukunft gewährleistet sei. Wenn überhaupt macht man sich in Regnitzlosau eher Sorgen über die gesamtwirtschaftliche Entwicklung, über Steuererhöhungen, über die steigende Staatsverschuldung, über die Gesundsheitsreform und über die Inflation – Themen, die in Werda (noch) keine Rolle gespielt haben.

Was die Sicherheit der Arbeitsplätze hier und heute betrifft, zeigen sich deutliche Unterschiede zwischen den Gemeinden. Obwohl sich, wie oben schon gesagt (Kapitel II/3), die Arbeitslosigkeit in Werda in Grenzen hält, ist die Gefährdung der Arbeitsplätze doch das Gesprächsthema Nummer eins im Dorf: *„Und wenn sich heute welche aus der Nachbarschaft treffen, gibt es nur ein Thema, eben die Arbeitslosigkeit".* Oder: *„Was eben im Moment doch den einen oder anderen ein bißchen drückt und Angst macht, auch denjenigen, der im Moment noch Arbeit hat, ist die Frage, wie wird es in Zukunft sein, weil halt doch niemand hunderprozentig weiß, wie es wird. Behalte ich meinen Arbeitsplatz oder werde ich arbeitslos? Was wird nach der Arbeitslosenzeit?".* Diese latenten Sorgen und Befürchtungen schlagen allerdings nicht in Lethargie oder gar Apathie um. Die Stimmung ist in Werda nicht unbedingt pessimistisch: *„Es kommt darauf an, mit wem man sich unterhält. Das kann man jetzt nicht so verallgemeinern. Sagen wir mal so, es ist nach wie vor die Meinung im Gros des Dorfes, daß die Wende mit all dem begrüßt wird. Aber es hier und da und vor allem bei denen, die eben arbeitslos sind, irgendwo dann schon eine pessimistische Haltung. Aber daß man jetzt generell eine pessimistische Haltung hier, würde ich nicht sagen".* Noch optimistischer ist der Gesamteindruck bei denjenigen, die sich selbständig gemacht haben, oder in einem solchen Betrieb beschäftigt sind.

So meinte ein Selbständiger: *„Bei der Auftragslage brauche ich mir keine Zukunftssorgen machen".* Und ein Angestellter in einem Dienstleistungsbetrieb fügte hinzu: *„Es machen sich viele Gedanken mit der Arbeit, ich bin der Meinung, wenn man Arbeit finden will, die findet man".*

Abbildung 32: „Neuer Handwerksbetrieb in Werda"

Die neue Situation wurde von den meisten der von uns Befragten angenommen, auch wenn man den alten Verhältnissen noch leise nachtrauerte: *„Im Grunde genommen hatte früher doch jeder seine Sicherheit. Das ist ja nicht mehr. Und damit müssen ja auch die kleinen Leute fertig werden, jeder, alle. So und das ist jetzt die Belastung, die jetzt die Leute auszuhalten haben. In fünf Jahren, da werd ich da wahrscheinlich darüber lachen. Aber das geht ja allen so".* Die meisten der Befragten zählten sich selbst zu den Gewinnern der Einheit – wobei noch einmal darauf hinzuweisen ist, daß wir jüngere Ehepaare im Alter zwischen 25 und 40 befragt haben. Sorgen macht man sich nicht so sehr über die eigene Situation, sondern über die der Verlierer im Dorf, über die älteren Arbeitnehmer und über die Rentner, wie exemplarisch in der Aussage einer selbständigen Kauffrau deutlich wird: *„Die Alten sind ein bißchen enttäuscht mit der Rente, da werden viele noch weniger gekriegt haben, wie sie vorher schon hatten. Das ist jetzt zwar aufgebessert worden, aber trotzdem. Das ist für die Alten schon hart und für die in den Fünfzigern, die keine Arbeit mehr haben, und auch zu neunzig Prozent keine mehr kriegen. Im Wirtshaus saßen welche mit am Tisch, da ist der Vater arbeitslos, da ist der Sohn arbeitslos und der andere wird ab Mai arbeitslos, sind drei Mann in einer Familie. Die Jüngeren kriegen vielleicht wieder was, aber für den Vater ... und das ist das, was uns zur Zeit etwas drückt, weil wir, es hat*

122

keiner Sorgen gehabt. Also Sorgen hat hier drüben keiner von uns gehabt. Muß man ganz ehrlich sagen". Oder: *„Ich meine, gut, wenn man jetzt noch zehn oder fünfzehn Jahre jünger wäre, dann wär das schon ganz was anderes. Aber wenn man jetzt schon über die Vierzig ist. Da sagst du, fangen wir noch mal von vorne an und weißt gar nicht, was das ist. Das Risiko, wer nimmt das auf sich? Ich würde es nicht noch einmal machen".*

Abbildung 33: „Werda und die Welt"

Die Unsicherheit der Arbeitsplätze und die Angst vor drohender Arbeitslosigkeit ist in Werda zwar allgegenwärtig, auch neigen einige der Befragten dazu, die alten „DDR-Verhältnisse" zu glorifzieren, trotzdem wünscht sich niemand die „*alten Zeiten"* zurück. Aussagen wie: *„Wenn jeder Arbeit hat, geht es uns besser als zuvor"* oder: *„Die Zeit jetzt ist auf alle Fälle besser, man hat mehr Chancen zum Aufsteigen",* sind in fast jedem Gespräch in Werda gefallen. Die Wende wird allgemein begrüßt, man sieht die neuen Möglichkeiten und Chancen, die sich – insbesondere für die Jüngeren – eröffnen, wäre nur nicht die Angst um den Arbeitsplatz. Diese leicht ambivalente, für die gesamte Gemeinde typische Haltung spiegelt sich beispielhaft in folgenden Aussagen wider: *„Es ist schon ein schönes Gefühl, wenn man sagen kann, heute fahre ich mal durch das Brandenburger Tor. Das ist schon eine große Entschädigung dafür. Aber davon kann man sich nichts kaufen. Wenn man arbeiten will, dann kriegt man auch Arbeit. Bloß für was für einen Preis man sich verkauft, das ist eine andere Sache".* Und: *„Wir sind froh, daß wir wieder eins sind. Es sollte zwanzig Jahre früher nur passieren, da wären wir* *noch nicht so alt gewesen, wie gesagt. Ist gut, daß es so friedlich ging. Und das andere wird schon werden. Wir haben eben sowieso immer mehr in Kauf nehmen müssen, wir ziehen da eben den Kürzeren in der Vereinigung. Muß man in Kauf nehmen. Ich bin da nicht skeptisch oder so ...".*

Lebenschancen und Lebensqualität

Wie teilweise schon erwähnt, wird die Wende in Werda vor allem aufgrund der gestiegenen Lebenschancen begrüßt. Die meisten der Befragten glaubten, ihr Leben jetzt freier gestalten und auch die Zukunft besser planen zu können. Insbesondere die größere Freiheit bei der Berufswahl wird gewürdigt: *„Die Kinder können jetzt ihren Beruf wählen, ich kann entscheiden, ob ich auf Montage gehe oder nicht".* Doch auch für die vielen anderen Wahlmöglichkeiten (das Einkaufen, das Reisen und die Zahl der Fernsehprogramme betreffend), die man seit der Wende besitzt, ist man im Grunde dankbar, auch wenn in vielen Gesprächen die Mühe beschrieben wurde, die das „Auswählen" am Anfang für den einzelnen bedeutete. Interessant und ein weiteres Indiz für den im Kern apolitischen Charakter beider Gemeinden ist die Tatsache, daß bei der Nennung gestiegener Wahlmöglichkeiten, die Auswahl zwischen mehreren politischen Angeboten nicht als besonders erwähnenswert eingeschätzt wurde.

Da sich in Regnitzlosau kein radikaler Systemwandel vollzogen hat, hat sich hier in Bezug auf die Einschätzung der eigenen Lebenschancen (und die der eigenen Kinder) auch nichts geändert. Das Wählenkönnen und auch das Wählenmüssen gehören in Regnitzlosau zu den selbstverständlichen Alltagsroutinen, über deren Bedeutung im aktuellen Handlungsvollzug nicht mehr nachgedacht wird, und die folglich auch keine Probleme der Handlungsführung mehr aufwerfen.

Etwas anders sieht es mit der Beurteilung der Lebensqualität aus. Abgesehen davon, daß viele der Befragten in Régnitzlosau den anstehenden Bau einer Müllverbrennungsanlage auch als eine Gefährdung ihrer Lebensqualität interpretieren, sah man diese vor allem gemindert durch den enorm angestiegenen Durchgangsverkehr als Folge der Grenzöffnung und die daraus sich ergebende Umweltbelastung. Direkte Auswirkungen der Wiedervereinigung auf den eigenen materiellen Lebensstandard glaubten die wenigsten erkennen zu können. Aber viele fürchteten doch, daß sie in Zukunft den Gürtel enger schnallen müssen, weil die Mittel knapper werden: *„Man hat das ja immer gehört. Wenn die da drüben jetzt unser Geld bekommen, was wird dann aus unserem Geld. Die Angst einfach, daß das gesparte Geld dadurch irgendwie an Wert verliert. In gewissem Maße stimmt das ja auch ein bißchen, wir müssen jetzt durch die hohe Verschuldung ja sicher mit einer höheren Inflationsrate rechnen als wir das vorher gehabt hattem. Irgendwie macht das schon Kopfzerbrechen".* Oder noch deutlicher: *„Und das wird teuer, haben wir uns ein bißchen übernommen durch die Wiedervereinigung".*

124

In Werda hingegen befürchtete man nicht eine Minderung der Lebensqualität für die Zukunft, man sah diese vielmehr als durch die neue Lage schon beeinträchtigt an. Dies betrifft zum einen die für viele neue Erfahrung von Hektik und Streßstituationen (auf diesen Aspekt wollen wir gesondert eingehen in Kapitel III B/2), zum anderen die materielle Situation, die manche Dinge nicht mehr erlaubt, die früher selbstverständlich waren: *„Fortgehen, wer geht denn heute noch fort. Muß man einen festen Arbeitsplatz haben, alles hat so happig angezogen. Das war früher das einzige, das du im Sinne gehabt hast, daß du einmal im Monat, mindestens einmal im Monat fortgegangen bist. Aber heute, kennen Sie die Bierpreise in der Stadt?"*. Angesichts der Überfülle des Warenangebots werden zudem die eigenen finanziellen Begrenzungen schmerzhaft spürbar: *„Früher hieß es: ich habe genug Geld, ich kann mir nichts kaufen. Und jetzt plötzlich: kann ich alles kaufen. So – und: habe plötzlich nicht mehr genug Geld, das Geld ist ja ständig alle, die Nebenkosten steigen auch, zu Recht oder Unrecht läßt sich darüber diskutieren, aber das will ich jetzt mal ausklammern. So, und plötzlich langt mein Geld nicht mehr, und das, bin ich der Meinung, das können eigentlich die wenigsten verkraften. Das kann ich nicht wegschnallen"*. Es ist also vor allem die aus dem Umbruch sich ergebende Unsicherheit und Unberechenbarkeit, die in Werda als Beeinträchtigung der Lebensqualität empfunden wird. Doch ist man allgemein der Überzeugung, daß das „Neue", dem man im großen und ganzen positiv gegenübersteht, zu bewältigen sein wird: *„Wir werden das schon lernen"*.

2. Die Bedrohung des Eigenen: Der andere Deutsche, Ausländer und Asylbewerber

Sehr eng mit dem Thema des Sicherheitsverlustes verknüpft ist das Thema „Fremde" im allgemeinen und „Ausländer" im besonderen. In unseren Gesprächen wurden zwar keine direkte Fragen über Stereotype und Vorurteile Fremden gegenüber gestellt, da derartige Ergebnisse wohl immer nur das bestätigt hätten, was ohnehin alle glaubten zu wissen, doch war das Thema „Ossis"/„Wessis" und „Ausländer" immer präsent. Die nachfolgenden Äußerungen sind alle im Zusammenhang mit anderen Fragen gefallen, vor allem mit der Frage nach den Integrationsmöglichkeiten von Zugezogenen in die Dorfgemeinschaft und mit der Frage nach den Ängsten und Sorgen, die man inbezug auf die nächste Zukunft hat.

Einander fremd geworden: „Ossis" und „Wessis"

Ostdeutsche und Westdeutsche betrachten sich nicht gegenseitig als „Ausländer". Nur in einem Gespräch in Regnitzlosau tauchte dieser Gedanke einmal auf: *„Also das war doch eigentlich ein fremder Staat für uns hinter der Mau-*

er, wir haben mehr mit Frankreich, Österreich und der Schweiz Beziehungen gehabt als mit der ehemaligen DDR ". Daß man zusammengehöre, daß man hüben wie drüben Deutscher sei, und daß dieses Faktum unbestreitbare „Gemeinsamkeiten" voraussetze, war in beiden Gemeinden eine nicht in Frage gestellte Selbstverständlichkeit. Viele der Befragten waren zwar der Überzeugung, daß man sich aufgrund der langen Trennung *„etwas fremd"* geworden sei, sich jetzt erst wieder kennenlernen müsse, daß „Ostdeutsche" und „Westdeutsche" aber *„ein Volk"* seien, daran zweifelte niemand. Ein Indiz dafür ist die große, in ein mehrtägiges Fest einmündende Euphorie, die in Regnitzlosau unmittelbar nach der Grenzöffnung um sich gegriffen und zu einer Welle der Hilfsbereitschaft geführt hat.

Auf Grund der langen Trennung und des fehlenden Kontakts, haben sich in beiden Gemeinden aber auch stereotypisierte Bilder des jeweils anderen Deutschen entwickelt, die trotz der vielen Begegnungen, die sich seit der Wende auf beiden Seiten ergeben haben, relativ stabil geblieben sind. Auffallend ist dabei, daß in Regnitzlosau deutlich mehr dieser „Ost-West-Stereotype" zu beobachten waren als in Werda. Doch nicht nur die ungleich höhere Zentralität dieser Stereotype im Westen ist bemerkenswert, auch die „negative" Wahrnehmung der anderen Deutschen ist in Regnitzlosau stärker ausgeprägt als in Werda. Kam in Regnitzlosau die Rede auf die „negativen Eigenschaften" der „Ostdeutschen", so wurde an erster Stelle deren *„unmögliches Fahrverhalten"* genannt. Wir mögen dies für belanglos oder vielleicht sogar für kindisch halten, für die Regnitzlosauer war dies ein ernstzunehmendes Problem, das – wie uns die Polizeidienststelle in Regnitzlosau bestätigte, zudem einen realen Hintergund (steigende Unfallzahlen mit anschließender Fahrerflucht) hatte. So meinte ein Frau: *„Jetzt mußt du aufpassen, daß sie dich nicht über den Haufen fahren. Vor allem die Sachsen, die fahren ja unmöglich, die fahren ja grundsätzlich über dem Mittelstrich"*. Und ihr Mann sekundierte: *„Da kann man bloß noch Feldwege fahren und die Abkürzungen finden sie auch schon noch raus"*. Ein anderer Mann wurde noch deutlicher: *„Wenn man die schon fahren sieht, das ist doch zum Himmel schreiend. Die haben doch teilweise durch ,ne Unterschrift von ,nem Polizisten den Führerschein gekriegt ... und wenn man das sieht, dann fragt man sich doch, warum greift da keiner ein"*. Doch nicht nur das Fahrverhalten der Ostdeutschen stört die Regnitzlosauer, auch deren mangelndes „Umweltbewußtsein" wurde vielfach beklagt: *„Und auch sonst, mit dem Papier, die schmeißen halt alles naus, also mit dem Müll, ich glaub, die nehmen ihren Müll von daheim mit und hauen ihn hier raus ... da kriegts schon dei Wut"*. Aber nicht nur individuelles Fehlverhalten wurde moniert, die Kritik am mangelnden Umweltbewußtsein der Ostdeutschen wurde in Regnitzlosau auch ins Grundsätzliche gehoben, indem in vielen Gesprächen auf die enorme Schadstoffbelastung „drüben" hingewiesen wurde. So meinte ein Mann: *„Die verwenden heute ja noch Pestizide. Bei uns tun sie jeden Bauern kontrollieren, ob er seine Sachen richtig lagert und da drüben treiben sie noch so eine Sauerei"*. Neben

diesen durchgängig geäußerten Vorbehalten, wurde in Regnitzlosau verein-
zelt noch auf andere „negative Eigenschaften" hingewiesen, die in dem Bild
zusammenliefen, die Ostdeutschen könnten noch nicht mit dem Geld umge-
hen, sie würden sich zu teure Autos auf Kredit kaufen, und könnten diese
jetzt nicht mehr abbezahlen, überhaupt seien sie zu anspruchsvoll und würden zuviel fordern. Auffallend war, daß in Regnitzlosau das in den alten Bundesländern so gern genannte Cliché, die Ostdeutschen wären „faul" und
könnten „nicht arbeiten", in keinem Gespräch erwähnt wurde. Im Gegenteil:
Den Ostdeutschen und insbesondere Sachsen wurde durchgängig nicht nur
Leistungsfähigkeit, sondern auch Leistungsbereitschaft attestiert. So meinte
einen Mann: *„Die Sachsen sind sehr agil. Die im Westen arbeiten, nimmt
man gar nicht mehr als Sachsen wahr. Die arbeiten wie wir, vielleicht sogar
noch mehr"*. Und ein Unternehmer bemerkte: *„Ich habe in meinem Betrieb
noch keine Schwierigkeiten gehabt. Die wollen alle viel Geld verdienen"*.

Insgesamt läßt sich für Regnitzlosau festhalten, daß trotz vielfältig vorhan-
dener negativer Stereotypisierungen, diese doch recht milde ausfallen. Das
liegt sicher zu einem Großteil daran, daß man inzwischen – bei Besuchen,
vor allem aber bei der Arbeit – einige Ostdeutsche kennengelernt hat und sie
einzuschätzen weiß, auch wenn, wie oft berichtet wurde, das Kennenlernen
anfänglich etwas Mühe bereitet hat: *„Entweder liegt das daran"*, meinte eine
Frau, *„daß die Leute irgendwo einen Minderwertigkeitskomplex haben aus
dem Osten, oder daß die das von drüben noch nicht so gewöhnt sind. Ich
weiß es nicht"*. Allgemein läßt sich die Einschätzung der Regnitzlosauer mit
den Worten des Filialleiters einer örtlichen Bank beschreiben: *„Die versuchen zu arbeiten und haben ihre Probleme mit der Umstellung. Im persönlichen Kontakt merkt man, daß das eben auch Deutsche sind und keine
schlechteren Menschen als wir"*.

Daß die „negativen Stereotype" nicht gänzlich verschwunden sind, liegt
wohl daran, daß viele Regnitzlosauer befürchten, die Wiedervereinigung
brächte – langfristig gesehen – Nachteile mit sich. Diese Befürchtungen beziehen sich nicht nur auf die zu erwartenden Steuererhöhungen und die steigende Inflation, sondern auf das historisch gewachsene, zählebige Stereotyp,
die Sachsen seien ein *„fixerer"* Menschenschlag und würden die *„behäbige-
ren"* Oberfranken auf lange Sicht hin wieder überrollen. Aus der Vergangenheit weiß man noch, daß es den Sachsen früher besser ging als den Oberfranken, die als die *„armen Verwandten"* galten, denen man insbeondere an Festtagen mal was Gutes bieten müsse, und befürchtet jetzt, daß dies in Zukunft
wieder so sein wird: *„Die Sachsen, das ist ein anderer Menschenschlag, sehr
flottes Mundwerk, lassen sich kein X für U vormachen, der Oberfranke ist
eher etwas vorsichtiger, bedächtiger und schaut erst mal zu, was da auf ihn
zukommt"*. Deshalb, aber auch aufgrund des Wegfalls der Grenzlandsubven-
tionen und der enormen Investitionshilfen für die „neuen Bundesländer", befürchten einige Regnitzlosauer – jedenfalls auf lange Sicht hin – geradezu die
Umdrehung des heute existierenden Wohlstandsgefälles von West nach Ost:

„Tagesgespräch bleibt für mich weiterhin eben jetzt noch das Problem zur DDR, zu der Entwicklung dort. Vielleicht ist das gar nicht so unberechtigt, wenn man sich zumindest gedanklich damit beschäftigt, denn das, was jetzt in der DDR produziert wird, das brauchen wir hier bei uns nicht mehr produzieren. Dort drüben haben wir jetzt einen Haufen Arbeitslose. Es wird umgekehrt werden. Das ist meine Vorstellung. Die Arbeitslosen kriegen wir". Viele der in Regnitzlosau vorhandenen negativen Stereotypisierungen der „Ostdeutschen" dürften auch Ausdruck dieser Befürchtung sein.

Auch in Werda waren stereotypisierte Bilder der Wahrnehmung der jeweils anderen Deutschen zu beobachten, aber sie nahmen in den Gesprächen erstens einen deutlich geringeren Stellenwert ein, zum anderen waren sie im Tonfall etwas moderater. Das hängt sicherlich damit zusammen, daß die direkte Begegnung mit „Wessis" in der Gemeinde geringer ausfällt als in Regnitzlosau die Konfrontation mit den „Ossis". Es liegt wohl aber vor allem daran, daß die meisten Werdaer dem westlichen System im großen und ganzen aufgeschlossen gegenüberstanden und seine Grundstrukturen im Kern bejahten – was von vorneherein eine allzu vehemente Kritik an den „Westdeutschen" verbietet. Natürlich wurden auch in Werda Geschichten von dem „arroganten Besserwessi" erzählt, der die unbedarften „Ossis" über den Tisch zu ziehen versucht und der mit unlauteren Methoden das schnelle Geld abzocken will. Fast jeder der Befragten berichtete von einem Fall, der sich im Nachbarort abgespielt hatte. Ein westdeutscher Spekulant wollte dort ein Pflegeheim übernehmen, um es anschließend als Immobilie auszuschlachten. Das Geschäft flog aber offensichtlich noch rechtzeitig auf, doch auch die Hoffnung auf neue Arbeitsplätze zerstob im Nichts: *„So und da haben sie ihn zum Teufel gejagt. Das war wieder einmal einer, ein Wessi, der wo es uns wieder einmal so richtig ausgeguckt hat"*. Doch wurde dieser Fall ebensowenig verallgemeinert wie die Geschichte von dem unseriösen Lederjackenhändler aus dem Westen, der unmittelbar nach der Grenzöffnung billige Ramschware zu überhöhten Preisen anbieten wollte. Man erkannte in Werda schnell, daß diese Art von Geschäftspraktiken zwar Bestandteil der Marktwirtschaft, aber nicht deren charakteristischer Ausdruck sind und sieht sich jetzt vor.

Das allgemeine Bild, das die Befragten vom Westen besaßen, ist durchaus positiv besetzt. Aussagen wie: „Ich würde sagen, daß jeder versucht, so gut wie möglich rauf zu kommen. Ich weiß auch nicht, aber ein ernsthaftes Zurück wünscht sich keiner, auf keinen Fall. Da versucht lieber jeder, die Marktwirtschaft einzusehen" oder: „Ich bin immer noch der Meinung, das ist gesünder, die Marktwirtschaft. Also die Marktwirtschaft, sehr gesund. Ich bin eigentlich dafür, daß das so funktioniert. Die Planwirtschaft, die wir hatten, ich meine, das konnte ja nicht gut gehen", spiegeln die Stimmung in Werda ganz gut wider. Was man den Westdeutschen ankreidet ist ihre Überheblichkeit und ihr mangelndes Einfühlungsvermögen. So sagte ein Mann: „Die Wessis kommen rüber mit der Einstellung, wir sinds und ihr seid nichts. Aber ihr könnt auch nicht mehr als wir". Und der Vorsitzende des Kleintierzüchtervereins wußte zu berichten: „Es ist eben immer noch so, daß ein Tier von hier im Westen keinen Preis holt, daß es minderwertiger eingeschätzt wird. Wenn die Vereine hier ausstellen würden, dann würde das keine Rolle spielen. Bei Preisrichtern von drüben werden da Unterschiede gemacht". Der Arroganz der Westdeutschen setzt man aber durchaus ein gesundes Selbstbewußtsein entgegen: „Man muß schon selber sehen, daß man raus kommt.

Abbildung 34: „Werda, ‚Aus alt mach neu!'"

Man hat alles selber in der Hand. Man muß also selber schauen, daß man festen Boden unter den Füßen kriegt und den kriegen wir schon". Deutlich wird diese Haltung auch in der Gemeindepolitik. So berichtete der Bürgermeister in Werda: *„Wir haben in der Gemeinde auch Berater abgelehnt. Wir kommen hin mit unseren Bürgermeistern aus der Partnergemeinde. Ich möchte nicht jemanden, der den ganzen Tag am Tisch sitzt und mich von der Arbeit abhält. Das möchte ich nicht. Das klingt vielleicht hart, wenn ich es so sage, aber es ist so".* Er fügte aber sofort hinzu: *„Wir fahren sonst wohin, lassen uns beraten, belehren, wir wollen lernen bei dieser ganzen Geschichte. Jede Veranstaltung, die uns geboten wird, nehmen wir wahr. Unsere Mitarbeiter nehmen an Lehrgängen teil, um das Neue zu verarbeiten. Es ist also nicht so, daß wir sagen, was von der westlichen Seite kommt, wird von uns abgelehnt – auf gar keinen Fall. Ohne eure Beratung, ohne eure Beratung geht gar nichts hier".* Und sein Stellvertreter fügt hinzu: *„Das Amt des Bürgermeisters ist schon schwierig, weil ja alles, was bisher Gültigkeit hatte, fast*

ohne Abstriche, kann man sagen, ungültig ist. Umsonst gelernt, umsonst ge-
herrscht. Alles, was jetzt aktuell ist, ist neu und man muß erst hineinwachsen.
Wenn Beratung nur belehrend und von oben herab geschieht, verfehlt das
seinen Sinn". Weder das westliche System noch die sich daraus ergebenden
Regeln und Standards werden also negiert, eher das Gegenteil trifft zu. So
erzählte eine Frau stolz von einem Fortbildungslehrgang, den sie bald besuchen wird: *„Ich werde jetzt Kauffrau auf westlichem Standard".* Wogegen
man sich allerdings zur Wehr setzt, ist jede Art von Bevormundung. Man
will über seine Geschicke selbst bestimmen, selbst die Entscheidungen treffen und sich nicht die Butter vom Brot nehmen lassen.

Ähnlich wie in Regnitzlosau ist auch in Werda zu beobachten, daß sich die
stereotypisierten „Fremdbilder" in dem Moment relativieren, in dem sich ein
persönlicher Kontakt zwischen Menschen aufbaut: *„Wenn man mit den*
Leuten selber zu tun hat, dann läufts einwandfrei". In diesem Sinne zeigten
sich auch viele Werdaer optimistisch, wie sich ihr Verhältnis zu den
Westdeutschen in Zukunft entwickeln wird: *„Der Gegensatz zwischen Ost*
und West ist nur ein äußerlicher und wird sich mit der Zeit geben".

Der „gewohnte Fremde"

Die Bereitschaft, mit den jeweils anderen Deutschen auszukommen, ist in
beiden Gemeinden zu beobachten – trotz oder gerade wegen der vielen kleinen Animositäten, die auf beiden Seiten existieren. Das einander Fremdge-
wordensein soll überwunden werden, man will sich wieder kennenlernen und
versucht dies auch. Das Zusammenwachsen tut zwar manchmal etwas weh,
aber dies ist in beiden Gemeinden kein Grund, den Prozeß abzustoppen. Anders gestaltet sich dagegen das Verhältnis zu „Ausländern", wobei in beiden
Gemeinden deutlich zwischen zwei Gruppen von ‚„Ausländern" unterschieden wird. Da sind zum einen die, die schon lange da sind, die hier arbeiten
und die man kennt. Mit diesen will man zwar nicht viel zu tun haben, hat sich
aber mit ihrem Dasein arrangiert. Den anderen, den „wirklich Fremden", den
„Durchreisenden", vor allem aber den „Asylanten" begegnet man in beiden
Gemeinden mit Mißtrauen, allerdings, und das verdient, festgehalten zu werden, weder mit direkter Feindschaft noch mit Haß. Unterschiede, diese
Aspekte betreffend, existierten in beiden Gemeinden nicht.

In beiden Gemeinden gab es bereits vor der Wende eine kleinere Anzahl
ausländischer Arbeitnehmer, die vor allem in den ortsänsäßigen Textilfabriken beschäftigt waren. In Regnitzlosau lebt seit Jahren eine kleine Gruppe
türkischer (Gast-) Arbeiterfamilien. Der Umgang mit ihnen ist problemlos:
sie leben weitgehend für sich und getrennt von der Dorfgemeinschaft, werden aber als Teil der Gemeinde akzeptiert. So sagte eine Frau: *„Es gibt eine*
ganze Menge türkischer Arbeitnehmer in der Fabrik, die aus meiner Sicht

kaum diskriminiert werden. Sie sind in der Dorfgemeinschaft nicht drin, aber sie gehören irgendwie dazu". Daß das Verhältnis freilich am Anfang durchaus nicht unproblematisch war, darauf weist folgende Aussage hin: *„Die Türken hier wurden am Anfang ein wenig geschnitten, da sie ja ihre Frauen noch nicht hier hatten und da mußten wir schon obacht geben".* Inzwischen hat man sich an sie gewöhnt, sie werden toleriert, auch wenn von einem Verstehenwollen ihrer Kultur nicht die Rede sein kann, wie die folgende Aussage deutlich macht: *„Die Türken wohnen schon lange hier, die sind noch zu einer Zeit gekommen, wo es noch gar keine Asylanten gab, aber integriert sind sie eigentlich nicht. Aber genauso geht es mir wahrscheinlich auch, wenn ich da drunten leben würde, mit der fremden Sprache und so ... aber für die hier ist Ausland ja nur Vergnügen, die können im Ausland ja Schnitzel essen".* Die Regnitzlosauer und ihre „Türken" leben nicht miteinander, sondern nebeneinander – allerdings, wie uns auch von der örtlichen Polizeidienststelle bestätigt wurde, weitestgehend konfliktfrei.

Ein ähnliches Verhältnis wie die Regnitzlosauer zu ihren „Türken", entwickelten die Werdaer zu ihren Vietnamesen: *„Die Vietnamesen haben nicht gestört. Mit denen konnte man sogar recht gut tauschen, die hatten oft Westgeld. Die haben gearbeitet und keinem etwas Böses getan".* Aber auch in Werda kann von Integrationsversuchen nicht die Rede sein, geschweige denn von einem sich Einlassen auf die fremde Kultur: *„Früher gab es mit Ausländern keine Probleme. Die waren ja alle von einer Nationalität ... nach dem Motto: Wir lassen Euch in Ruhe, Ihr laßt uns in Ruhe. Wir haben also keinen näheren Kontakt gesucht, also so nebeneinander hergelebt".*

Der „ungewohnte Fremde"

Während sich also der Umgang mit den schon länger im Dorf wohnenden „Ausländern" in beiden Gemeinden als problemlos erweist, so trifft dies auf die „wirklich Fremden" nicht ganz so zu. Die steigende Kriminalität wird von vielen Befragten in beiden Gemeinden mit „Ausländern" ganz allgemein in Verbindung gebracht. Insbesondere in der Umbruchsituation, in der sich beide Gemeinden sehen, wird der „Fremde", der die gewohnte Ruhe und Ordnung stört, oftmals als *„Sicherheitsrisiko"* empfunden. Zwar kam es in beiden Gemeinden auch je einmal vor, daß man „Wessis" beziehungsweise „Ossis" für im Dorf begangene Delikte verantwortlich machte, in der Regel aber wurde die angeblich gestiegene Kriminalität in Verbindung gebracht mit den „östlichen" Nachbarn, insbesondere mit den zahlreich aus dem benachbarten tschechischen Egerland einreisenden Sinti und Roma. Aussagen wie: *„Aber jetzt muß man vorsichtig sein, durch das, daß die Tschechen alle rüber können und die Polen, also da muß man schon vorsichtig sein, da muß man alles zusperren"* oder: *„Die Tür kann man nicht mehr auflassen, wenn die CS-Autos vorbeifahren",* waren in beiden Gemeinden des öfteren zu hören.

Konkrete Folgen haben diese Stereotype aber nicht. Man reagiert mit einem gesteigerten Mißtrauen und schließt sich gegenüber den „Fremden" ab. Eine offene Ausländerfeindlichkeit war weder in Werda noch in Regnitzlosau zu beobachten.

Diese Aussage gilt auch für das Asylproblem. Das liegt zum einen daran, daß es in beiden Dörfern keine „Asylanten" gibt. In Regnitzlosau sind in der näheren Umgebung keine Asylbewerber untergebracht und in Werda ist die Lage so, daß im etwa 5 km entfernten Nachbarort eine ehemalige Kaserne zur Unterbringung von Asylbewerbern hergerichtet wurde, man darüber im Dorf auch „Geschichten" erzählt, selbst aber noch kaum Erfahrungen mit diesen Menschen gemacht hat. In die Gemeindeschule sind inzwischen zwei Kurdenkinder aus diesem benachbarten Wohnheim für Asylbewerber eingewiesen worden, nach Auskunft der Lehrer ist der Umgang mit ihnen problemlos, im Gegenteil, sie werden durch ihre Mitschüler (und deren Eltern) sogar (materiell wie ideell) unterstützt. Allerdings muß für die Menschen die „Notlage" der Asylbewerber einsehbar sein. Das meinte auch ein in der Gemeindepolitik aktiver Regnitzlosauer: *„Wenn die Bevölkerung erkennt, es handelt sich um echte Notfälle, dann ist sie auch eher bereit, diese Leute zu akzeptieren"*. Allerdings: „Armut" allein gilt für die meisten der Befragten in beiden Gemeinden nicht als Not, „Krieg", „Vertreibung" oder „Naturkatastrophen" hingegen schon. Mit dem Begriff der „politischen Verfolgung" konnten die wenigstens etwas anfangen, er scheint zu abstrakt zu sein, um darin „individuelle Not" erkennen zu können. Es verwundert deshalb nicht, daß in beiden Gemeinden auch „Unmut" über die gegenwärtige Praxis des Asylrechts, insbesondere über die „Wirtschaftsasylanten" und deren materielle Versorgung laut wurde. In Regnitzlosau hielt sich diese Kritik in Grenzen, man hoffte nur, nie mit diesem Problem direkt konfrontiert zu werden. In Werda waren einige emotional stärker aufgeladene Äußerungen zu hören. So meinte ein zum Zeitpunkt der Befragung arbeitsloser Mann: *„Wenn man sich das überlegt, du hast Arbeitslosengeld hundertzwanzig Mark. Und wenn du da überlegst, was denen da hinein gesteckt wird, und vorige Woche haben sie sich wieder untereinander geschlagen. Zehn Minuten war die Polizei da drinnen. Und wo die raus kamen die Polizisten, die hatten zwei Polizeiautos mit, die hatten keine Reifen mehr, alle acht Reifen kaputt. Ich hab gesagt, du gehst mit hundertzwanzig Mark heim, ehrlich, und die da drüben werden unterstützt, da fragst du dich schon!"*. Es ist also nicht das Asylproblem an sich, das zu Kritik ermuntert und zu Klagen führt, sondern der subjektiv als „Gerechtigkeitslücke" empfundene Sozialneid, daß die „Asylanten" angeblich vom Staat mehr Geld bekommen als man selbst. Aber nur in ganz wenigen Einzelfällen führte dieser Unmut zu Forderungen, die man als „rechtsradikale Neigungen" bezeichnen könnte. So meinte der oben schon genannte Mann: *„Daß dadurch die nächsten Wahlen viel, viel anders ausfallen, das ist klar"*. Von diesen Einzelfällen abgesehen wird aber in beiden Gemeinden die Kritik an der gegenwärtigen Asylpolitik fast durchgängig mit der Absage an „Ausländerfeindschaft" und der Abgrenzung gegen „rechtsradikale Kreise" verbunden. So anworteten viele der Befragten in beiden Gemeinden auf die Frage, in welchen Kreisen sie ihre Kinder nicht sehen wollten, offen: „in rechtsradikalen Kreisen". Von einem „rechtsradikalen" Potential läßt sich also weder in Werda noch in Regnitzlosau sprechen. Allerdings bleibt die Frage offen, ob sich an dieser Grundhaltung etwas ändert, wenn beide Dorfgemeinschaften direkt mit Asylbewerbern konfrontiert werden, wenn diese als unüberschaubare Masse das eh schon verunsicherte Ordnungsgefüge der Gemeinden weiter aufbrechen.

3. Die Last der Zeit: Arbeitsanforderungen, Bürokratie und Umstellungsprobleme

Ein Thema, das vor allem die Menschen in der ostdeutschen Gemeinde stark beschäftigt, läßt sich mit dem Begriff „Die Last der Zeit" umschreiben. Geht man davon aus, daß die „Zeit" eine jener fundamentalen Kategorien ist, die eine Strukturierung der Wahrnehmung von „Welt" ermöglichen, so erscheint es auf den ersten Blick plausibel, daß sich mit dem historischen Umbruch, der sich 1989 in der ehemaligen DDR vollzog, auch einschneidende Veränderung in der Wahrnehmung von „Zeit" ergeben haben und dies auf mehreren Ebenen.

Die „Wende" als Beginn einer neuen Zeitrechnung

Eines der wesentlichen Hilfsmittel, mit der Menschen versuchen, den Lauf der unendlich dahinfließenden Zeit zu ordnen, ist die Einteilung der Lebenszeit in Abschnitte. Diese orientiert sich in der Regel an individuellen Schlüsselereignissen wie den Initiationsriten der Geburt bzw. der Taufe, der Konfirmation, der Hochzeit, der Geburt der Kinder, eventuell auch noch an als bedeutend eingeschätzten Situationen wie der Fertigstellung des eigenen Hauses oder des Abschlusses der Ausbildung. Diese Art der biographischen Fixierung im Strom der Zeit war in Regnitzlosau durchgehend zu beobachten. So begannen viele Antworten auf die von uns gestellten Fragen – insbesondere dann, wenn die Befragten etwas weiter ausholten und über ihr Leben berichteten – mit Worten wie *„Seit meiner Heirat"*, *„Seit der Geburt meiner Tochter"* oder *„Seit meiner Studienzeit"*. Direkte biographische Verortungen mittels „objektiver Daten" waren in Regnitzlosau nicht festzustellen. Ganz anders dagegen in Werda. Hier wurden erzählende Passagen in den Gesprächen sehr oft eröffnet mit Worten wie *„Seit der Grenzöffnung"* oder *„Seit der*

Wende". Daß die Wende für die Menschen in Werda einen offensichtlichen Bruch auch in ihrer Biographie darstellt, zeigt sich insbesondere in der Bedeutung, die dem Wort „früher" in beiden Gemeinden gegeben wurde. Wurde in Werda von „früher" gesprochen, so hieß dies in fast allen Fällen, daß man die Zeit vor der Wende meinte, wie exemplarisch in der Aussage eines Mannes deutlich wird: *„Das gab es früher hier nicht. Seit der Wende ist das schon besser, seit wir wieder in Deutschland sind".* In Regnitzlosau hingegen steht das Wort „früher" meist einfach für *„vergangene Zeiten"* wie *„vor zwanzig Jahren"* oder *„in meiner Jugendzeit".* Zu erkennen ist diese Art der Verwendung in der Aussage eines Mannes, in der er diese „vergangenen Zeiten" beschrieb: *„Ich überleg mir bloß oft mal, wie das eigentlich früher war. Früher ist hier Samstags noch gearbeitet worden. Früher mußte man noch Kohlen holen. Früher hat man keine Geschirrspülmaschine gehabt".* Natürlich wurden auch in Regnitzlosau Vergleiche zwischen der Zeit vor und nach der Wende vorgenommen, aber eben nur nebenbei. Es war deutlich zu merken, daß das Ereignis nicht denselben Stellenwert beanspruchte wie in Werda. In Regnitzlosau bedeutete die Wende nur einen kleinen Einschnitt im Leben, das danach aber im großen und ganzen genauso weiterlief wie vorher auch. In Werda hingegen wurde die Wende als ein radikaler Bruch erlebt. Sie markierte sozusagen den Beginn einer neuen Zeitrechnung.

Die Beschleunigung der Zeit

Die „neue Zeit", die mit der Wende in die geordnete Lebenswelt der ostdeutschen Gemeinde einbrach, war nicht nur nur eine andere als die gewohnte, sie war vor allem auch eine schnellere. Der Umbruch, der im Kern ein Einbruch des „Fremden" war, verursachte bei vielen etwas, das man als permanente Atemlosigkeit bezeichnen könnte. In allen Gesprächen mit den Befragten, aber auch beim „small talk" in den Gaststätten oder auf der Straße, wurde immer wieder darauf hingewiesen, *„daß einem die Zeit jetzt davonrenne".* Aussagen wie: *„Die Zeit ist nicht mehr da", „Keiner hat mehr Zeit"* oder: *„Ich habe kaum mehr Luft zum Atmen"* waren nicht nur durchgängig zu hören, es war ihnen anzuhören, daß sich in ihnen ein ernstes Problem Ausdruck verschaffte. Zwar reklamierte auch mancher der Befragten im Westen eine gewisse Zeitknappheit für sich, doch merkte man diesen Aussagen ihren routinemäßigen Charakter deutlich an. Einige schienen direkt stolz darauf zu sein, keine Zeit zu haben. Doch nicht nur das „Davonlaufen der Zeit" wurde in Werda beklagt, als genauso störend und lästig wurde empfunden, daß alles so unruhig, unüberschaubar und unberechenbar geworden sei: *„Wir sind zu DDR-Zeiten geboren und sind hier aufgewachsen. Wir hatten unseren Rhythmus".* Und eine andere Frau meinte: *„Früher hattest Du Deinen Trott. Den hast Du jetzt nicht mehr".* Die gewohnten und eingespielten Zeitstrukturen und Zeitrhythmen sind seit der Wende weitgehend außer Kraft gesetzt, an die neuen Rhythmen, die wesentlich durch die gestiegenen Arbeitsanforderungen bestimmt sind, muß man sich erst gewöhnen und das dauert seine Zeit.

Arbeitsanforderungen

Die „neue Zeit" wird in Werda also vor allem in der Form von „Hektik" und „Stress" erlebt. Die Bewältigung der vielen neuen Aufgaben kostet Zeit, wirbelt das bisher sorgfältig gepflegte Zeitbudget durcheinander. An erster Stelle stehen dabei die gestiegenen Arbeitsanforderungen, das schnellere Arbeitstempo und das größere Maß an Flexibilität, das den einzelnen jetzt abverlangt wird. Exemplarisch wird dies in der Aussage eines Mannes deutlich, der sich nach der Wende selbständig gemacht hat: *„Und jetzt sieht es aber so aus, daß halt die Arbeitszeit für die, die halt einen Job haben, doch länger geworden ist, daß man eine Stunde nicht angucken kann, daß man auch einmal länger machen muß. Viele, die sich selbständig gemacht haben, die irgendwie unternehmerisch tätig sind, und das betrifft mich auch mit, dann kann ich eine Stunde nicht mehr angucken. Da geht es jetzt halt früh um 8 Uhr los und dann geht es bis Mittag um 12, so ein ganz klein flexibel Mittag 10 Minuten, und dann geht es weiter bis 18 Uhr, 19 Uhr, unter Umständen 20 Uhr, und das geht vielen so, der Sonnabend wird oft noch rangehängt und damit ist die Zeit weg".* Und er resümiert: *„Da haben wir also voriges Jahr nur sieben Tage Urlaub gemacht. Das ist dann das erste Jahr vollständige Marktwirtschaft gewesen, und so geht es einigen. Gut, es gibt auch welche, die haben ihre Festarbeitszeit, ist auch klar. Aber ein bißchen Flexibilität wird von den Leuten schon verlangt. Also wenn es heißt, zwei Stunden länger wird heute gemacht, und das kann passieren, daß ich das früh noch nicht weiß und am Nachmittag noch nicht weiß".* Aussagen wie: *„Wir, die wir beide glücklicherweise Arbeit haben, wir haben Stress bis zum Geht-nicht- mehr",* waren in Werda an der Tagesordnung. Der westliche Arbeitsstil fordert die Menschen heraus, wobei bei einigen noch zusätzliche Belastungen, wie Schichtarbeit und der Zeitverlust durch die länger gewordenen Anfahrten zum Arbeitsplatz hinzutraten. So meinte eine Frau: *„Also ehrlich, jetzt bist du geschaffter. Wie mein Mann, wenn der heim kommt, dann schläft der erst mal. Der steht jetzt meistens um drei auf, jetzt arbeiten wir wieder Sonnabend, was früher alles nicht war. Früher, da haben wir Radtouren unternommen, das ist alles eingeschlafen. Mit den anderen zusammen, da haben wir Picknick gemacht im Wald, das ist alles nicht mehr. Teilweise ist der Streß viel größer geworden. Keiner hat mehr Lust dann. Wenn sie frei haben, sagen sie alle: ‚Hab keine Zeit. Kaputt. Mal ausruhen'".* Und ihr Mann fügte hinzu: *„Wenn ich heimkomme, dann bin ich fertig, da hab ich keine Interessen mehr".*

Während die meisten der Befragten diese höheren Anforderungen für sich akzeptieren, weil *„man jetzt auch besser verdiene",* gab es doch auch einige, die sich dem gestiegenen Druck widersetzten oder ihm wenigstens entgegenarbeiten wollten. So meinte ein Handwerker: „*Also ich als Privater, ich hab wenig Freizeit. Aber ich richte es mir so ein, daß ich normal auch ein wenig daheim bin. Denn ich müßte, so wie ich Aufträge habe, Tag und Nacht arbeiten. Das kann ich nicht verkraften. Und das will ich auch nicht. Sonst hat man ja gar nichts vom Leben*". Und ein Familienvater sah gerade seine Aufgabe darin, seine Kinder vor der neuen Betriebsamkeit zu schützen: „*Ich sage meinen Kinder immer: Ruhe, nicht so Hektik und Streß. Nicht: ‚Du mußt jetzt nachmittags um 2 Uhr die Hausaufgaben machen. Und die Ruhe haben meine Kinder. Ich sag immer: ‚Na nimm dir doch Zeit! Iß doch in Ruhe!‘. So wie die Zeit jetzt ist. So hektisch und unruhig*".

Abbildung 35: „Werda, ‚Arbeiten der alten Art‘"

Bürokratie

Es sind aber nicht nur die gestiegenen Arbeitsanforderungen, die belasten und die Zeit kosten. Fast ebenso häufig wie auf diese, wurde in den Gesprächen auch auf die „*bürokratische Flut*" hingewiesen, mit der man jetzt fertig werden müsse: das Ausfüllen von Anträgen bei den Ärzten und auf dem Gemeindeamt, das Abschließen von Versicherungen, das Anlegen von Geld auf der Bank. Alles das ist neu: „*Jetzt hat man soviel Papierkram. Früher ging alles pauschal, man hat seine Sache gehabt und jetzt gibt es mehr Bürokratie. Man hat mehr Behördengänge*". Die eingespielten Routinen beim Arztbesuch, bei Bauanträgen, bei der Zulassung der PKWs gelten plötzlich nicht mehr. Neue Verfahren sind zu erlernen. Und das macht Schwierigkeiten, kostet Zeit und wird als „Streß" erfahren, wie uns beispielhaft der praktische Arzt in Werda erläuterte: *„Ja, das stimmt. Bei manchen bricht regelmäßig die Welt ein. Ich meine, nach außen hin versucht man, sich toleranter zu geben, aber man merkt den Leuten den Streß an. Wie gesagt, mit den Formularen, ich kanns wiederum nur nach meinem Fachgebiet beurteilen. Wenn sie über die Helferin ein Formular ausschreiben, so jetzt gehen sie mal dahin, beantragen? – Puh! Können Sie das nicht für mich machen? – Ich sage: Ne, ne, können Sie mal selber machen. Es ist so, es ist so. Weil früher ging das alles ohne Zettel, alles ohne Zettel".*

Hinzu kommt, daß man nicht nur in bekannten Situationen umlernen muß, sondern daß vollkommen neue Situationen auftreten, die den Menschen Entscheidungen abverlangen, die man bisher nicht treffen mußte: Welche Versicherung schließe ich bei wem ab? Wie und bei welcher Bank lege ich mein Geld an? Welche Belastung kommen bei der Aufnahme eines Kredits auf mich zu? Kann ich Wohngeld beantragen und was muß ich dafür tun? Bekomme ich Arbeitslosenunterstützung und wie geht das? Wie beantrage ich ein Telefon? Dementsprechend groß ist der Beratungsbedarf, der sich nicht nur, wie uns sowohl in der Kreissparkasse als auch im Gemeindeamt in Werda bestätigt wurde, in vielfältigen Hilfegesuchen niederschlägt, sondern auch dazu führt, in Gesprächen mit Verwandten und Bekannten Entscheidungen vorzubereiten. So berichtete die Filialleiterin der Kreissparkasse: *„Die lassen sich alle gern beraten, kommen ohne Vorbehalte, ohne daß sie sich vorher informiert hätten, das ist der größte Teil. Die Beratungsgespräche dauern so 10 bis 15 Minuten, aber es gibt manche, die wollen gar nicht gehen".* Die Klage, daß man keine Zeit mehr habe, gründet wohl auch auf der Tatsache, daß die arbeitsfreie Zeit jetzt dafür gebraucht wird, sich über das Neue zu informieren, sich in Beratungsgesprächen oder Erfahrungsberichten verlorengegangene „Sicherheiten" zurückzuholen.

Einkaufen

Nicht in dem gleichen Maße, aber doch auffallend oft, wurden als Ursache des Streßes, die Unruhe und die Umstellungsprobleme genannt, die jetzt beim Einkaufen eintreten. Sowohl der ortsansässige Metzgermeister als auch die Filialleiterin des Supermarktes wußten davon zu berichten, wie sorgfältig einige Kunden jetzt die Ware auswählen und die Preise vergleichen. Das ungewohnte Angebot unterschiedlicher, mit einander konkurrierender Produkte schien einige Werdaer – jedenfalls am Anfang – zu überfordern: *„Dieselbe Ware hier für fünfzig Mark und hier für vierzig Mark und dort für achtzig Mark".* Man lernte zwar schnell, daß es sowohl Qualitätsunterschiede als auch Preisunterschiede gibt, doch diese zum eigenen Vorteil auch auszunutzen, kostet eben Zeit. Deutlich wird dies in der Schilderung der Filialleiterin des örtlichen Supermarktes, wie ihre Kunden auf „Sonderangebote" reagiert haben: *„Unsere Kunden müssen sich erst daran gewöhnen, daß der Konsum so was auch macht, nicht bloß Komet und so. Am Anfang wollten sie überhaupt nicht. Was soll das, ein Schild am Regal, waren früher sehr skeptisch. Aber jetzt kommen sie mit der Zeitung rein und fragen, wo ist der Artikel"*. Das Umlernen war schwierig und führte bei einigen auch zu einer Relativierung früherer Einschätzungen. So verglich eine Frau die jetzige Situation mit der in der ehemaligen DDR und gelangte zu dem Schluß: *„Nur vom Anstellen, da haben wir gedacht: ‚Mensch, ist das ein Streß!'. Jetzt wissen wir, was die gemeint haben. Wir haben tatsächlich ruhiger gelebt"*.

Freizeit

Alle diese Umstellungen, mit denen die Menschen in Werda zu kämpfen haben, gehen zu Lasten der Freizeit. Dies zeigt sich zum Beispiel in der Tatsache, daß im Vergleich zu Regnitzlosau das Thema Freizeit in den Gesprächen in Werda einen deutlich geringeren Umfang einnahm. Während die Regnitzlosauer viel und gern über ihre unterschiedlichen Freizeitaktivitäten berichteten, herrschte in Werda die Meinung vor: *„Aber ich sehe jetzt zum Beispiel im Sport keinen Sinn. Arbeit ist jetzt wichtiger als das bißchen Amateursport das wir hier machen"*. Und ein anderer Mann meinte: *„So direkt Freizeit, das machen die wenigsten hier. Die Älteren schon gar nicht. Die Jüngeren vielleicht, die nächste Generation vielleicht. Also zu Minigolf hätte ich gar keine Zeit dazu"*. Auch wurde vielfach beklagt, daß Hektik und Stress die kleinen Annehmlichkeiten des Alltags, das Gespräch mit dem Nachbarn über den Gartenzaun hinweg, den Plausch beim Einkaufen, beinträchtigt hätten. So meinte eine Frau auf die Frage, ob man mit den Nachbarn regelmäßig Kontakt pflege: *„Früher immer. Aber jetzt, es hat ja keiner mehr Zeit"*. Und ein Mann sagte: *„Früher als man mehr Zeit hatte, war man auch mit den anderen mehr zusammen, man hat sich auf der Straße öfters getroffen, das hat jetzt nachgelassen. Man bekommt auch privat weniger Besuch als früher. Die Leute wollen nach der Arbeit ihre Ruhe, haben die Schnauze einfach voll"*.

Auswirkungen hat dieser Zeitmangel insbesondere auf das Vereinsleben in Werda. Fast alle Vereinsvorsitzenden beklagten, daß die Trainings- und Übungsstunden schlechter besucht werden, daß einige Mitglieder ihre ehrenamtliche Tätigkeit reduziert, wenn nicht sogar eingestellt hätten. So stellte der Vorsitzende des Kleintierzüchtervereins fest: *„Durch die Wende gab es keinen Mitgliederschwund. Aber durch die Arbeitssituation gab es Veränderungen. Viele arbeiten auswärts, also Richtung Westen, die kommen genau wie ich spät heim, und das hat uns einen Abbruch von 20% gebracht. Zur Zeit sind die Menschen halt erst einmal mit sich selbst beschäftigt"*. Bei der Freiwilligen Feuerwehr führt die neue Situation sogar zu einer Beeinträchtigung der Einsatzbereitschaft, wie ihr Leiter bekundete: *„Früher haben die*

Mitglieder alle am Ort in der Textilindustrie gearbeitet. Jetzt arbeitet fast die Hälfte der Aktiven in Hof, so daß es schwierig ist, im Ort tagsüber genügend Leute zusammenzubringen". Trotzdem: Ein Zurück zu den alten Verhältnissen wünscht sich in Werda niemand mehr. Zwar wurde durchgehend die größere Ruhe und Behäbigkeit des Lebens in der ehemaligen DDR betont, aber man ist durchgehend der festen Überzeugung, die „neue Zeit", die ja auch ihre Vorteile habe, bewältigen zu können: *„Aber zurück, nein. Die DDR war mehr menschenfreundlich. Man hat mehr Sicherheit gehabt. Es ging alles seinen Gang. Aber die Zeit ist jetzt auf alle Fälle besser, man hat mehr Chancen zum Aufsteigen. Es ist jetzt aber alles viel härter geworden. Aber man gewöhnt sich daran. Man muß sich jetzt mehr reinknien, aber irgendwann weiß man gar nicht mehr, wie es vorher war".*

4. Das Ende der Gleichheit: Soziale Differenzierung, Wohlstandsgefälle und Sozialneid

Die in vielerlei Facetten geschilderten Ansichten der Werdaer Bürger über die Gewinne und Verluste im Gefolge der Wiedervereinigung lassen sich in der durchgängig geäußerten Meinung bündeln, daß die insgesamt als positiv gewerteten politischen und wirtschaftlichen Veränderungen seit der Wende mit einem Verlust an Sicherheit und Geborgenheit, mit einer Verkomplizierung des Gewohnten, Selbstverständlichen und Eingelebten verbunden seien, die letztlich mit dem Verlust der Gemeinschaft bezahlt werden müsse. Obwohl der sozialistische Traum von einer Gesellschaft der Gleichen unter den Bedingungen des real existierenden Sozialismus nur von den wenigsten Bürgern als eine auch nur in Ansätzen realisierte Utopie erfahren wurde, so hat doch die durch staatliche Direktive zementierte Egalisierung der ökonomischen Zugangschancen und persönlichen Entfaltungsmöglichkeiten eine „Notgemeinschaft" entstehen lassen, deren ökonomischer „Notstand" als gemeinschaftlicher „Wohlstand" gewertet werden konnte. Da jeder vom anderen wußte, was er in der Lohntüte mit nach Hause brachte – und zwar ohne dem sozialen Absturz durch eine drohende Arbeitslosigkeit ausgesetzt zu sein – konnte der Neid, den Helmut Schoeck als einen wirkungsvollen Schmierstoff sozialer Differenzierung bezeichnet hat[54], keine die Individualisierung befördernde Wirkung ausüben. Auf dem Boden dieses sozialen Grundmusters einer nicht nur prinzipiellen, sondern auch real existierenden Gleichheit, konnten ganz bestimmte, gleichgerichtete und auf Gegenseitigkeit beruhende Ansprüche an die zusätzliche Leistungs- und Belastungsfähigkeit der Familie, der Nachbarn und Freunde gestellt werden. Ökonomische Gleichheit be-

---

54 Vgl. Schoeck 1980.

deutete daher nicht nur, daß jeder über die gleichen, geringen finanziellen Mittel verfügte, für die er sich nicht das kaufen konnte, was er wollte. Gleichheit bedeutete auch, daß man das zum Leben Notwendige, wie auch jede Realisierung des kleinen Glücks (Reparatur des Trabis, Bau einer Datsche, Verschönerung des Heims) nie gegen, sondern nur mit den Anderen bekommen und verwirklichen konnte. Getreu der Devise: „Ordne Dich ein und hänge Deine Träume tiefer, damit es Dir wohl ergehe auf Erden" wäre jeder Versuch, Andersartigkeit, Besonderheit zu zeigen, als ein Verstoß gegen die gemeinschaftlichen Werte geahndet worden.

Sozialneid

Die Möglichkeiten des Unterscheidens waren begrenzt durch die Art der verfügbaren Warenmenge. Man mußte sich bei dem staatlich verordneten Einheitskonsum schon etwas einfallen lassen, um Aufmerksamkeit zu erlangen.

Abbildung 36: „Werda, ‚Aufbruch zum Luxus‘"

Das beförderte eine Bastlermentalität, die von Improvisation und dem Sozialkapital guter Beziehungen lebte. Man lebte in der Atmosphäre „einer Betriebsgemeinschaft"[55], in der man zwar erkennbar sein aber nicht auffallen wollte. Alles dies hat sich nach der Wende grundlegend geändert.

---

55 Neckel 1993, S.188.

Abbildung 37: „Werda, „Freundschaft und Zusammenhalt‟‟

Das Geld rückt in den Vordergrund, der Besitz bestimmter Waren erzeugt Neid, die Protzerei und Prahlerei mit dem, was man hat gegenüber denjenigen, die es sich (noch nicht) leisten können, beginnt das allgemeine Klima zu vergiften. *„Geld war ja uninteressant. Untereinander hat die Gemeinschaft jetzt doch gelitten. Die zwischenmenschlichen Beziehungen sind nicht mehr da. Wenn du Geld hast, kannst du alles kaufen. Früher hattest du einen Kollegen, der dir geholfen hat. Und später hast du ihm eben geholfen"*. Mit der steigenden Verfügung über Geldmittel ändert sich die Bereitschaft, für andere unentgeltlich zu arbeiten. Die Möglichkeit einer finanziellen Entlohnung entbindet von der Verpflichtung zu gegenseitiger Hilfeleistung und führt zu einer Anonymisierung der in Anspruch genommenen Dienste. *„Der Zusammenhalt unter den Leuten, der war echt in einer Notsituation besser. Und das hat sich jetzt geändert. Ich meine, der Abstand zwischen arm und reich ist elend größer geworden. Die Leute sind viel reservierter und mit mehr Vorbehalten jetzt. Das heißt, sie wollen sich nicht mehr in die Karten gucken lassen. Und das gab es früher eigentlich nicht. Früher saßen alle im gleichen Boot, die sozialen Unterschiede waren nicht da. Jeder wußte, was der andere verdiente. Es gab keine sozialen Unterschiede, auch nicht am Biertisch. Ich will es mal so sagen. Man hat sich, psychisch gesehen, wohl gefühlt. Der Bürger war in der Beziehung verwöhnt, rein von der psychischen Sozialvariante war er verwöhnt. Er war nur nicht mit materiellen Dingen verwöhnt, weil es eben alles zum Nulltarif gab"*.

Verklärung der Vergangenheit

Die Verklärung der unmittelbaren Vergangenheit, die als überschaubar, unkompliziert und ruhig vorgestellt wird im Vergleich zu den Anforderungen eines Kapitalismus, der die Jagd nach dem schnöden Mammon zu seinem obersten Gesetz erklärt, läßt selbst den Sozialismus in einem rosigeren Gesicht erscheinen. *„Der Gedanke des Sozialismus ist nicht das Schlechteste. Nur, der klappt nicht. Der Grundgedanke ist nicht übel, habe ich immer gesagt. Nur, wer hat ihn bisher ordentlich praktiziert?"* Der Kapitalismus, so befürchten viele, wird die Unterschiede zwischen den Menschen befördern und die Gleichheit beenden. Seine Profiteure sind die Reichen: *„Wer hat, dem wird gegeben"*. Der *„kleine Arbeiter"* aber wird aus diesen Veränderungen schlechter herauskommen, als er in sie hineingeriet. *„Im Grunde genommen hat jeder seine Sicherheit gehabt. Das gibts nicht mehr. Und damit müssen ja nun auch die kleinen Leute fertig werden. Alle"*. Wer sich seine eigenen finanziellen Sicherheiten schaffen kann, wird aus den neuen Umständen gewiß seinen Vorteil ziehen. Alle anderen haben das Nachsehen. Es ist daher kein Wunder, wenn sich gerade die kleinen Selbständigen bitter darüber beklagen, daß ihre Nachbarn und Kunden kein Verständnis mehr dafür aufbringen, daß die ehedem aus dem Motiv der Gegenseitigkeit heraus geleistete

Hilfestellung nun nicht mehr ohne eine solide „Verrechnungsbasis" geleistet werden kann. Der Neid und die Mißgunst gehen sogar so weit, daß sich ein kleiner Unternehmer, der vor der Wende nie mit dem Gedanken gespielt hatte, einen Ausreiseantrag zu stellen, sich heute fragt, ob es für ihn und sein Geschäft nicht besser sei, in einen anderen Ort zu ziehen, um dort *„in einer gewissen Anonymität, also, wo mich keiner kennt, noch einmal neu anzufangen"*. Wer selbst diese Alternative, nämlich wegzuziehen, nicht hat, für den gilt in der Mehrzahl, daß er den alten Verhältnissen zwar nicht hinterhertrauert, ihren „Wert" aber doch genau abzuschätzen weiß: *„Das ganze Soziale ist ja jetzt alles ein bißchen nicht mehr so wie es früher bei uns war. Ganz so sicher sind wir nicht mehr"*. Früher, so sagen dagegen alle Befragten in Werda, *„früher war es ruhiger. Der Kampf am Arbeitsplatz war nicht so. Jetzt wird man wegen jedem kleinen Ding sofort verpfiffen. Der Egoismus wurde aufgebaut"*.

Ökonomisierung der Verhältnisse

Es ist daher nicht verwunderlich, wenn eine ganze Reihe von Befragten in Werda den Verlust ihrer Gemeinschaft der allgemeinen Ökonomisierung der Verhältnisse anlasten. Das Geld ruiniert die Gemeinschaft, weil es die Gleichwertigkeit der Menschen und damit das Gefühl ihrer gegenseitigen Achtung aufhebt. Wer sich nur aus seiner Partizipation am Warenverkehr begreift, sucht nicht die Wärme und Geborgenheit einer Gemeinschaft, die eben nicht auf der Ökonomisierung ihrer Sozialbeziehungen beruht. *„Das Geld hat sich auf die Dorfgemeinschaft negativ ausgewirkt, ganz bestimmt. Vor allem durch den Neid, wer das größte Auto hat und wer als erster so ein Auto hat und wer zwei hat. Unser Nachbar z.B. da drüben war immer schon Partei und treu und Linie und hat alles mitgemacht. Die waren die ersten, die ein neues Westauto hatten. Die hatten einen Golf geschenkt gekriegt von drüben. Auf einmal hatten die Westverwandte, früher nie. Gebrauchten Golf geschenkt gekriegt und dann noch einen roten! Rote Farbe! Und dann hat der jeden Abend sein Garagentor aufgemacht, mit Licht, wie es dunkel war, damit jeder seinen Golf sieht. Solche Sachen gibt es oder gab es"*. Ganz instinktiv begreifen die Bürger Werdas in diesen Zeiten des Umbruchs, daß mit dem wachsenden Wohlstand nicht nur das Ausmaß an sozialer Differenzierung und Individualisierung steigt, sondern sich der Erbfeind jeder Gemeinschaft in den Herzen ihrer Verwandten, Nachbarn und Freunde einzunisten beginnt: Der Neid. *„Ich würde sagen, ich bin in dieser Beziehung vorsichtig. Auf dem Dorf, wenn irgend jemand mal etwas gemacht hat, ob es gut oder böse war, konnte man damit rechnen, daß es in einer guten Stunde rum war. In der Beziehung muß man jetzt wirklich vorsichtig sein, denn was die Leute einem so nachreden können, und was die aus nichts machen können, das ist oft ganz schön hart. Jetzt ist es noch schlimmer geworden, weil der eine dem* *anderen nichts mehr vergönnt. Ja, den Neid, den merkt man schon. Jetzt verstärkt".*

Insbesondere die Kinder, die den äußeren Genüssen, Versprechungen und Möglichkeiten eines potentiell unbeschränkten Konsums einen ganz anderen Reiz abzugewinnen vermögen als ihre Eltern, erscheinen besonders gefährdet. *„Ich war letztens bei einer ehemaligen Lehrerin, die sagt auch, es zählt bei den Kindern nur noch, wieviel sie in der Schrankwand stehen haben, was sie für ein Auto haben, was sie eben besitzen. Das bedauer ich eigentlich, wenn das nur in die Richtung laufen würde".* Der Übergang von einem kollektiven Status zu einer als defizitär empfundenen Individualität[56] ist schmerzhaft und mit einer ganzen Reihe ungewohnter Enttäuschungen verbunden, die alle verkraftet werden müssen. Dazu gehören auch solche „neuen Erfahrungen", wie man sie im Gefolge eines wachsenden Geizes bei den ansonsten als freigebig eingeschätzten Nachbarn machen kann. So berichtete eine Befragte: *„Die Leute sind auch geiziger geworden. Ich hatte ja schon zu DDR-Zeiten einen Laden. Da hat nie einer von hundert sich meinetwegen fünf Pfennige wiedergeben lassen, was ich jetzt immer habe. Und wenn es ein Pfennig ist. Die Leute lassen sich jetzt rausgeben. Das kannte ich früher nie. Oft fünfzig Pfennige, eine Mark, immer war das so. Also, das merkt man ganz deutlich, daß im Umgang mit dem Geld das Verhältnis ganz anders geworden ist".* Und eine Andere erzählte: *„Früher war man auf dem Tanz viel spendabler. Es war auch viel mehr los. Jetzt schaut jeder nur noch auf sein Geld. Und jetzt ist es zum Beispiel wichtig, was man für ein Auto fährt".* Das Resultat dieser für alle neuen Entwicklung – jedenfalls sehen es viele Werdaer so – ist „ein depressiver Zwangsindividualismus, der auch durch die gestiegenen Konsumchancen nicht dauerhaft aufzuhellen ist".[57]

Es ist auffallend, daß sich die Werdaer Bürger nicht im Längs-, sondern im Querschnitt vergleichen. Sie bemessen ihre eigenen Lebensumstände nicht mehr an der eigenen Vergangenheit, sondern an dem, was zeitgleich in den anderen Teilen des Landes – oder eben in der Garage des Nachbarn – vorhanden ist. Die Ärmel aufkrempeln, das kannte man ja schon. Was man jetzt will, ist leben und am allgemeinen Wohlstand partizipieren. Aber dieser Wohlstand, den man erstrebt, bedroht gleichzeitig auch die eigenen Lebensgrundlagen, ohne die man in der dörflichen Gemeinschaft nicht leben zu können glaubt. *„Was die Leute am meisten bedrückt ist mit Sicherheit das Geld, will ich mal sagen. Es wird mit Sicherheit so sein, denn das Geld reicht von vorn bis hinten nicht. Das sehe ich auch ein ganzes Stück gefährlich, dieses Geld, das Materialistische. Also, das ist hier noch viel stärker als vorher. Bei uns hat sich früher nicht so alles um das Geld gedreht. Erst hieß es, ich habe genug Geld und kann mir nichts kaufen und ich habe Freude, wenn ich mal etwas erwische. Und jetzt plötzlich kann ich alles kaufen, ich kriege*

---

56 Vgl.: Neckel 1993, S.82.
57 Neckel 1993, S.190.

alles, was ich kaufen will, aber ich habe plötzlich nicht mehr genug Geld.
Und das, da bin ich der Meinung, können eigentlich die wenigsten verkraf-
ten. Ich fürchte auch, daß sich die Menschen charakterlich ändern. In der
näheren Zukunft, denke ich, wird das schon passieren. Das so kamerad-
schaftliche und kollegiale Verhältnis, was Nachbarn mitunter hatten, was so
verschiedene Ortsteile ausgezeichnet hat, ich glaube nicht, daß das über die
Jahre zu retten ist. Ich denke, daß es Reibereien geben wird, aber es wird auf
jeden Fall Arme und Reiche geben". Und in einem anderen Interview war zu
hören: *„Früher war es ganz normal, daß man einem anderen geholfen hat,*
aber jetzt, da heißt es schon einmal ‚Das mache ich nur für 10 Mark die
Stunde'".

Soziale Differenzierung

In der ostdeutschen Gemeinde wird die zunehmende Bedeutung des Geldes
also unter zwei Aspekten beklagt: Zunächst haben die Menschen Schwierigkeiten, in dem für sie relativ neuen System der freien Marktwirtschaft mit
dem knappen Gut Geld bei gleichzeitig ständig steigendem Warenangebot
umzugehen. Die Neuorientierung am Markt fällt schwer, da die früheren
Verhältnisse eher umgekehrt waren: In der Regel war man monetär abgesi-
chert, entbehrte jedoch der Möglichkeit, das Geld nach eigenem Belieben
auszugeben. Andererseits befürchten viele Befragte Auswirkungen im mit-
menschlichen Miteinander, wie z.B. das Verschwinden kameradschaftlicher
und kollegialer Verhältnisse. Diese Befürchtungen gehen so weit, daß man
die Dorfgemeinschaft als gefährdet einschätzt. In diesem Zusammenhang
berichten mehrere ostdeutsche Bürger von gesteigert auftretendem Neidge-
fühlen. Es wird erwartet, daß sich die sozialen Unterschiede, vor allem die
Unterschiede von arm und reich verstärken. Während die Sorgen der Ostdeutschen mehr im persönlichen Bereich liegen und vor allem mit der Sicherung ihres Arbeitsplatzes zu tun haben, konzentrieren sich die Sorgen der
Westdeutschen auf die gesamtwirtschaftliche Lage der Bundesrepublik. Ihre
Sorge ist, wie denn unter den gegebenen Schwierigkeiten die Einheit überhaupt finanzierbar wird und was bei dem Aufschwung Ost auf Kosten der
alten Bundesländer geht: Wird man künftig in den alten Bundesländern weniger vom Staat gefördert und unterstützt (Sozialhilfe, Arbeitslosengeld etc.),
entfällt die Grenzlandförderung völlig, welche Gruppen werden besonders
durch die „Wende" benachteiligt, gerät die Wirtschaft im Westen gegenüber
der Wirtschaft im Osten irgendwann ins Hintertreffen, bleibt die Währung
auch hinsichtlich des europäischen Binnenmarktes stabil? Die in dieser Hinsicht geäußerte Kritik an den politisch wie wirtschaftlich unbewältigten Folgen der Wende ist in Regnitzlosau, nicht zuletzt bedingt durch seine geographische Lage, besonders deutlich zu hören. Ein wenig spielt hier aber auch
der Neid auf die „hellen Sachsen", die sich den neuen Gegebenheiten viel-

Abbildung 38: „Regnitzlosau, ‚Klatsch und Tratsch‘“

leicht doch schneller anpassen könnten als sie selbst, eine nicht zu unterschätzende Rolle. Daß das Geld daran schuld sei, daß die „Gemeinschaft" verschwinde und alle zu Individualisten und vor allem Egoisten werden, diese Meinung ist natürlich auch in Regnitzlosau zu hören. Auch hier werden ganz ähnliche Befürchtungen wie in Werda laut, wenn es um die Beschreibung der Besonderheiten des Dorflebens oder die Schwierigkeiten der heutigen Kindererziehung geht. Wenn jedoch ein Regnitzlosauer beklagt, daß es früher gemütlicher gewesen sei, so meint er damit sicher nicht, daß er die „alte Gemütlichkeit" auf Kosten seiner eigenen wirtschaftlichen Ansprüche einzutauschen bereit wäre oder sogar seinen Lebensstandard aufgeben würde. Wenn hier von der vergangenen Zeit als einer besseren Zeit die Rede ist, so entspricht diesem Gefühl – im Gegensatz zu Werda – keine reale Erfahrung mehr (und sei es nur die Erfahrung einer gemeinsamen Notsituation). Wenn die Regnitzlosauer von der „guten alten Zeit" sprechen, so hat diese Rede einen historisierenden Beigeschmack. *„Vor etwa zwanzig Jahren"*, so die Meinung einiger Befragter in unserem oberfränkischen Dorf, soll es so etwas wie eine *„wirklich gute Gemeinschaft"* auch hier einmal gegeben haben.

In Werda war diese Gemeinschaft schon deshalb real, weil es zu ihr gar keine Alternative gab. Die Gemütlichkeit, die in Regnitzlosau beschworen wird, resultiert dagegen aus einer mittelständisch saturierten, wohlanständigen und biedermeierlichen Gleichheit. *„Schmarotzertum, also das hält sich nicht, die fühlen sich hier nicht wohl, das merken die genau. Hier wird gearbeitet und da wird sich was geschaffen und da wird auch einmal ausgegangen und ein Fest gefeiert"*.

C. Ländliche Lebenswelten zwischen Individualisierungsdrang und der Sehnsucht nach Gemeinschaft

Entgegen der allgemeinen Rede von den angeblichen Mentalitätsunterschieden lassen sich mehr Gemeinsamkeiten zwischen Ost- und Westdeutschen finden als erwartet. Die vorangegangenen Schilderungen der alltäglichen Lebenswelten in beiden Gemeinden können diese Vermutung – wie wir hoffen – überzeugend bestätigen. In vielen Wertvorstellungen, Grundüberzeugungen und Gewißheitsmustern, die das Alltagshandeln prägen, stimmen die Menschen in beiden Gemeinden überein. Diese Gemeinsamkeiten sind zwar nicht so groß, daß sich ohne weiteres von einer Deckungsgleichheit sprechen ließe. Zudem sind – gerade in der praktischen wie auch gedanklichen Bewältigung der „Wende-Erfahrungen" – auch deutliche Unterschiede zwischen den beiden Gemeinden festzustellen. Die Frage freilich bleibt, ob diese beobachteten Unterschiedlichkeiten es erlauben, von zwei je spezifischen Mentalitäten zu reden. Wir wollen im folgenden die in beiden Gemeinden aufgefundenen Werthaltungen, Gewißheitsmuster und Handlungsstrategien zusammenfassend vergleichen und vergleichend interpretieren. Dazu verlassen wir die Ebene der unmittelbaren Beschreibung in der Überzeugung, daß sich mit Hilfe soziologischer Theorieangebote, wie sie insbesondere die neuere Sozialstrukturforschung und die Kultursoziologie – jedenfalls dort, wo sie den Boden geschichtsphilosophischer Spekulation verläßt – zur Verfügung stellen, die beobachteten Gemeinsamkeiten und Unterschiede zu einem konsistenten Gesamtbild zusammenfügen und theoretisch verdichten lassen.

1. Gemeinsame Wirklichkeiten: Integration und Harmonie

Gerhard Schulze hat in seinem 1992 erschienen Buch „Die Erlebnisgesellschaft. Kultursoziologie der Gegenwart"[58] fünf Milieubeschreibungen vorgelegt, mit deren Hilfe er die gegenwärtige Struktur der (alt-) bundesrepublikanischen Gesellschaft beschreiben will. Die wissens- und kultursoziologische Anlage dieser Studie, die die charakteristischen Konstitutionsbedingun-

---

58 Schulze 1992.

gen sozialer Großgruppengliederung in einer Gesellschaft „jenseits von Klasse und Stand"[59] nicht mehr in den klassischen Schichtungskriterien verkörpert sieht, sondern in den sich zu jeweils spezifischen Milieus verdichtenden Wirklichkeitsmodellen, existientiellen Anschauungsweisen und Problemdefinitonen sucht, die die Menschen in ihrem alltäglichen Handeln anleiten und die sich in ihm auch materialisieren, läßt ihre Ergebnisse als relevant für die Interpretation der Situation in den beiden von uns untersuchten Gemeinden erscheinen. Denn obwohl Schulze den Begriff der Mentalität nicht konzeptuell einsetzt, kommen die von ihm benutzten Definitionsbestandteile des Milieubegriffs dem soziologischen Mentalitätsbegriff sehr nahe.

Interessant für die Zwecke dieser Studie sind insbesondere die Milieubeschreibungen des Integrations- und des Harmoniemilieus[60], deren charakteristische Kennzeichen Schulze in der Dominanz des Strebens nach Geborgenheit (im Falle des Integrationsmilieus) und in der Dominanz des Strebens nach Konformität (im Falle des Harmoniemilieus) erblickt. Diese beiden – idealtypisch konstruierten – Grundhaltungen sind nun auch in den beiden von uns untersuchten Gemeinden zu beobachten. Zwar läßt sich in beiden Gemeinden eine eindeutige Trennung zwischen Harmonie- und Integrationsmilieu nicht feststellen, vielmehr fließen Elemente beider Milieus in unterschiedlichen Mischungsverhältnissen in beiden Gemeinden ineinander. Dies hängt vor allem damit zusammen, daß Schulze seine Milieus mit Hilfe von Daten konstruiert hat, die in urbanen Lebensräumen der „alten" Bundesrepublik erhoben wurden (Großraum Nürnberg-Erlangen-Fürth). Dort aber sind die Grenzen zwischen den Milieus eindeutiger konturiert, während sie sich in ländlichen Lebenswelten aufgrund des sozialen Zwangs zur Konformität und Einheitlichkeit, den die Dorfgemeinschaft ausübt, stärker verwischen. Hinzu kommt, daß die materiellen Grundlagen, auf denen die jeweiligen Milieus beruhen, auf dem Dorf andere sind als in der Stadt. Denn auf dem Lande ist die Chance größer, daß auch der ungelernte Arbeiter und der kleine Beamte (als typische Angehörige des Integrationsmilieus) in den „eigenen vier Wänden" (als typischem Kennzeichen des Harmoniemlieus) lebt, was nicht ohne Einfluß auf ihre Wirklichkeitsdefinitionen und existentiellen Anschauungsweisen über die geordnete Aneignung der „Welt" bleibt. Betrachtet man aber Schulzes Milieukonstruktionen nicht als definitive, unhintergehbare Größen, sondern als variierbare Angebote zur Beschreibung „sozialer Wirklichkeiten", dann können sie auch zur Analyse ländlicher Lebenswelten herangezogen werden. Die „soziale Wirklichkeit" der beiden von uns untersuchten Gemeinden läßt sich dann als eine je spezifische Kombination wesentlicher Elemente des Harmonie- und des Integrationsmilieus beschreiben, wobei in Werda eine leichte Tendenz hin zum Harmoniemilieu, in Regnitzlosau hingegen ein Trend hin zum Integrationsmilieu zu beobachten ist. Wenn Schulze

---

59 Beck 1986, S.121.
60 Vgl. Schulze 1992, S.292ff. und S.301ff.

zum Beispiel schreibt: „Ein Angehöriger des Integrationsmilieus experimentiert nicht mit gewagten Inneneinrichtungen, hält sich eher einen Foxterrier als einen afghanischen Hirtenhund, tritt nicht aus der Kirche aus, ist ein guter Nachbar, trifft sich im Verein, hält seinen Garten in Ordnung und vermeidet öffentliches Aufsehen, ohne sich zu verstecken"[61], kommt dies einer Beschreibung unserer beiden Gemeinden sehr nahe.

Überschaubarkeit und Geborgenheit

Die Sehnsucht nach Geborgenheit und Überschaubarkeit ist eine in beiden Gemeinden zu beobachtende Grundhaltung, die nicht nur sozial gebilligt, sondern sozial gefordert wird. Sie findet ihren Ausdruck nicht nur in einer strikt mißtrauischen Abwehrhaltung gegenüber allem Fremden und Neuen, sondern vor allem in einer identitätsstiftenden „Heimatverbundenheit". „Geborgenheit braucht Stallgeruch"[62], sagt Schulze, und diesen Stallgeruch vermittelt vor allem die emotionale Aufladung der eigenen Lebenswelt als Heimat. Dazu gehört der Wille, die eigene Gemeinde für etwas Besonderes zu halten, ihr – freilich nie angebbare – Eigenschaften zuzusprechen, die sie gegen andere Lebenswelten und Milieus abgrenzt. In beiden Gemeinden sind wir immer wieder auf die Rede von einer besonderen „Losauer Art" oder „Werdaer Art" gestoßen, ohne daß uns jemand hätte sagen können, worin denn diese bestünde. Dazu gehört aber auch der Wille, über die unmittelbaren Grenzen der eigenen Gemeinde hinaus, sich in der Region zu verorten, Gemeinsamkeitsbekundungen mit den Nachbargemeinden auch öffentlich zu zelebrieren. Keine Ansprache in den Vereinen ohne den Hinweis, wie schön es in der Heimat sei, kein Feuerwehr-, Wiesen- oder Schützenfest, keine Kirchweih ohne das „Vogtlandlied":

„Weit scha bie iech rumgewannert,
'is mir oft noch wie a Traam,
doch en schännstn halt war'sch immer,
wenn iech wieder war d'rhaam.

„Unnere Wiesn, unnre Feller,
Barg und Tol voll Busch und Baam!
Wu in aller Welt war'sch schänner,
wu su schie als wie d'rhaam.

Diese regelmäßig sich wiederholende Verortung in der Heimat ist es, die Geborgenheit spürbar werden läßt. Man tut deshalb auch alles, um Heimat präsent zu halten. Nicht nur die Dorffeste mit ihrer seltsamen Mischung aus traditionalistischer Folklore und massenmedial vermittelten Showelementen, mit ihrer alkoholgeschwängerten Pflicht zur Gemütlichkeit und zur gemein-

---

61 Schulze 1992, S.301.
62 Schulze 1992, S.293.

schaftlichen Harmonie sind hier zu nennen. Dazu gehört auch die Aus-schmückung der eigenen Wohnwelt mit Bildern und Symbolen der Heimat, der Kalender mit Landschaftsmotiven der näheren oder ferneren Umgebung, das Vogelhäuschen, dessen Eingang von einem Paar in einheimischer Tracht bewacht wird, oder, auf etwas höherem Niveau, die Ausstattung der Woh-nung mit restaurierten Bauernmöbeln aus der Region.

Abbildung 39: „Werda, ‚Zwerge im Wind‘"

Dazu gehört schließlich die Bewahrung und Pflege des Liedgutes in den Vereinen und die Versicherung der eigenen Besonderheit in Stammtischritua-len. Die Geborgenheit vermittelnde Idealisierug der Heimat als Idylle findet ihren Kontrapunkt in einer Abwehrhaltung gegenüber der Stadt, in der man oft genug das Böse schlechthin vermutet, sowie in dem häufig geäußerten Unbehagen, die gewohnte Lebenswelt verlassen zu müssen. Ausflüge unter-nimmt man am liebsten in die nähere Umgebung. Man hält sich an das Be-kannte und Bewährte. Wiederholungen sind nicht Ausdruck von Einfallslosigkeit, sie dienen vielmehr der Vergewisserung und Bestätigung des unaufgebbaren eigenen Erfahrungshintergrundes. Und verläßt man einmal die heimatlichen Gefilde, dann am liebsten in Gesellschaft mit Freunden und Bekannten. Pauschal- und Busreisen bewahren einen Rest heimatlicher Geborgenheit auch in der Fremde.

Abbildung 40: „Werda, ‚Ferien in der Ukraine'"

Sicherheit und Gewißheit

Eine zweite, in beiden Gemeinden zu beobachtende Grundhaltung, ist die Sehnsucht nach äußerer Sicherheit und innerer Gewißheit. Weil die Welt als potentiell gefährlich erscheint, wird alles, was den gewohnten Trott stört, alles was die eingespielten Zeitrhythmen unterbricht, als bedrohlich und als belastend erlebt. Eine solche Sicht führt notwendig zu einer selektiven Wahrnehmung der Wirklichkeit. Das Bedrohliche wird entweder verdrängt, indem man es gar nicht zur Kenntnis nimmt oder aber, indem man ihm das romantisierte Ideal einer heilen Welt als einer besseren, risikoreduzierten Alternative entgegenhält. Schulze hat, um diesen „latenten Erlösungswunsch" zu fixieren, den in vielen deutschen Wohnzimmern prangenden Sinnspruch: „Und wenn Du glaubst, es geht nicht mehr, kommt irgendwo ein Lichtlein her"[63], angeführt. Diesen haben wir zwar in keiner der beiden Gemeinden gefunden. Dafür waren aber – umrahmt von Blumen, Singvögeln und der über allem

---

63 Schulze 1992, S.294.

thronenden Sonne – an einer Garagenwand in Regnitzlosau die folgenden
Zeilen zu lesen:

„Beginne jeden Morgen mit einem guten Wort,
es leuchtet wie ein Sternlein hell durch den Tag hinfort.
Es dringt in alle Herzen und macht die Sorgen klein,
ein gutes Wort am Morgen ist goldner Sonnenschein".

Die hier verklärten traditionellen Verhaltensstandards der Höflichkeit, der
Freundlichkeit und der Liebe sind die alltagsethisch relevanten Leitprinzipi-
en, von deren ordnender Einfachheit man sich ein harmonisches Zusammenleben verspricht. Das Fremde, Ungewohnte, Komplizierte hat hier keinen
Platz. Und wenn es – als Reiz des Außeralltäglichen – lockt, dann tritt es in
Formen auf, die seinen Inhalt entschärfen. Im seltsamen Kontrast zu dem
oben genannten Sinnspruch steht das über ihm angebrachte Bildnis einer
fremdartigen Schönen, deren exotische Erotik zwar zu spüren sein soll, die
aber in der Darstellung so gemildert und gezähmt wirkt, daß sie keinen An-
stoß erregt.

Abbildung 41: „Regnitzlosau, ‚Kunst am Bau‘"

Ein kleines Maß anregender und zum Träumen verführender Exotik ist erlaubt, zuviel davon läßt aus den Wunschträumen nur allzu schnell Alpträume
werden.

Abbildung 42: „Werda, ‚Museum des Alltags‘“

Abbildung 43: „Regnitzlosau, ‚Ahnengalerie‘“

Sicherheit und Gewißheit sucht und erfährt man in der auf ewig gelten sollenden Ordnung der eigenen Lebenswelt. Alles soll so bleiben, wie es ist, nur keine Experimente. So bleibt man in der Kirche, weil es immer so war, und weil es sich so gehört – ob man sich nun direkt zur Kirche bekennt oder sich gegenüber ihren Lehren indifferent verhält. Diese Verankerung in einer gelebten – wenn auch aus der Sicht der Kirche ziemlich laxen – Volksreligiösität – symbolisiert sich im geschnitzten Bibelspruch „Der Herr ist mein Hirte" an der Wohnzimmerwand, in den Bildern von der eigenen Konfirmation in der Diele oder im schlichten Holzkreuz über dem Eßtisch. Sie schützt nicht nur vor unbequemen Fragen, wie sie notwendig durch die dauernde Erfahrung von Ungerechtigkeit und Leid an die Menschen herantreten, sie ermöglicht zudem die dauerhafte Vergewisserung über die Richtigkeit und Vorbildlichkeit der eigenen Lebensführung.

Während die Kirche vor allem in außeralltäglichen Notsituationen Sicherheit und Gewißheit zu geben verspricht, wächst diese Funktion im alltäglichen Leben der Familie zu. Nicht nur, daß das Thema Scheidung tabuisiert wird, die Familie selbst wird zu derjenigen Institution erklärt, in der allein Glück erfahrbar ist. Kein anderer Wunsch wurde so oft geäußert, wie der, daß die Ehe harmonisch und die Familie glücklich bleiben möge. Keine andere Erinnerung wurde so oft zurückgerufen, wie die eigene Hochzeit. Nicht ohne Grund hat Gerhard Schulze die Hochzeit als das Erlebnisparadigma des Harmoniemilieus bezeichnet[64]. Die Familie ist der Mittelpunkt des Lebens, insbesondere am Wochenende. Ein Sonntag ohne Familie und Verwandtschaft ist ein „gefährlicher Sonntag" – auch wenn die Verwandtschaft manchmal nervt. Die regelmäßigen gegenseitigen Besuche und ihr weitgehend ritualisierter Ablauf schützen vor dem Einbruch einer konfliktträchtigen Langeweile und geben Sicherheit mittels der stablisierenden Erwartbarkeiten des Kaffeetrinkens, des Brotzeitmachens und des gemeinsamen Spaziergangs. So geordnet und rhythmisiert wird der Sonntag erträglich.

Ein dritter Hort der Sicherheit schließlich ist das eigene Haus. Auch hier stehen die Prinzipien der Ordnung und Gemütlichkeit im Vordergrund. Chaos ist unerwünscht, Leere wirkt bedrohlich, Ordnung ist verpflichtend. Die Wohnräume sind überfüllt mit Objekten, die nicht willkürlich gestellt, sondern mit Bedacht angeordnet sind. Die Gläser in den Schrankwänden stehen da wie Zinnsoldaten, man hat den Eindruck, die Entfernung zwischen ihnen sei mit Hilfe eines Maßbandes berechnet. Blumenampeln, Kristallvasen, Zierdeckchen, silberne Untersetzer, Sesselschoner dominieren den Raum. Auf dem Fernsehapparat mit Videorecorder thront das Familienbild. An den Wänden prangt die Familiengalerie mit den Photographien der Kinder, der Eltern, der Großeltern und anderer Verwandter. Zierrat mit oftmals nostalgischem Einschlag, von der ausgedienten Küchenreibe bis hin zur Kuckucks-

---

64 Schulze 1992, S.296.

Abbildung 44: „Regnitzlosau, ‚Der bayerische Schwarzwald im Vogtland'"

uhr dokumentiert Traditionsbewußtsein. Die Aneignung des Innenraums als primärer Ort der Lebensgestaltung vollzieht sich, wie Schulze sagt, „durch Besetzung von Lücken, durch Schaffen von Höhlen (die wiederum besetzt werden wie die Arkaden der Schrankwand oder wie der Raum unter dem Fernsehtischchen), durch Verdunklung, Unterbrechung glatter Flächen, Musterung und durch Erzeugung einer unverkennbaren Wolke von Stallgeruch, die aus einem heterogenen Materiallager der Gemütlichkeit gespeist wird"[65].

Identität und Konformität

Eine dritte Grundhaltung ist die Sehnsucht nach Identität und Konformität. War diese schon im Familienleben zu beobachten, kommt sie noch stärker als dort im Zusammenleben mit den anderen in der Dorfgemeinschaft zum Ausdruck. So werden Konflikte in der Dorfgemeinschaft entweder negiert oder wenigstens heruntergespielt. Und wenn man gezwungen ist, Streitigkeiten und Reibereien zuzugestehen, entschärft man das Problem, indem man den Schuldigen aus der Dorfgemeinschaft ausgrenzt: „Der kommt nicht von hier" oder „Die gehört nicht zu uns". Die Dorfgemeinschaft präsentiert sich als

---

65 Schulze 1992, S.293.

156

Abbildung 45: „Regnitzlosau, ‚Die Gegenwart der Vergangenheit‘“

harmonisches Ensemble. Um dazuzugehören, hält man sich an die von allen anerkannten Vorgaben, und vermeidet es, aus dem Rahmen zu fallen: Man fährt keine „dicken Schlitten“, selbst wenn man sie sich leisten könnte, sondern solide Mittelklasse; das Eigenheim ist gepflegt, bewegt sich allerdings immer innerhalb der architektonischen Normen; die Kleidung kann wohl teuer sein, sie bleibt vom Design und der Farbgebung aber immer unauffällig. Diesen Willen zur Durchschnittlichkeit hat der bayerische Kabarettist Georg Ringsgwandel schüttelreimend auf den Punkt gebracht, wenn er geradezu „klassisch“ formuliert:

„*I han di gefroagt, was gibt dir denn die größten Kicks,*
da hoast du gesoagt, ein Audi 80 und ein Starmix“.

Normal sein, Durchschnitt sein, ist keine angsteinjagende oder das Selbstgefühl verletzende Vorstellung. Vielmehr ist in beiden Gemeinden eine weitgehende Kongruenz des sozial Erwünschten mit dem subjektiv Erwünschten zu beobachten. „Konventionen", sagt Schulze, „werden nicht als Einschränkungen erlebt, sondern als Möglichkeit sich auszuleben. Indem man das Erwartete und allgemein Gebilligte tut, erlebt man Zugehörigkeit zur Gemeinschaft"[66]. Diese zur Kennzeichnung des Integrationsmilieus formulierten Sätze, gelten im wesentlichen uneingeschränkt für das Gemeinschaftsleben in beiden Dörfern. Konformität wird auch hier „nicht zur Sicherung positiver und zur Vermeidung negativer Sanktionen instrumentalisiert, sondern zur Herstellung von Konformitätserlebnissen. (...) Konformität wird als ästhetisches Ereignis vorgeführt"[67].

Abbildung 46: „Regnitzlosau, ‚Die gute alte Zeit'"

Die funktionierende Dorfgemeinschaft gilt als Ideal menschlichen Zusammenlebens überhaupt. In ihr findet man Schutz und Geborgenheit, Sicherheit und Identität. Individualität gewinnt man nicht mittels Selbstverwirklichung und Abgrenzung gegen andere, sondern durch das reibungslose Einfügen in das harmonische Ganze der Gemeinschaft. Und dieses Idealbild der eigenen Lebenswelt wird übertragen auf die Gesellschaft. Wenn es nur überall so wäre, wie hier bei uns auf dem Dorf, dann wäre die Welt noch in Ordnung. Ge-

---

66 Schulze 1992, S.302.
67 Schulze 1992, S.305.

wünscht wird eine statische, eine geführte und eine disziplinierte Gesellschaft – wenn man so will, die Gesellschaft als eine vergrößerte Dorfgemeinschaft, mit einem Bundeskanzler, der sich wie der Bürgermeister um alles kümmert, die Richtung vorgibt und die Entscheidungen trifft, dabei aber immer volkstümlich bleibt, den Menschen leutselig auf die Schulter klopft und einer von ihnen ist. Ausdruck findet diese Haltung in einer grundsätzlich konservativen Lebenseinstellung. Dafür spricht nicht nur das in beiden Gemeinden durchgehend konservative Wahlverhalten, dessen Konsequenzen noch dadurch verstärkt werden, daß auch die sogenannten fortschrittlichen Parteien – was die Richtlinien ihrer Gemeindepolitik betrifft – diesen vorgegebenen konservativen Rahmen kaum verlassen. Dafür spricht aber vor allem, daß Politik – jedenfalls dort, wo sie als partikularisierende Interessenpolitik auftritt – von Gemeindepolitikern durchwegs mit Mißtrauen belegt wird. Entweder einigt man sich auf die Formel einer parteiübergreifenden „Sachpolitik zum Wohle aller": Der Gemeinderat oder Bürgermeister sieht sich dann nicht als Politiker, sondern als Verwaltungschef und Treuhänder. Oder man schwört noch auf eine im Kern patriarchalische Sicht der Politik: Die politische Führung der Gemeinde tritt dann in der Rolle des „pater familiae" auf[68].

Alle diese einzelnen Aspekte laufen im Bild der Gemeinschaft zusammen, wie es vor mehr als 100 Jahren von Ferdinand Tönnies gezeichnet wurde: Gemeinschaft als Symbol für ein menschliches Verbundensein, das auf der Unmittelbarkeit und Wärme, der Direktheit und Verbindlichkeit, der Nähe und Vetrautheit menschlicher Sozialbeziehungen beruht und das Verläßlichkeit, Geborgenheit und Sicherheit garantiert. So sieht man die eigene Lebenswelt und so wünscht man sie sich auch für die Zukunft: Veränderungen, Neuerungen und Fremde stören nur; partikuläre Interessenpolitik wird abgelehnt, weil sie das „Gemeinwohl" zerstört; soziale Unterschiede werden überdeckt, weil sie die Harmonie verletzen. Und kommt man um Veränderungen nicht herum, dann müssen diese so umhegt und den Bahnen des Gewohnten und Eingespielten angepasst werden, daß sie das harmonische Ensemble der Dorfgemeinschaft nicht beeinträchtigen: Keine Experimente, so lautet die Devise in beiden Gemeinden, selbst dann, wenn die objektiven Gegebenheiten, wie in Werda, dazu zwingen!

---

68 Vgl. dazu das Konzept des „sozialistischen Paternalismus", das Gerd Meyer entwickelte: Meyer 1991, S.319ff.

2. Westdeutsche Wirklichkeiten: Gemeinschaftsrhetorik als Schutz vor Individualisierung

Die Sicherheit gewährende und Identität stiftende soziale Verortung läuft in beiden Gemeinden fast ausschließlich über die Institution der Familie und einer sich darauf aufbauenden harmonischen Dorfgemeinschaft. Im Verhältnis dieser beiden Leitinstitutionen zueinander lassen sich nun die typischen Unterschiede zwischen den beiden Gemeinden fassen. Familie und Dorfgemeinschaft sind als Sicherungsinstanzen für die Fährnisse der individuellen Lebensläufe in beiden Gemeinden von großer Bedeutung, sie haben aber in den Gemeinden einen unterschiedlichen Stellenwert und eine unterschiedliche Reichweite. Während in Werda Dorfgemeinschaft und Familie noch wesentlich undifferenziert als Einheit im Sinne von „Das Dorf als große Familie" existieren, so sind sie in Regnitzlosau bereits in zwei selbständige Einheiten auseinandergefallen. Zwar gilt auch in Regnitzlosau die harmonische Dorfgemeinschaft noch als bewahrenswertes Gut, doch hat sie bei weitem nich mehr die normative Kraft, die ihr in Werda noch zukommt. In Regnitzlosau enthält die Rede von der Gemeinschaft bereits ein beträchtliches Element von Wunschdenken, von verklärender Nostalgie und entspricht der Realität nur noch bedingt: Gemeinschaft wird nur mehr in einer besonderen Art von Gemeinschaftsrhetorik erfahrbar. Dem Ideal einer „harmonischen Dorfgemeinschaft" wird zwar noch eine Identitäts- und Gewißheitssicherungsfunktion zugesprochen, erfüllt wird diese aber fast ausschließlich durch die Familie.

Erklären läßt sich diese Differenz durch den unterschiedlichen Grad des Einflusses moderner Individualisierungsprozesse in beiden Gemeinden, oder, anders formuliert, durch eine je spezifische Betroffenheit vom Einbruch der „Gesellschaft" in die „Gemeinschaft". Nun sind Individualisierungsprozesse nicht unbedingt eine Erscheinung der zweiten Hälfte des 20. Jahrhunderts – wenn man will, kann man ihre Ursprünge bis hin in die höfische Kultur des Mittelalters, bis hin zu den sich individualisierenden Lebensstilen der Rennaissance und bis hin zur innerweltlichen Askese des Protestantismus zurückverfolgen[69]. Und das gesamte 19. Jahrhundert läßt sich als Wechselspiel von individualitätssteigernden De-Institutionalsierungs- und individualitätsbegrenzenden Re-Institutionalisierungsprozessen auf höherem individuellen Niveau begreifen[70]. Es gehört aber zu den allgemein anerkannten Ergebnissen soziologischer Forschung, daß die westlichen Gesellschaften in der zweiten Hälfte des 20. Jahrhunderts einen forcierten Individualisierungsschub erfahren haben, der nicht nur zu einer Auflösung historischer gewachsener Klassen- oder Schichtstrukturen, sondern auch auf kultureller Ebene durch den Geltungsverlust institutioneller Standards zu einem Abbau traditioneller Ge-

---

69 Vgl.: Beck 1986, S.206.
70 Vgl.: Gebhardt 1992, S.352ff.

wißheiten und Glaubensüberzeugungen geführt hat[71]. Die Anhebung des Bildungsniveaus, das Wachstum des verfügbaren Einkommens, die Verrechtlichung der Arbeits- und Sozialbeziehungen, die Veränderung der sozialen Zusammensetzung von einst weitgehend homogenen Lebenswelten, die Verkürzung und Flexibilisierung der Arbeitszeit und vielem anderen mehr, führte zu einer zunehmenden Auflösung historischer Sozialformen und klassischer Sozialmilieus und ließ das entstehen, was die Soziologie heute als pluralisierte Lebensstile bezeichnet[72]. Individualisierung steht deshalb nicht mehr wie noch im 19. Jahrhundert für „Persönlichkeitsbildung" und „Emanzipation" (insbesondere des „Bürgertums"), sondern umschreibt wertfrei den Tatbestand, daß das menschliche Leben zunehmend offener, partikulärer, entscheidungsabhängiger, daß es immer mehr als Aufgabe in die Hände jedes einzelnen gelegt wird. Die Menschen müssen mehr Entscheidungen treffen, mehr Informationen verarbeiten und mehr Wandel ertragen als früher. Institutionelle Vorgaben helfen zwar bei der Entscheidungsfindung, weil sie noch immer Maßstäbe des Urteilens bereitstellen, nehmen aber die Entscheidung als solche nicht mehr ab. Kennzeichnend für die moderne Lage sind also eine gestiegene Wahlfreiheit und eine größere Verfügungsmacht über die eigenen Lebenschancen, die zwar durch neu sich entwickelnde Standardisierungen über die „unpersönlichen" Mechanismen des Geldes, des Konsums und der Medien eingegrenzt, aber nicht neutralisiert werden[73].

Individualisierungsprozesse dieser Art haben auch Regnitzlosau gestreift. Wir sagen bewußt gestreift, weil sich in der Abgeschiedenheit der Provinz traditionelle institutionelle Bindungen nicht so schnell abgebaut haben wie in urbanen Lebensräumen. Die Folgewirkungen dieses Individualisierungsschubs sind freilich auch in Regnitzlosau zu beobachten. Soziale und berufliche Mobilität und deren Konsequenzen haben Differenzierungsprozesse eingeleitet, die das Bild der harmonischen Dorfgemeinschaft als Fiktion entlarven. Der Kontakt zur Nachbarschaft bröckelt ab, Nachbarschaftshilfe reduziert sich auf das wechselseitige Blumengießen im Urlaub, ehrenamtlichliche Tätigkeiten in Vereinen und auf Dorffesten werden zunehmend verweigert, die eigenen Freizeitinteressen treten in den Vordergrund. Trotzdem wird durchgehend am Bild der harmonischen Dorfgemeinschaft festgehalten. Die Rede von der Dorfgemeinschaft liegt wie ein normativer Schleier über der sich verändernden Realität. Sie wird als Schutzmantel benötigt gegen die als unangenehm empfundenen Folgen zunehmender Individualisierung, deren positive Auswirkungen, nämlich gestiegene Wahlfreiheit und zunehmende Verfügbarkeit über materielle Ressourcen, man dankbar annimmt, deren negative Konsequenzen, nämlich zunehmende Sicherheits- und Gewißheitsverluste, die sich aus der Partikularisierung der Interessen ergeben, man aber

---

71 Vgl.: Beck 1986, S.121ff; Zöller 1987, S.12ff.
72 Vgl.: Hradil 1987, S.51ff.
73 Vgl.: Beck 1986, S.210.

nicht wahrhaben will. So versucht man in Regnitzlosau letztendlich, Unvereinbares zu vereinbaren: „Gemeinschaft" und „Gesellschaft" unter einen Hut zu bringen, Freiheit und Gebundenheit miteinander zu versöhnen.

3. Ostdeutsche Wirklichkeiten: Individualisierung als Gemeinschaftsverlust

Anders als in Regnitzlosau, wo sich der Einbruch der „Gesellschaft" in die gemeinschaftlich bestimmte Lebenswelt des Dorfes langsam und kontinuierlich über mehrer Jahrzehnte hinweg vollzog, ereignete er sich in Werda unvermittelt und plötzlich, gleichsam über Nacht. Mit der Wende und vor allem mit der Eingliederung in die Institutionenstruktur der alten Bundesrepublik brach nicht nur „eine neue Zeit" mit neuen Anforderungen, Geboten und Verhaltensstandards in die ehemals geordnete, klar strukturierte und genauestens überwachte Lebenswelt ein, es entfielen zudem die institutionellen Haltepunkte und Ordnungsmuster des alten DDR-Staates, die den Umgang mit dem „Neuen" hätten steuern können. Desto wichtiger war und ist für die Menschen in Werda die Schutzfunktion von Familie und Dorfgemeinschaft, wobei letztere sich in ihrer Prägekraft trotz oder vielleicht gerade wegen der Herrschaft des real existierenden Sozialismus fast uneingeschränkt auf dem Niveau des späten 19. Jahrhunderts gehalten hat. Ohne hier eine Diskussion über das Modernisierungspotential des Sozialismus beginnen zu wollen[74], soll doch festgehalten werden, daß der Sozialismus mit seiner grundsätzlich anti-individualistischen und anti-ökonomischen Zielrichtung und seinem moralisierenden Gleichheitsgebot die Vorstellung einer harmonischen, traditionellen Dorfgemeinschaft eher stützte als zerstörte. Das sozialistische System konnte in Werda deshalb so problemlos akzeptiert werden, weil es – jedenfalls in seinen alltäglichen Konsequenzen – die althergebrachte Ordnung nicht unter Erneuerungsdruck setzte. In einer Dorfgemeinschaft, in der jeder nahezu alles vom anderen weiß, werden Spitzeldienste zur Farce. In einer Dorfgemeinschaft, in der die traditionellen Mechanismen der sozialen Kontrolle Homogenität erzwingen, bedarf es keinerlei politischer Disziplinarmaßnahmen seitens der Partei oder des Staates. Die Sozialform die das sozialistische System anbot, entsprach so in vielem der überkommenen Gemeinschaftsrealität, der ideologische Überbau wurde entweder nicht ernstgenommen oder stillschweigend ignoriert und damit auch toleriert. Wenn das Wort „Kollektiv" politisch erwüscht war, dann sagte man halt „Kollektiv" statt „Gemeinschaft", die Sache aber blieb die gleiche. Noch mehr: Der Sozialismus als Gleichheitsideologie verhinderte das Einsetzen sozialer Diffe-

---

74 Vgl.: Srubar 1991.

renzierungsprozesse, die sich aus der Steigerung der Produktivkräfte notwendig ergeben hätten, wären ihr nicht ideologische Fesseln angelegt worden. So stütze das sozialistische Gleichheitspostulat die Bewahrung der alten, traditionellen Gemeinschaftswerte, indem es die Entstehung einer die Struktur des Dorfes sprengenden sozialen Ungleichheit verhinderte oder jedenfalls begrenzte.

Das Bild der harmonischen Dorfgemeinschaft (selbst wenn es sich um eine Notgemeinschaft handelte) entsprach in Werda bis hin zur Wende also weitgehend der Realität – fiktionale Elemente waren, anders als in Regnitzlosau, kaum vorhanden. Umsomehr wird die mit der Wende einsetzende, explosionsartige Individualisierungswelle als bedrohlich erlebt, desto mehr versucht man – insbesondere nach dem Wegfall der alten institutionellen Sicherungen – den stabilen Bezugsrahmen der Familie und der Dorfgemeinschaft als „Auffangnetz" zu bewahren. Alle in Werda genannten Sorgen und Befürchtungen liefen in der Angst vor der Auflösung der Schutz und Geborgenheit vermittelnden Dorfgemeinschaft zusammen. Gemeinschaftsverlust durch den Einbruch des Westens ist das beherrschende Thema in Werda. Die Bewahrung des Ostens im Westen wird auch hier zu einer wichtigen Zukunftsaufgabe erklärt.

4. Resümee: Wie verschieden sind sie wirklich?

Nach dem bisher Gesagten fällt es nicht schwer zu behaupten, daß in beiden Gemeinden der Wille zur „Gemeinschaft" diejenige Grundhaltung ist, die sich wie ein roter Faden durch alle einzelnen Lebensbereiche hindurchzieht und das Gesamtbild prägt. Wir gewannen in beiden Dörfern oftmals den Eindruck, als begegne uns Ferdinand Tönnies persönlich und läse uns aus „Gemeinschaft und Gesellschaft"[75] vor. Im Osten ist man begierig auf die „Früchte der Gesellschaft" (individuelle Wahlfreiheit, materieller Wohlstand, etc.), im Westen will man darauf nicht verzichten. Gleichzeitig lehnt man die negativen Folgewirkungen von Gesellschaft wie Distanz, Formalisierung, Unübersichtlichkeit ab und beschwört die „Segnungen der Gemeinschaft", ihre Unmittelbarkeit und Wärme, ihre Direktheit und Verbindlichkeit. Dieser Zwiespalt, Unvereinbares vereinbaren zu wollen, kennzeichnet die Menschen in beiden Gemeinden. Der paradoxe Wunsch, Individualisierung und Gemeinschaftsbindung gleichzeitig genießen zu können, beschreibt das Idealbild menschlichen Zusammenlebens in Ost und West. Man will die Vorteile von Demokratie und Kapitalismus genießen, aber von ihren „gemeinschaftszerstörenden" Nachteilen nichts wissen. Die Vorteile von „Gesellschaft" und

---

75 Tönnies 1978.

„Gemeinschaft" sollen, genau wie Tönnies (und vor ihm schon Marx) das wollte, in einer neuen, auf höherem Niveau angesiedelten „Gemeinschaft" gleichsam synthetisiert werden. Helmuth Plessner hat diese „Sehnsucht nach Idylle" schon 1924 in seinem Buch „Die Grenzen der Gemeinschaft"[76] als Ausdruck einer typisch deutschen Mentalität beschrieben . Wir haben Elemente dieser Mentalität in beiden Dörfern gefunden. Im Westen tritt sie nicht so kraftvoll und frisch in Erscheinung wie im Osten, ist aber auch hier mit Händen zu greifen. Auch wenn die Beschwörung der „Gemeinschaft" oftmals nur noch Rhetorik ist, hat diese doch eine „identitätsstiftende" Funktion, und die Rede vom „Gemeinschaftsverlust" ist oftmals nur Ausdruck eines museal-verklärten Harmoniebedürfnisses. Im Osten hingegen wird der Einbruch der „Gesellschaft" abrupt und als Bedrohung erfahren; die Angst vor „Gemeinschaftsverlust" fußt auf den realen Erfahrungen von „Streß" und „Hektik", des Zerfalls „gemeindlicher Netzwerke" und beginnender sozialer Differenzierung. Das was das Allensbacher Institut für Demoskopie in einer Repräsentativumfrage 1992 festgestellt hat, daß sich nämlich „42 Prozent der ostdeutschen Bevölkerung" gerne erinnern, sich oft als Mitglied einer großen Gemeinschaft empfunden und dieses Gefühl auch genossen zu haben[77], gilt auf dem Dorf noch ausgeprägter. Und auch im Westen ist dieses Denken noch virulent. Als Ideal wird „Gemeinschaft" in beiden Gemeinden fast durchgängig beschworen und zwar mit einer Heftigkeit, die überraschte. In ihrer Sehnsucht nach „gemeinschaftlicher Idylle" (mit Eigenheim, Vorgarten, Wohnmobil, Musikantenstadel, Bierzeltseligkeit und Gartenzwergen) sind sich die Deutschen in Ost und West jetzt schon ziemlich ähnlich und es steht zu erwarten – oder zu befürchten, je nachdem –, daß sie sich auf den ehemals (vor 1945) gemeinsamen Nenner wieder zubewegen.

Stehen die vorgefundenen Differenzen zwischen Werda und Regnitzlosau nun für Mentalitätsunterschiede, also für jeweils grundlegend andere Glaubensüberzeugungen, Sinngewißheiten und Wirklichkeitsmodelle? Wir denken nein. Natürlich gibt es Unterschiede, diese sind aber – wie wir hoffen, gezeigt zu haben – kaum qualitativer, eher quantitativer Art. Wenn man will, läßt sich behaupten, daß der moderne Individualisierungsprozeß und der damit verbundene Wertewandel in Regnitzlosau etwas weiter fortgeschritten ist als in Werda. Außerdem hatten die Menschen dort etwas mehr Zeit, sich darauf einzustellen und zu lernen, mit den Folgewirkungen umzugehen. Man kann also in bezug auf die beiden Gemeinden – je nachdem, von welcher Seite man die Analyse beginnt – entweder von einer Phasenverschiebung auf dem Weg der Modernisierung sprechen oder von einer Kühlschrankfunktion des sozialistischen Systems[78], nicht aber von grundlegenden Mentalitätsunterschieden. So muß man von einem Fortdauern gemeinsamer mentaler

---

76 Plessner 1924.
77 Köcher 1992.
78 Vgl.: Schneider 1990.

Strukturen ausgehen, die sich nur in zwei Varianten ausgestaltet haben. Beide Gemeinden lassen sich als „zwei Brüder" interpretieren, die sich lange nicht mehr gesehen haben und in unterschiedlichen Welten gelebt habe. Jeder hat bestimmte Unarten angenommen und doch ist ihnen vieles gemeinsam geblieben.

In einer Studie über das Deutschenbild der Deutschen, die um die Jahreswende 1989/90 in beiden Teilen der Republik durchgeführt wurde, wurde ein verlegener, rundbäuchiger, etwas schielender deutscher Michel in einer Abbildung vorgelegt und dazu die Frage gestellt: „Das ist der deutsche Michel. Was empfinden Sie, wenn Sie den deutschen Michel sehen. Ist Ihnen der Michel eher sympathisch oder eher unsympathisch? Obgleich der deutsche Michel – ganz anders als die französische Marianne, der englische John Bull oder der amerikanische Uncle Sam – eher lächerlich aussieht, erklärte die Mehrheit der Deutschen, nämlich 51% im Westen und im Osten, sie fänden ihn sympathisch. Was man an dieser Figur sympathisch findet, ergibt sich aus den Antworten auf die Frage, welche guten Eigenschaften man denn an dem deutschen Michel erkennen könne. Diese Frage bringt nun alle Eigenschaften zum Vorschein, die die Deutschen an sich selbst lieben: gutmütig, fleißig, tüchtig, freundlich, gemütlich, ordentlich[79]. Ordnung, Fleiß und Sparsamkeit stehen im Zentrum jenes üblicherweise als „bürgerlich" qualifizierten Wertekataloges, der das Selbst- und Fremdbild der Deutschen in eigentümlicher Weise bis auf den heutigen Tag prägt. Die Orientierung an diesen Werten, die um Ideale wie Häuslichkeit, Ehrlichkeit, Zuverlässigkeit und Höflichkeit ergänzt werden, steht in beiden Dörfern hoch im Kurs.

Es ist genau dieses Bild des „deutschen Michels", das uns in beiden Gemeinden gegenübertrat: arbeitssam, treu, fleißig, offen, ehrlich, gutmütig und gemütlich. Nur: Während der westdeutsche Michel sich inzwischen in Designer-Jeans wirft, hat der ostdeutsche Michel sein Nachthemd vorläufig noch anbehalten und seine Zipfelmütze noch nicht durch amerikanische Baseballkappen ersetzt.

---

79 Vgl.: Noelle-Neumann 1991, S.70 und Klages 1991.

Statt eines Nachwortes:
Gemeinschaft oder Gesellschaft? Anmerkungen zur Debatte um die „Mentalität der Deutschen"

Die sozialen, politischen und wirtschaftlichen Veränderungen seit der deutschen Wiedervereinigung sind auch an den von uns untersuchten Gemeinden im sächsischen und bayerischen Vogtland nicht spurlos vorübergegangen. Unsere Studie konnte daher nicht mehr bieten als eine Momentaufnahme, die – unter der Vorgabe ihrer besonderen Fragestellung – vieles unerörtert lassen mußte.

Manches wird in den beiden Dörfern, auch über die nächsten Jahre hinaus, so bleiben wie es sich uns heute darstellt. Denn alles, was dem Wandel unterworfen ist, unterliegt auch zugleich dem Gesetz der Trägheit: der relativen Veränderungsresistenz von Traditionen und Institutionen wie auch dem Beharrungsvermögen eingelebter Vorstellungen und Überzeugungen, also der Trägheit geschichtlich gewachsener Mentalitäten. Zu welchen Ergebnissen eine in zehn Jahren zu wiederholende Untersuchung käme, wer vermöchte das heute zu sagen?

Eine Dorfstudie ist sicher nicht das geeignete Prognoseinstrument, um verläßliche Aussagen über die zukünftige Gestalt der „deutschen Befindlichkeiten" zu gewinnen. Dennoch sind wir der Auffassung, daß die von uns herausgestellten Ähnlichkeiten und Gemeinsamkeiten zwischen den beiden Gemeinden nicht nur der Tatsache geschuldet sind, daß es sich um Dörfer in einer ländlich strukturierten Umgebung handelt. Unbestreitbar ist, daß ein Vergleich von Großstädten zu ganz anderen und sicher auch wesentlich differenzierteren Ergebnissen führen würde. Trotzdem sind wir davon überzeugt, daß vieles von dem, was wir in den beiden Dörfern gesehen, gehört und erfahren haben, in hohem Maße die gegenwärtige deutsche Stimmungs-, Gefühls- und Diskussionslage wiederzuspiegeln vermag, auch und gerade wenn es sich dabei um eine merkwürdige Mischung aus unrealistischen oder sogar falschen gegenseitigen Erwartungen handeln sollte. Sieht man einmal von regionalen, landsmannschaftlichen oder konfessionellen Unterschieden ab, so scheinen, wie diese Studie bestätigt, die Mentalitätsunterschiede zwischen den Deutschen in Ost und West nicht so groß zu sein wie all jene behaupten, die den neuen Bundesbürgern eine „Mauer im Kopf" anzudichten geneigt sind. Das Gemeinsame überwiegt das Trennende schon deshalb, weil es sich bei den ehemals feindlichen Brüdern eben um Deutsche mit einer gemeinsamen Geschichte und Kultur handelt, die über die Zeit der Trennung weit hinausreichen.

Dies wird insbesondere dann deutlich, wenn man versucht, die von uns herausgestellten Befunde vor dem Spiegel der gegenwärtigen intellektuellen Auseinandersetzungen über die Fragen und Folgen der deutschen Wiedervereinigung zu lesen. Wer die vor allem in den Feuilletons der großen Tageszeitungen geführten Debatten und Bekenntniserklärungen verfolgt, wird sich des Eindrucks kaum erwehren können, daß es – hüben wie drüben – einen gemeinsam geteilten Grundbestand an Werthaltungen und „ideenpolitischen Neigungen" gibt, vor dessen Hintergrund die Unterschiede und Differenzen als eher marginal erscheinen. Dabei handelt es sich vor allem um das Gefühl, in einer Risikogesellschaft voller Gefahren zu leben, die das beiden deutschen Teilstaaten gemeinsame Unbehagen an einer unüberschaubar gewordenen Industriegesellschaft ergänzt. Das Leiden am deutschen Weg der Wiedervereinigung ist also nicht zuletzt auch ein Leiden an der Modernisierung und Verwestlichung Deutschlands. Die negativen Assoziationen, die mit dem Begriff „Verwestlichung" verbunden sind, lassen sich zunächst und vor allem mit einem anti-ökonomische Affekt[80], also mit der stets wieder neu erstarkenden Sehnsucht nach einer Überwindung des bloß kapitalistischen Menschen in Verbindung bringen. Der damit einhergehende Protest gegen das westliche Politik- und Gesellschaftsverständnis wird dabei zumeist in einem gehobenen nationalen Ton vorgetragen und mischt sich nicht selten mit einem starken Widerwillen gegenüber einer Politik, hinter der man nichts als „Geschäftemacherei" vermutet[81]. Ein weiteres Gleis der gleichen Debatte ist die ideenpolitisch bedeutsame Differenzierung zwischen Individualismus und Persönlichkeit[82]. Modernisierung und „Verwestlichung", so lautet das gängige Argument, führen zu einer Vereinzelung und Vereinsamung des Menschen und entwurzeln ihn damit aus seiner angestammten Gemeinschaft. Individualisierung hat in Deutschland immer noch einen negativen Beigeschmack. Sie beschreibt die Freisetzung aus Bindungen, den Verlust eines „sinnstiftenden" Zentrums, den Mangel an Überschaubarkeit und Ordnung. Wenn die Deutschen Individualisierung sagen, meinen sie nur selten den Zugewinn an persönlicher Freiheit, und wenn, sehen sie diesen immer begleitet durch den Verlust von Identität, Konsens, Geborgenheit und Harmonie. Dementsprechend ist das deutsche Ideal nicht das in Freiheit und Ungewißheit verantwortlich handelnde „Individuum" sondern die „Persönlichkeit", der „große Einzelne", dem es aus eigener Kraft gelingt, nicht nur die Wider-

---

80 Vgl. hierzu insbesondere Hans Freyers immer noch bemerkenswerte Studie „Die Bewertung der Wirtschaft im philosophischen Denken des 19. Jahrhunderts": Freyer 1921.
81 Die Auflösung der Dorfgemeinschaft sei ein Ergebnis des Liberalismus und des Kapitalismus, so Werner Sombart (Sombart 1934, S.15).
82 Dazu insbesondere Georg Simmels Ausführung zur „deutschen Freiheit" (Simmel 1916) sowie Ernst Troeltsch 1925.

sprüchlichkeiten der modernen Gesellschaft auszuhalten, sondern diese in einem „schöpferischen Akt" zu einer zukunftsweisenden Einheit, zu einer neuen Synthese, die oftmals im Gewande der „neuen Gemeinschaft" daherkommt, zusammenzuzwingen.

I.

Die in vielerlei Facetten geschilderten Ansichten der Werdaer Bürger über die Gewinne und Verluste im Gefolge der Wiedervereinigung (die oft genug mit dem Zusatz „sogenannte" versehen wird), verweisen immer wieder auf den inneren Zusammenhang einer Denkfigur, die das Begriffspaar „Gemeinschaft und Gesellschaft" im Sinne eines moralischen Gegensatzes behandelt, als ob es darum ginge, so wenig wie möglich von dem einen und so viel wie möglich von dem anderen zu haben. Gemeinschaft und Geselligkeit, so meinen durchweg alle Befragte, seien früher besser gewesen; man bliebe zumeist in den eigenen vier Wänden, besuche sich nicht mehr so häufig und gehe nicht mehr so viel fort. Seitdem es das Westgeld gebe, seien die Kontakte zu den Nachbarn eingeschlafen. Heute, so meinen viele Befragte aus Werda, sei jeder auf sich selbst bedacht, Egoismus und Neid hielten Einzug in die ehemals unter dem Gesetz der Gleichartigkeit entstandene Gemeinschaftsidylle. Man sei es nicht gewohnt, in Unsicherheit zu leben, Streß und Frust sind – nach den Angaben vieler Befragter – die beiden alles dominierenden Gefühle. Die Selbstverständlichkeit eines von allen geteilten und weithin unhinterfragten Lebensstils, der in weiten Bereichen des Alltags auch öffentlich prämiert wurde, muß nun individuell begründet und gegen die Meinung anderer durchgesetzt werden. So werden die durchgängig als positiv gewerteten politischen und wirtschaftlichen Veränderungen seit der Wende mit einem Verlust an Sicherheit und Geborgenheit, mit einer Verkomplizierung des Selbstverständlichen und Gewohnten, also letztlich mit einem „Verschwinden der Gemeinschaft" bilanziert. Der ökonomische Notstand einer sozialistischen Gemeinschaft kann vor diesem Hintergrund geradezu als gemeinschaftlicher Wohlstand gewertet werden. Und obwohl die scheinbar gemeinschaftsfördernden Ansprüche an die zusätzliche Leistungs- und Belastungsfähigkeit der Familie, der Nachbarn und Freunde nur auf dem Boden einer nicht nur prinzipiellen, sondern auch sozial erfahrbaren Gleichheit Aller gestellt werden konnten (einer Gleichheit, die den Neid als einen „Schmierstoff jeder sozialen Differenzierung" zu begrenzen vermochte), erscheinen diese Ansprüche nun im verklärenden Rückblick geradezu als die zwar unbeabsichtigte, aber nichtsdestoweniger positive Nebenfolge einer staatlich garantierten, kapitalismusfreien Gemeinschaft. Der Westen, so heißt es dann pauschal, mache die Gemeinschaft kaputt, oder: es gebe zu wenig Osten im Westen. Das Festhalten und die besondere Betonung der „eigenen Art", die als etwas „Besonderes", nur den Gruppenmitgliedern „Eigenes" vorgestellt wird, gilt vielen als das unverbrüchliche und wesentliche „Kapital" der alten Gemeinschaftsordnung. Obwohl niemand so recht zu umschreiben weiß, was es denn mit dieser „eigenen Art" auf sich hat, unbestreitbar ist, daß es in beiden Dörfern so etwas wie ein Besonderheitsgefühl gibt, das aus einem Absonderungsbedürfnis gegenüber Dritten, also aus dem Intimitätsbedürfnis einer Gemeinschaft resultiert, die sich selbst ihre Identität durch eine gemeinsame Rhetorik stiftet.

Unterstützt wird diese Rhetorik nicht zuletzt auch durch die Sprachpraxis des alten Staates. Denn die Sprache des politischen Diskurses der SED war eine solche der Gemeinschaft, eine Sprache also, die in sehr direkter Weise versuchte, Sozialintegration zu erzeugen. Die heute gängigen Erklärungsansätze, die die relative Stabilität des real existierenden Sozialismus lediglich mit der Existenz eines übermächtigen Bespitzelungsapparates begründen, greifen daher zu kurz, denn kein politisches System vermag sich über längere Zeit hinweg allein durch repressive Maßnahmen zu stabilisieren, wenn es nicht gleichzeitig auch über andere, „positive" Bindungskräfte verfügen würde. Wer im real existierenden Sozialismus überleben wollte, so meint der wohl bekannteste psychologische Betreuer der Wende, Hans Joachim Maaz, der mußte sich an einengende Normen auf Kosten der eigenen Beweglichkeit und Lebendigkeit anpassen. Permanenter moralischer Druck „haben vielen Menschen keinen Raum gelassen, die eigene Individualität zu entwickeln. Sie mußten sich verstellen, anpassen, unterordnen, schließlich auch verdrängen, ausblenden und rationalisieren"[83]. Die plausibel klingende Diagnose bemüht das Bild von der falschen Schale und dem wahren Kern. Was mit diesem „wahren" Kern gemeint ist, macht Maaz unmißverständlich klar, wenn er immer wieder darauf aufmerksam macht, daß das „sogenannte freie Denken", auf das der Westen so stolz sei, doch nur auf das eigene Wohl, die Verwirklichung der eigenen Absicht und Willkür ziele. Diese (falsche) Freiheit, so meint Maaz (und eben nicht nur er), werde nur äußerlich begriffen und als Wohlstand herbeigesehnt: „Aber um welchen Preis? Die negativen Seiten der westlichen Wirtschaftskultur haben wir nicht sehen wollen. Wir drohen zu einem bloßen Absatzmarkt zu werden, wir sind dabei Opfer unserer eigenen irrationalen Westgeilheit, der Vorstellung, alles aus dem Westen sei besser und einer westlichen Wirtschaftsdoktrin, die vorrangig gewinnorientiert handelt und sich wenig um die Menschen, ja nicht einmal um die Politik kümmert"[84].

Die neue deutsche Gemeinschafts-Euphorie, die oft genug in einem übertriebenen nationalen Zungenschlag zu hören ist, bedeutet zunächst und vor allem den Rückzug ins Private, das nun zum alleinigen Maßstab des öffentlichen Lebens wird[85]. Man sucht die Nestwärme, die eine offene Gesellschaft nicht zu geben verspricht, in der Abgeschiedenheit einer nur mehr im Priva-

---

83 Maaz 1991, S.3.
84 Maaz 1990, S.134.
85 Vgl. hierzu das an Zitaten reiche, in seiner Bewertung aber oftmals überzogene Buch von Hermann Glaser „Spießer-Ideologie" (Glaser 1985).

ten gelingenden Gemeinschaft, in einer kleinen, überschaubaren und durch Gewohnheit gesicherten Idylle, die vor den Zumutungen der „Welt" schützt. Dieses Ideal einer gemeinschaftlichen Geborgenheit läuft zusammen in dem Bild der „lieben kleinen Einsiedler, die so oft in Gruppenaufnahmen vor dem schmucken Hintergrund ihrer selbst gewählten Einsamkeit zu sehen sind, die sich in Vereinen zusammendrängen und den Begriff der Massenhaftigkeit auf ihre innige und liebe Weise so vollkommen erfüllen"[86]. Entgegen ihrem auch nach außen propagandistisch postulierten Selbstverständnis, an der Spitze des Fortschritts zu stehen, bewahrte die sozialistische Gesellschaftsform diesen kleinbürgerlichen Traum von Geborgenheit und Harmonie, verstärkte ihn vielleicht sogar durch das ideologisch begründete Gleichheitspostulat. Erst vor diesem Hintergrund wird die Diagnose Michael Rutschkys[87] verständlich, der schrieb, daß der Sozialismus erst als Ruine seinen Kern freigebe, nämlich das spießbürgerliche deutsche Ordnungsdenken: Eingang verboten, Durchgang verboten, Ausgang verboten[88]. Neu ist diese Diagnose gewiß nicht. Friedrich Sieburg meinte bereits 1957, daß die Deutschen ein Volk sind, das durch Neid groß geworden ist und sich gleichzeitig beständig an seinen anti-ökonomischen Affekten zu berauschen vermag. Der „bessere Deutsche" wurde und wird auch heute wieder als der zur Gemeinschaft fähige Deutsche vorgestellt. Wenn viele Werdaer äußern, daß sich das Geld auf ihre Dorfgemeinschaft negativ ausgewirkt habe, so meinen sie damit ganz bestimmt nicht, daß sie lieber arm, aber dafür richtig leben wollen. Was in ihrem Mißbehagen an der „Vereinnahmung durch den Westen" zum Ausdruck kommt, ist hingegen das zumeist unbestimmte Unbehagen, daß man den Kuchen nicht zugleich essen und auf dem Tisch behalten kann oder, anders formuliert, die Angst vor einer Gesellschaft, die jede Form der sozialen Vergemeinschaftung zu einer individuellen und nicht durch den Staat garantierten Leistung erklärt. Der oft gehörte Ausspruch, daß man ja nie gelernt habe, selbständig zu denken und Verantwortung zu übernehmen, verwandelt sich umgekehrt leicht in den Vorwurf, daß die westlichen Mitbürger aus dieser Not in geradezu raubritterischer Manier Kapital zu schlagen wüssten und der Staat dabei tatenlos zusehe. Der „Besserwessi" könne die ostdeutschen Bürger schon deshalb nicht verstehen, weil er der Lebenswelt einer „funktionierenden Gemeinschaft" entwöhnt und daher in der Regel gar nicht mehr in der Lage sei, die Vorzüge eines auf der Gleichheit Aller beruhenden Gesellschaftsmodells zu erkennen. In einer auf die falsche Mentalität der Westdeutschen abstellenden „Verelendungstheorie" werden die Rudimente einer verbrämten DDR-Nostalgie wiederbelebt. Und diese These vom zu frühen Ende des „sozialistischen Experimentes" und von der Möglichkeit und Gangbar-

---

86 Sieburg 1957, S. 26.
87 Rutschky 1992, S. 479.
88 Auf dem Gelände des Klosters Lehnin hat Michael Rutschky (Rutschky 1992) eine Tafel mit folgender Aufschrift gefunden: Weitergehen für Patienten nur mit ärztlicher Genehmigung.

keit eines „dritten Weges" hat insbesondere unter westdeutschen Intellektuellen großen Beifall gefunden.

„Wir haben ruhig und sicher gelebt"[89], sagen viele Werdaer. Und nicht nur sie fragen: Warum sollte sich das ändern, nur weil die Grenzen jetzt offen sind und wir heute über eine Währung verfügen, für die wir uns das kaufen können, was wir wollen? Gibt es nicht einen „dritten Weg", der die Vorzüge des einen Systems mit den Vorteilen des anderen verbindet? Ist der „Verlust der Gemeinschaft" als ein unabwendbares Schicksal, gleichsam als Naturereignis, hinzunehmen? Kann die der „wahren Gemeinschaft" inzwischen entfremdete alte Bundesrepublik ein nachahmenswertes Vorbild für die neuen Bundesländer sein?

Nicht nur Manfred Stolpe ist inzwischen der Meinung, daß sie es nicht ist. Seine von ihm selbst mitgeteilten Gründe, die ihn kurz nach der Grenzöffnung bewogen haben, der SPD beizutreten, verweisen auf jene „polemische antikapitalistische Attitüde"[90], die in Verbindung mit einem überkommenen protestantischen Gemeinwohlglauben von der ethischen Höherwertigkeit von Gemeinschaft, Solidarität und Sozialismus gegenüber Individualismus, Konkurrenz und kapitalistischer Wohlstandsverblendung sowie von der „Verbesserlichkeit des Sozialismus" überzeugt ist: „Als ich noch etwas mehr Zeit hatte als heute, pflegte ich Karikaturen, die mir gut gefielen, auszuschneiden und auf eine Postkarte zu kleben. Auf einer davon war im Sommer 1990 ein Mensch zu sehen, der Fünf-Mark-Stücke vor den Augen hatte, D-Mark-Stücke natürlich, und mit erhobenen Händen glücklich und blind auf Riesenlöcher zurannte. An einem stand „Arbeitslosigkeit", die anderen trugen die Namen weiterer sozialer Probleme. Auf dieser Postkarte beantragte ich bald nach der Währungsunion, also der Einführung der D-Mark in der noch existierenden DDR, im Juli 1990 meine Aufnahme in die SPD und schrieb zur Begründung: „Siehe Rückseite"[91].

Mit dem Zusammenbruch des Sozialismus ist die Gegenüberstellung von nestwarmer Gemeinschaft und kalter Gesellschaft oder von gemeinwohlorientierter Staatlichkeit einerseits und interessegeleiteter bürgerlicher Gesellschaft andererseits jedenfalls nicht aus der Mode gekommen. Im Gegenteil:

---

89 „Wir haben ruhig und sicher gelebt. Das hat sich doch sehr geändert. Es fehlt uns heute dieses Sicherheitsgefühl. Früher gab es mit Ausländern keine Probleme. Die waren ja alle meist von einer Nationalität. Und das ging nach dem Motto: wir lassen euch in Ruhe, ihr laßt uns in Ruhe. Wir haben also keinen näheren Kontakt gesucht" (aus den Protokollen). Die „Verwestlichung" so meinte ein Arzt, lasse sich sogar an der Zunahme der Infektionskrankheiten ablesen: „Die jetzige Grippewelle, sowas hatten wir seit bestimmt zehn Jahren nicht mehr, aber ob das Zufall ist, oder mit der erhöhten Reisetätigkeit zusammenhängt, weiß ich nicht. Aber durch die Reisetätigkeit, die früher nicht gegeben war, kann schon mal ein Virus mit eingeschleppt werden".
90 Graf 1992, S.177.
91 Stolpe 1992, S.208.

in nostalgischer Verklärung erscheint einer wachsenden Zahl von Neu-Bundesbürgern der alte Staat der DDR als eine strenge Mutter, die sich um das Wohlergehen ihrer Kinder sorgte, selbst wenn sie dann und wann ihren Zöglingen auf die Finger schlug. Diesem volkstümlichen, wenn auch schiefen Bild, das sich viele ehemalige DDR-Bürger von ihrem alten Staat inzwischen machen, entspricht das Bemühen einer ganzen Reihe westdeutscher Intellektueller, ihre eigenen Sehnsüchte und Träume von einem gemeinschaftsorientierten und identitätsstiftenden Sozialstaat in die vergangene Gegenwart einer in dieser Hinsicht scheinbar erfolgreichen ostdeutschen Gesellschaft zu projizieren. So sind verschiedene Gruppen ost- und westdeutscher Intellektueller heute wieder damit beschäftigt, die alte Bundesrepublik und die alte DDR fein säuberlich auseinanderzubeschreiben.

Die Motive, die diesen Differenzierungsbemühungen zugrundeliegen, verweisen indessen auf einen Grundbestand gemeinsamer Überzeugungen und Vorannahmen. Die Unterschiede, die heute beschworen werden, sind das Resultat eines gemeinsamen, genuin anti-westlichen und insbesondere anti-ökonomischen Erwartungshorizontes, der auf eine Traditionslinie verweist, die weit ins 19. Jahrhundert zurückreicht, auf eine Debatte, in der die Besonderheiten der „deutschen Freiheit" dem Freiheitspathos der Menschenrechtserklärungen entgegengesetzt wurde und der „deutsche Geist" mit der „westeuropäischen Zivilisation" rang. Es scheint, als erlebten die bereits damals falschen Argumente, Parolen und Entgegensetzungen nun ihre zweite Jugend. Die Not einer Nischengesellschaft, in der man auf die Gartenlaube und den Plausch mit den Nachbarn am Gartenzaun beschränkt war, wird als der letzte Hort gemeinschaftsbetonter Solidarität und menschlicher Wärme beschworen und die alte Bundesrepublik als eine bloß materialistische Gesellschaft enttarnt, der es an Geschichte und Staatsbewußtsein mangelt. Während die konservative Kulturkritik wieder auf dem nationalen Klavier zu spielen beginnt, singen die Linken das unpolitische Lied einer neuen gemeinschaftlichen Sehnsucht. Die Kritik an einer durch die selbstverschuldeten Umstände der Nachkriegs- und Besatzungspolitik gezeugten Gesellschaft westlicher Prägung verkehrt die alten politischen Fronten in ihr Gegenteil. Und beide Seiten tragen vermittels einer moralischen Beschwörung der falschen Begriffs- und Handlungsalternativen auf je verschiedene Weise dazu bei, das „deutsche Sonderbewußtsein" zu bestärken.

II.

Es ist eine bekannte, aber oft verdrängte Tatsache, daß die Unterscheidung zwischen Gemeinschaft und Gesellschaft einer bestimmten Tradition der deutschen Soziologie und Sozialphilosophie geschuldet ist, die von Adam Müller und Franz von Baader bis zu Ferdinand Tönnies und Othmar Spann reicht; eine Tradition, die aus der Wirtschaftsfeindschaft, insbesondere des deutschen Bildungsbürgertums, seiner Skepsis gegenüber den Formen der wirtschaftlichen Vergesellschaftung und dem damit einhergehenden Besitzindividualismus ein unpolitisches Programm deutscher Innerlichkeit, Gemütstiefe und Gemütlichkeit formulierte, das auf den Namen „deutscher Sozialismus" hörte.

Jede wirkliche Gemeinschaft, so meinte der wohl bekannteste und einflußreichste Theoretiker dieser Unterscheidung, Ferdinand Tönnies, werde ausschließlich durch Gefühl, Gefallen, Gewohnheit und Gedächtnis zusammengehalten. Gemeinschaft ist an sich ethisch richtig, Gesellschaft hingegen so etwas wie Sündenfall oder Dekadenz. So rechnet Tönnies dem Typus Gemeinschaft, die sich auf Abstammung, örtliche Nähe oder seelisch-geistige Übereinstimmung gründe, die Familie und Verwandtschaft, die dörfliche Nachbarschaft und die Freundschaft zu. Gemeinschaft sei daher als die natürliche Ordnung eines echten und dauernden menschlichen Zusammenlebens zu begreifen, Gesellschaft dagegen nur ein vorübergehendes und scheinbares Zweckbündnis. Das innere Wesen aller wirklichen Gemeinschaft beruhe auf einem gegenseitigen Verständnis, das sich schweigend vollziehe und eben nicht auf die vermittelnden und äußeren Formen gesellschaftlicher Übereinkunft angewiesen sei. Denn die Bejahung des Mitmenschen entspringe allein der Gesinnung, dem Gemüt und dem Gewissen. Man kann daher, wie der Volksmund sagt, in schlechte Gesellschaft geraten, aber nicht in schlechte Gemeinschaft. Innerhalb der Gemeinschaft kann daher auch kein kapitalistischer Geist bestehen; er ist ihrem Wesen fremd[92]. Die Durchsetzung eines rein kapitalistischen Geistes bedeute geradezu „die Entwicklung des Einzelsubjektes aus der umfriedenden und gegen das Chaos abgrenzenden Gemeinschaft in das vereinzelte Erleben und Ertragen einer durch nichts gemilderten, durch keine überweltliche Idee zusammengefaßten und abgeschlossenen Unendlichkeitsperspektive"[93]. Gemeinschaftsgeist und kapitalistischer Geist schließen einander aus, die echte Wirtschaftsgemeinschaft zeichne sich dagegen durch einen wesentlich unkapitalistische Charakter aus. Der Weg aus der Gemeinschaft, den zumeist der Fremde weise, der vornehmlich als Händler auftrete, führe notwendigerweise in den schrankenlosen Individualismus. Das Bewußtsein des Mangels an Sicherheit, die nur von einem starken, dem Einzelnen übergeordneten Ganzen ausstrahlt, wird betäubt durch einen Rausch am äußerlich Großen, an den Rekordzahlen der Umsätze, an der wirtschaftlichen Macht über den Markt, an der technischen Macht über die Natur. Der Einzelmensch steht nun dem Chaos machtlos, entsetzt und einsam gegenüber.

Der Angst vor dem Chaos des Individualismus entsprang der Traum vom „deutschen Sozialismus", einer eigenartigen Kombination von deutscher Innerlichkeit und Staatsapotheose. Nicht nur der einflußreiche Nationalökonom

---

92 Vgl. hierzu insbesondere Fechner 1929; die beste Darstellung des anti-ökonomischen Affektes findet sich immer noch bei: Freyer 1921.
93 Fechner 1929, S.197.

Werner Sombart meinte, Sozialismus sei nichts anderes als Kameradschaft. Kameradschaft kann aber nur dort entstehen und gesichert werden, wo man den Staat liebt. Der Staat ist daher der wichtigste Garant einer gemeinschaftlichen Ordnung und er kann dies nur sein, insofern er ein sozialistischer Staat ist. Es ist daher nicht verwunderlich, wenn Tönnies wie auch Sombart und viele andere Autoren mit ihnen und in unserer Zeit verkünden, daß die Gemeinschaft dort untergeht, wo Kapitalismus und Pluralismus herrschen. Die negative Färbung des Gesellschaftsbegriffes ist nicht zu übersehen, wenn Tönnies das Charakterbild des typischen Menschen der Gesellschaft, das Bild des Kaufmanns, Händlers und Kapitalisten zeichnet: „Der unbedingte Wille, sich zu bereichern, macht den Kaufmann rücksichtslos und zum Typen des egoistisch-willkürlichen Individuums, dem auch alle Mitmenschen ... nur Mittel und Werkzeuge für seine Zwecke sind; er ist der eigentlich gesellschaftliche Mensch"[94]. „Es heißt Handels-Gesellschaft, aber nicht Handels-Gemeinschaft", meint Tönnies, weil eben der Kaufmann als der repräsentative Typus der modernen Gesellschaft gilt; er ist nicht ein bestimmter Bürger eines bestimmten Landes, sondern aus den Banden des Gemeinschaftslebens befreit, und je mehr er es ist, umso besser für ihn[95]. Die natürlichen Herren der bürgerlichen Gesellschaft sind daher die Kaufleute. Das von ihnen verbreitete und gesellschaftlich durchgesetzte Ideal eines unbeschränkten Egoismus und Individualismus läßt den Erwerbstrieb in ein der Gemeinschaft nicht förderliches Kraut schießen und erstickt schließlich die traditionellen und echten Formen alles menschlichen Zusammenlebens.

Nicht nur Sombart und Tönnies – jeder freilich auf seine eigene Art[96] – stehen für diesen Traum vom „deutschen Sozialismus". Die Kritik an Pluralisierung und Individualisierung führte schon immer zu vielfältigen revisionistischen Entwürfen eines post-marxistischen Sozialismus als einer spezifisch deutschen politischen Zukunftsformation. Denn in der Verachtung bürgerlicher Mentalitäten stimmten konservative wie auch progressive Zivilisationskritiker überein. So hielt nicht nur Oswald Spengler den reinen Geschäftsliberalismus für die billigste und bequemste Methode, die Politik dem Kontor, den Staat dem Schiebertum zu unterstellen[97] und hielt einen Staat, der auf solchen Prinzipien aufgebaut sei, für nicht überlebensfähig. Der moralisierenden Verachtung privater ökonomischer Interessen korrespondiert die zivilisationskritische Diagnose einer in Kürze bevorstehenden furchtbaren Ver-

---

94 Tönnies 1978, S. 133.
95 Vgl.: Sombart 1934, S.15.
96 Trotz aller Gemeinsamkeiten in der Argumentation dürfen die Unterschiede zwischen Tönnies und Sombart nicht verwischt werden. Während Sombart aus seiner Sympathie für den Nationalsozialismus keinen Hehl machte und auch eine unerfreuliche Rolle bei der Auflösung der Deutschen Gesellschaft für Soziologie spielte, setzte Tönnies immer auf die deutsche Sozialdemokratie und trat noch 1933 den nationalsozialistischen Machthabern tapfer entgegen.
97 Vgl. hierzu: Lübbe 1993; sowie: Rubinstein 1921.

sklavung der Welt durch das Händlertum. Der Deutsche, so meinte Ernst Jünger in seinem „Arbeiter", sei daher aus reinem Gewissen kein guter Bürger. Diese Anti-Bürgerlichkeit wird von ihm geradezu zum Inhalt deutschen Stolzes erhoben: „Auf über ein Jahrhundert deutscher Geschichte zurückblickend dürfen wir mit Stolz gestehen, daß wir schlechte Bürger gewesen sind"[98]. Denn in der westlichen Welt herrsche nur die Diktatur des wirtschaftlichen Interesses, innerhalb dieser Welt sei keine Bewegung vollziehbar, „die nicht den trüben Schlamm der Interessen"[99] stets von neuem aufwühle. Kritik an der bürgerlichen Gesellschaft bedeutet Kritik an der Entfremdung, an der Trennung individueller und gemeinschaftlicher Interessen. Wenn die Deutschen zu sich selbst kommen wollen, steht immer auch die Überwindung dieses „geistigen Engländertums" auf der Tagesordnung.

III.

Daß Gemeinschaft, nach einem bösen Wort von Friedrich Nietzsche, zu einem gemeinschaftslüsternen Infantilismus führen und dadurch letztlich auch gemein machen kann, ist den alten wie auch neuen Vertretern dieses deutschen Sonderbewußtseins fremd. Sie halten unbeirrbar daran fest, daß die bürgerlich-kapitalistische Gesellschaft eben nicht das letzte Wort der Geschichte sein dürfe und begründen diese geschichtsphilsophische Einsicht mit dem Verweis auf die wahre Natur jeder menschlichen Ordnung, die auf Einverständnis und Identität, nicht aber auf Differenz und Andersartigkeit gegründet sein müsse. Der Liberalismus als eine Welt von Mauern, die jede für sich eine neue Freiheit erzeugt, ist den Deutschen fremd. Sie streben daher nicht nach Gesellschaft, sondern nach Gemeinschaft.

Während man sich allenthalben darüber einig ist, daß der Individualismus ein wesentliches Kulturprinzip der bürgerlichen Gesellschaft darstellt, gehen die Auffassungen über die sozialen, ökonomischen und politischen Folgen der Individualisierung weit und unversöhnlich auseinander. Es ist daher auch kein Zufall, daß insbesondere in Deutschland der Individualismus (wie auch die Stichworte „Verwestlichung" und „Amerikanisierung") negativ belegt sind und die damit bezeichneten Phänomene zumeist als eine Art Mangelkrankheit angesehen werden. Wer Individualismus sagt, meint zumeist seine noch ausstehende Überwindung. Denn dem Individualismus folge notwendig die Auslöschung jeder Individualität auf dem Fuße[100]. Neben der Wertschät-

---

98   Zit. nach Lübbe 1993, S.147.
99   Lübbe 1993, S.147/48.
100 Die damit verbundene Sehnsucht nach Gemeinschaft hat mit der angelsächsischen Beschwörung der „community" nichts zu tun; beide Begriffe stehen in einem schroffen Gegensatz zueinander – ein Gegensatz, der an dieser Stelle nicht erörtert werden kann.

zung der Einzelpersönlichkeit stehen die höhere Einheit der Gemeinschaft, die die Individuen jeweils als Volks- und Kultureinheit, als Gemeinschaft von Sprache, Recht und Kultur als Einheit des Staatsinteresses zusammenschließt, im Mittelpunkt des Interesses. In dieser, vor allem durch die Romantik geprägten Persönlichkeitskultur, die die Einzigkeit des Heroen, das Genie, die Originalität, die deutsche Seele feiert, erscheinen Individualität und Individualismus als zwei geschworene Feinde.

In seinen Vorlesungen über Kant hat Georg Simmel diesen Gegensatz des Individualitätsbegriffes der Aufklärung und des 19. Jahrhunderts herausgestellt. Die Individualität der Aufklärung, so Simmel – und man kann ergänzen: des Westens – sei eine solche der Freiheit gewesen, die unsere aber eine solche der Einzigkeit. Dort Gleichartigkeit, hier Verschiedenartigkeit, dort quantitativer, hier qualitativer Individualismus. Der berühmte Ausspruch Hans Freyers, daß im Sturm auf die Bastille nicht die Freiheit des Menschen, sondern seine Einsamkeit erkämpft worden sei, verbindet diese Angst vor der „Individualisierung" (als „horror vacui") mit der Gemeinschaftssehnsucht. Seit jeher hat sich die Kritik deutscher Idealisten mit allem erdenklichen Scharfsinn gegen das westliche Modell einer bürgerlichen Gesellschaft gerichtet, in deren Mittelpunkt eine Kaufmannsethik steht, die auf Kompromiß und Ausgleich zielt. So halten viele deutsche Intellektuelle bis auf den heutigen Tag das hohe Kulturideal und die „platte Glücksidee" für unversöhnbare Gegensätze und verweigern sich der Einsicht, daß die Menschen innerhalb eines Staatsgebildes auch gegeneinander stehen und demzufolge der Pluralismus menschengerecht ist.

Seit nunmehr drei Jahren, so schrieb Thomas Schmid in der Süddeutschen Zeitung, wird von allen möglichen Seiten den Deutschen geraten, sich doch als ein geeintes Volk zu empfinden und die geistigen Früchte der Wiedervereinigung zu genießen. Genutzt hat das bekanntlich wenig. Im Osten, wo man doch die Einheit auf Biegen und Brechen wollte, „wird ein zielloser Zorn von Tag zu Tag größer, der sich auch als Haß auf den Westen bemerkbar macht. Und im Westen haben alle Appelle nur wenig gefruchtet. Zwar ist die Bereitschaft, zu zahlen, viel größer, als oft vermutet, aber die staatliche Einheit wird doch eher als unvermeidliche Last denn als Chance für irgend etwas gesehen. ... Das Kleinliche, um der großen nationalen Sache willen geächtet, bricht sich nun um so hemmungs- und rücksichtsloser Bahn. Wechselseitige Projektionen haben Konjunktur. ... Im Osten sieht es ganz so aus, als würde ausgerechnet jetzt das Bild vom Westen Allgemeingut, das die SED-Propaganda entworfen hatte. Erst die Einheit hat so richtig entzweit"[101]. Die „innere Einheit", so es sie denn je geben wird, ist ein Ding der ferneren Zukunft.

Die Überfrachtung der gegenseitigen Erwartungen mit falschen Ansprüchen weist aber wiederum auf eine bemerkenswerte Gemeinsamkeit hin. Auf

---

101 Schmid 1993, S.13.

die Tatsache nämlich, daß alles Reden von Einheit nicht in der Unterschiedlichkeit und Vielfalt ihrer Teile, sondern gerade umgekehrt, in einer erst her-
zustellenden Identität aller Teile gesehen wird. Genau diese Sichtweise ist
beiden Seiten gleich: die Suche nach dem gemeinsamen Nenner des
„Deutsch-Seins", jenseits aller offensichtlichen und von allen begrüßten regionalen und landsmannschaftlichen Eigenarten und Besonderheiten, für die
man üblicherweise den Begriff der Mentalität reserviert und damit zur Beschreibung bloß folkloristischer Eigentümlichkeiten der deutschen Stämme
reduziert.

IV.

Vor allem Literaten und Feuilletonisten haben in den Nischen der alten DDR-
Gesellschaft das echte und wahre Deutschland wiederentdeckt, ein „Neues
Deutschland", von dem bereits Thomas Mann anläßlich seines Besuches in
Weimar im Jahre 1950 zu berichten wußte, „das Sorge zu tragen vermag für
den Respekt vor einer geistigen Existenz wie der meinen". Ein Deutschland
voller Gesichter, „denen ein angestrengt guter Wille und reiner Idealismus an
der Stirn geschrieben steht. Gesichter von Menschen, die ... sich aufopfern,
um zur Wirklichkeit zu machen, was ihnen Wahrheit dünkt"[102]. In dieser
Verrücktheit, das Haltgebende wegzuwerfen und durch das „innere Licht" zu
ersetzen, sind, folgt man Arnold Gehlen, die Deutschen unübertroffen. Die
Deutschen, so meinte er, seien ein Volk von Idealisten, das erst dann bei sich
selbst ist, wenn es etwas Gedankliches, eine Utopie, ein Phantom so weit
vorauswirft, daß der Versuch, sich durch das Dickicht der Wirklichkeit zu
ihm durchzukämpfen, gewaltsam ausfallen muß. So übersetzt sich der idea-
listische Entschluß zur Weltfremdheit immer in Konsequenzfatalismus. Die
reine Idee zur politischen Wirklichkeit zu erheben, diese besondere Form eines politikfreien Idealismus liegt auch dem inzwischen vielzitierten Ausspruch Bärbel Bohleys zugrunde: „Wir haben Gerechtigkeit erwartet und den
Rechtsstaat bekommen" – ein alarmierender Satz aus dem ewigen Arsenal
deutscher utopischer Irregeleitetheit, der von Antje Vollmer in geradezu bei-
spielhafter Weise um das Folgende ergänzt wurde: „Was die Farbe der neuen
deutschen Republik betrifft, so sind jetzt offensichtlich erst einmal die
Schäubles und Rühes und Seebacher-Brandts dran. Du verpaßt also nichts
Wesentliches, wenn Du in der Zwischenzeit ein paar schöne Bilder malst.
Wie ich uns kenne, werden wir uns schon rechtzeitig wieder einmischen. Die
Parole hast Du schon längst ausgegeben: Das nächste Mal gründen wir eine
europäische Bürgerbewegung". Jürgen Manthey hat diese intellektuell gar-
nierte Form einer im publikumswirksamen Betroffenheitsjargon vorgetrage-
nen kruden Politikverachtung folgendermaßen kommentiert: „Was für ein

---

102 Mann 1950, S.43.

Hochmut, was für ein Sendungsbewußtsein, was für eine Politikverachtung. Gibt es, so muß man fragen, irgendwo anders im Westen eine vergleichbare Politikeinstellung?"[103] Der Westen ist verwestlicht, die Ostdeutschen dem wahren „Deutschtum" dagegen näher[104]. Die Rudimente einer verbrämten DDR-Nostalgie („wir sind die – moralisch – besseren Deutschen") läßt sich nicht zuletzt an dem oft geäußerten Vorwurf ablesen, die Westdeutschen seien gerade dabei, den Ostdeutschen nun auch noch den Rest ihres überkommen „Idealismus" abzukaufen. Die Westdeutschen, so meint nicht erst Peter Schneider, zeichneten sich geradezu durch ihre Angst vor den Idealen aus[105]. Diese fast ausschließliche Ausrichtung auf den wirtschaftlichen Erfolg sei geradezu als Folge eines Übermaßes von gescheitertem Idealismus zu deuten. Die Flucht der Westdeutschen in einen extremen Pragmatismus und fanatischen Materialismus habe aus der Angst vor einem Wiedererstarken des Idealismus stattgefunden. In der DDR falle dagegen die gegenüber anderen sozialistischen Ländern hohe Zahl von letztlich aus idealistischen Motiven unerschütterlichen Mitgängern auf, deren Glauben an den Sozialismus als „Ideal" nach allen Niederschlägen sich immer wieder aufzurichten vermochte. Dieser DDR-spezifische Idealismus, so meint Schneider, sei mit dem Zusammenbruch des DDR-Staates inzwischen einem kalten Egoismus und Zynismus gewichen: nie mehr Ideale, nie mehr Politik, nie mehr irgend jemandem vertrauen. Eine Enttäuschung der materiellen Sehnsüchte und Erwartungen würde daher, so vermuten einige Beobachter, erneut die alte Heftigkeit ideologischer Anhänglichkeit hervorrufen. Um das zu verhindern, so meinen viele Intellektuelle, müsse mit aller Kraft dafür gesorgt werden, daß der Zusammenbruch des Sozialismus nicht zu einem Sieg des Kapitalismus werde. Dem Westdeutschen, der allen Idealen inzwischen abgeschworen habe, gelte der Ostdeutsche bekanntlich nur etwas „als Kunde, als Zahler, solange er Zahlungsmittel hat"[106]. So hat sich das auch Friedrich Schorlemmer nicht vorgestellt und klagt: „Nun sind wir endlich in der selbstverschuldeten Unmündigkeit. Vorher war sie unverschuldet"[107]. Diese „Unschuld" wird inzwischen auf die Tatsache zurückgeführt, daß eine totale Ablehnung des Systems unter

---

103 Manthey 1992, S.366f.
104 Vgl. hierzu die bezeichnende, von Michael Rutschky (Rutschky 1992, S.419) erzählte Geschichte von einem ostdeutschen Lehrer, der die Kinder zum Gehorsam gegenüber Helmut Kohl erziehen und von seinem westdeutschen Kollegen wissen wollte, wie man das zu bewerkstelligen habe. – Die verbreitete Legende von der Verwestlichung oder Amerikanisierung des westdeutschen Lebensstils muß neben der Legende von der Veränderung der deutschen Mentalität unter der Herrschaft des Sozialismus erzählt werden. Vgl. hierzu u.a.: Sieburg 1957, S.168.
105 Schneider 1991, S.33.
106 Schorlemmer 1992, S.387; Vgl. dazu auch: Franke 1992, S.6.
107 Schorlemmer 1992, S.387.

den geistigen und funktionalen Eliten nicht allzu weit verbreitet war; vielmehr wollte man festhalten an der sozialistischen Zukunftsvision, wenigstens an der antikapitalistischen Alternative[108]. „Zu jeder Zeit hoffte man auf die große Wende, auf den grundsätzlichen Neuanfang, der die Versprechungen des Sozialismus Wirklichkeit werden ließe. Wie dieser Neuanfang konkret auszusehen hätte, wußte angesichts der ökonomischen Situation und der politisch-ideologischen Entfremdung der Regierung vom Volk freilich niemand; die Hoffnung, die sich gleichwohl auf ihn richtete, blieb daher immer abstrakt"[109].

Daß der DDR-Bürger den Osten im Westen vermisse, können sich Westdeutsche nicht vorstellen. Westdeutsche, so hört man oft, können uns gar nicht verstehen, „die Westdeutschen finden uns furchtbar und wir finden diese Geschäftemacher furchtbar, die jetzt rüberkommen"[110]. Es könne niemand verstehen, so schrieb Bärbel Bohley in ihrem offenen Brief an Antje Vollmer[111], daß auch das Leben im Osten Spaß gemacht habe[112]. Das sozialistische Experiment sei nur deshalb „in die Hose gegangen" (Bohley), weil es keine wahrhafte Erneuerung seiner idealen Werte gegeben habe. Der jetzige „Ausverkauf der Menschen aus der DDR in die Bundesrepublik" habe das Land in den moralischen wie politischen Ruin getrieben. Nicht der wirtschaftliche Bankrott, so läßt sich aus dieser Auffassung folgern, sondern der Mangel an idealistischer Erneuerung habe letztlich den „Sturz des Ikarus" bewirkt[113]. Viele erleben jetzt, daß nur sehr wenig von dem was ihr bisheriges Leben ausgemacht hat, Bestand haben soll. Das ist schwer zu ertragen, kommt es doch einer Abwertung ihrer selbst gleich. So weisen sie darauf hin, daß es auch hinter der Mauer Freiheiten und Freiräume gegeben habe, die das Leben erträglicher machten und wünschen sich eine Mixtur, eine möglichst widerspruchsfreie Synthese aus den alten „kulturellen Errungenschaften" und den neuen Entfaltungsmöglichkeiten.

---

108 Fritze 1993, S.303
109 Fritze 1993, S.302
110 Zit. nach Belwe 1991, S.21.
111 Solche offenen Briefe sind eine besondere Spezialität deutscher Intellektueller, die die Trennung von privater und öffentlicher Sphäre für eine beklagenswerte Folge gesellschaftlicher Differenzierungsprozesse und einen Verlust an „Echtheit" erachten. Was die Intimitätssucht der Deutschen betrifft, hat Ana-Maria Cortes-Kollert in einem bemerkenswerten Beitrag darauf hingewiesen, daß gerade die Deutschen im sozialen Umgang eine Natürlichkeit, Aufrichtigkeit und Spontaneität suchen, die in anderen Kulturen als schlichte Grobheit empfunden wird (Cortes-Kollert 1993, S.25).
112 Bohley 1992, S.27.
113 Dazu gehört auch der vom Institut für Demoskopie in Allensbach erhobene Befund, daß nicht der Sozialismus „als solcher, das heißt als Idee" versagt habe, sondern unfähige Politiker diese Idee (zeitweise) ruiniert hätten: 67% sind in Ostdeutschland und nicht weniger als 45% im Westen der Republik dieser Meinung).

180

Diese Erwartungen und Hoffnungen werden von den Bewohnern der alten Bundesrepublik nicht uneingeschränkt geteilt, aber sie haben – bewußt oder unbewußt – nicht selten ganz ähnliche Vorstellungen von dem „richtigen deutschen Weg" nach der Wiedervereinigung. Versucht man zu umschreiben, wie sich die Kultur der Bundesdeutschen, ihre Lebensform und Lebensart heute, im Unterschied zu früheren Zeiten präsentiert, so genügt ein Wort zur Charakterisierung: sie ist lockerer geworden, sie kommt nicht mehr so ernst, so gravitätisch daher wie früher. Das Leistungspathos hat sich verringert. Nach Jahren einer fast rauschhaft erlebten Mobilität und Veränderung macht sich heute ein stärkeres Verlangen nach Befestigung, Überschaubarkeit, nach stabileren Zuordnungen geltend. Das Pathos des Wiederaufbaus ist abgelöst worden von einem Pathos der Bewahrung. Denkmalpflege und Umweltschutz haben Konjunktur. Die kleine Schule ist Trumpf. Gewiß, vieles an dieser Bewegung ist Nostalgie, Angst vor dem Tempo, mit dem die industrielle Welt ihre Ressourcen aufzehrt, Sehnsucht nach einer weniger beschleunigten, weniger lärmenden, weniger konkurrenzerfüllten Welt. Aber die lähmenden Wirkungen dieses Denkens auf das politische System sind nicht zu unterschätzen. Das Kleine, Überschaubare, Kontrollierbare in der unmittelbaren Nähe ist wieder gefragt, weil man den Großsprechereien aus der Ferne mißtraut.

Auch die an-europäisierten, lässig gewordenen Alt-Bundesrepublikaner sind Deutsche geblieben. Und Deutsch-Sein heißt manchmal immer noch – und nicht so selten -: eine Sache um ihrer selbst willen zu übertreiben. Daher bleibt die Frage: Was wird aus dieser bundesdeutschen Mentalität im Prozeß der Wiedervereinigung? Wird sie die deutsche Teilung überdauern, oder wird sie verschwinden? Ist der Gedanke, daß man sich die Einheit als eine Einheit aus Gegensätzen vorzustellen hat, und daß es unter modernen Bedingungen gar nicht anders sein kann, so einleuchtend und so attraktiv, daß er sich im Konkurrenzkampf mit der wieder aufgewärmten romantischen Utopie eines „deutschen Sonderweges" zu behaupten vermag?[114] Wird Deutschland den so mühsam errungenen Anschluß an das westliche Gesellschafts- und Demokratieverständnis bewahren können? Oder ist die Erwartung realistischer, daß Deutschland eben Deutschland bleibt und insgesamt wieder etwas östlicher und protestantischer und preußischer werden wird?

V.

Einer der Klassiker der modernen Demokratietheorie, Alexis de Tocqueville, hat die Gefahren, die sich aus dem „Leiden an der Moderne" ergeben, bereits vor mehr als 150 Jahren in Worte gefasst. Sie beschreiben auch heute noch in nicht zu überbietender Klarheit die Alternativen, die sich den Deutschen auf

---

114 Vgl. hierzu: Maier 1990.

ihrem Weg der Wiedervereinigung stellen: „Ich sehe eine unübersehbare Menge ähnlicher und gleicher Menschen, die sich rastlos um sich selbst drehen, um sich kleine und gewöhnliche Freuden zu verschaffen, die ihr Herz ausfüllen. Jeder von ihnen ist ganz auf sich zurückgezogen, dem Schicksal aller anderen gegenüber wie unbeteiligt. Seine Kinder und seine besonderen Freunde sind für ihn die ganze Menschheit; was seine übrigen Mitbürger angeht, so ist er zwar bei ihnen, aber er sieht sie nicht; ... er lebt nur in sich und für sich selbst... Über diesen Bürgern erhebt sich eine gewaltige Vormundschaftsgewalt, die es allein übernimmt, ihr Behagen sicherzustellen und über ihr Schicksal zu wachen. Sie ist absolut, ins einzelne gehend, pünktlich, vorausschauend und milde. Sie würde der väterlichen Gewalt gleichen, hätte sie – wie diese – die Vorbereitung der Menschen auf das Mannesalter zum Ziel; sie sucht aber, im Gegenteil, die Menschen unwiderruflich in der Kindheit festzuhalten; sie freut sich, wenn es den Bürgern gutgeht..., sie arbeitet gern für ihr Glück; aber sie will allein daran arbeiten und allein darüber entscheiden; sie sorgt für ihre Sicherheit, sieht und sichert ihren Bedarf, erleichtert ihre Vergnügungen, führt ihre wichtigsten Geschäfte, leitet ihre gewerblichen Unternehmungen, regelt ihre Erbfolge und teilt ihren Nachlaß; könnte sie ihnen nicht vollends die Sorge, zu denken, abnehmen und die Mühe, zu leben?"[115].

Daß in einer durch die Gleichheit der Bedingungen gekennzeichneten Demokratie die Freiheit gefährdet sei, gehört zu den wesentlichen Einsichten, die wir Alexis de Tocqueville verdanken. In seinem Werk über die Demokratie in Amerika hat er versucht, hinter das Geheimnis einer Gesellschaft zu kommen, in der sich Gleichheit und Freiheit zu vertragen scheinen. In sein Tagebuch notierte er: „Eine Art von verfeinerter und intelligenter Selbstsucht scheint die Achse zu sein, um die sich die ganze Maschinerie dreht". Im Zentrum stehe der Begriff vom recht verstandenen Eigennutz: „Alle Menschen, die in demokratischen Zeiten leben, nehmen daher mehr oder weniger die geistigen Gewohnheiten der industriellen und Handel treibenden Klassen an. Ihr Geist wird ernst, berechnend, nüchtern. Er wendet sich gern vom Idealen weg, um sich an irgendein sichtbares und nahes Ziel zu halten, das sich seinen Wünschen als natürlicher und notwendiger Gegenstand darbietet". Aber, so macht Tocqueville an vielen Stellen seines Werkes deutlich: diese „intelligente Selbstsucht" mache die Menschen nicht notwendigerweise auch unempfindlich gegenüber den berechtigten Ansprüchen Dritter. Denn wer sein Handeln nur nach der Maxime ausrichtet: was ist für mich selber drin, warum sollte ich nicht leben, wie ich will, wird, wenn er seine eigenen Interessen an den Interessen seiner Mitmenschen nicht zu orientieren versteht, bald an seine Grenzen stoßen. Demokratie und Pluralismus meinen eben nicht nur ein hemmungslos egoistisches Gegeneinander, sondern schließen die individuelle Selbsterhaltung und die Sorge für die anderen zusammen,

---

115 Tocqueville 1976, S.814 (hier in der Übersetzung von Pisa 1986, S.122/23).

allerdings ohne die Widersprüchlichkeiten, Vielgestaltigkeiten und Freiheitspotentiale einer demokratischen Gesellschaft in einem romantisierenden Modell einer „neuen Gemeinschaft" zu verwischen.

Eigeninteresse und Solidarität, Freiheit und Gleichheit, Gemeinschaft und Gesellschaft sind keine sich widerstrebenden, keine von Natur aus unvereinbaren Größen. Dies ist die Lehre Tocquevilles, eine Lehre, die den Deutschen mit ihrer Vorliebe für anti-thetische Begriffsbildungen und Polarisierungen – oftmals als „ernsthafte Wahrheitssuche" verkauft – so schlecht schmecken will. Leben in der Gesellschaft schließt Gemeinschafts- oder Gemeinwohlorientierung nicht aus. Es bedeutet aber, endgültig Abschied zu nehmen von dem Bild des Staates als einer gestrengen aber fürsorgenden, weil Gemeinschaft stiftenden Mutter und zu akzeptieren, daß in der modernen demokratischen Gesellschaft jeder Einzelne dazu aufgerufen ist, sein Leben in Ungewißheit und Eigenverantwortung zu führen, Widersprüche zu ertragen und Andersartigkeiten zu tolerieren.

Die Freuden, die die Gleichheit bereitet, bieten sich von selbst dar. Das Verlangen nach Gleichheit, so meinte Tocqueville, wird daher immer unersättlicher, je größer die Gleichheit ist. Daher, so meinte er, sei die Anarchie nicht das größte, sondern das geringste Übel, das eine demokratische Gesellschaft fürchten müsse. Denn die übertriebene Sehnsucht nach Gleichheit führe die Menschen auf ihnen selbst oft verborgenen Wegen nicht in die Freiheit, sondern in die Knechtschaft.

Literaturverzeichnis

Ball,H.: Zur Kritik der deutschen Intelligenz, 2.Aufl., Frankfurt/M. 1991

Barthes,R.: Die helle Kammer. Bemerkungen zur Photographie, Frankfurt/M. 1985

Bauer,P.: „Politische Orientierungen im Übergang. Eine Analyse politischer Einstellungen der Bürger in West- und Ostdeutschland 1990/91", in: Kölner Zeitschrift für Soziologie und Sozialpsychologie 1991, S.434-453

Beck,U.: Risikogesellschaft. Auf dem Weg in eine andere Moderne, Frankfurt/M. 1986

Becker,P.: „Ostdeutsche und Westdeutsche auf dem Prüfstand psychologischer Tests", in: Aus Politik und Zeitgeschichte B 24/1992, S.27-36

Belwe,K.: Psycho-soziale Befindlichkeit der Menschen in den neuen Bundesländern nach der Wende im Herbst 1989, Gesamtdeutsches Institut. Bundesanstalt für gesamtdeutsche Aufgaben, Analysen und Berichte, 1991

Berger,P.L.: Der Zwang zur Häresie. Religion in der pluralistischen Gesellschaft, Frankfurt/M. 1980

Berger,P.L./Luckmann,T.: Die gesellschaftliche Konstruktion der Wirklichkeit, 5.Aufl., Frankfurt/M. 1977

Berking,H./Neckel,S.: „Außenseiter als Politiker. Rekrutierung und Identitäten neuer lokaler Eliten in einer ostdeutschen Gemeinde", in: Soziale Welt 1991, S.283-299

Berking,H./Neckel,S.: „Die gestörte Gemeinschaft. Machtprozesse und Konfliktpotentiale in einer ostdeutschen Gemeinde", in: Hradil,S. (Hrsg.): Zwischen Bewußtsein und Sein, Opladen 1992

Bickel,C.: Ferdinand Tönnies: Soziologie als skeptische Aufklärung zwischen Historismus und Rationalismus, Opladen 1991

Blanke,T./Erd,R.(Hrsg.): DDR – ein Staat vergeht, Frankfurt/M. 1990

Bohley,B.: „Der falsche Opportunismus des Westens", in: FAZ vom 14.3.1992

Bourdieu,P. u.a.: Eine illegitime Kunst. Die sozialen Gebrauchsweisen der Photographie, Frankfurt/M. 1983

Bourdieu,P.: Die feinen Unterschiede. Kritik der gesellschaftlichen Urteilskraft, Frankfurt/M. 1987

Brock,D.: Der schwierige Weg in die Moderne. Umwälzungen in der Lebensführung der deutschen Arbeiter zwischen 1850 und 1980, Frankfurt/M./New York 1991

Burke,P.: Soziologie und Geschichte, Hamburg 1989

Burke,P.: „Die ‚Annales‘ im globalen Kontext", in: Österreichische Zeitschrift für Geschichtswissenschaft 1/1990, S.9-24

Clausen,L./Schlüter,C.(Hrsg.): Renaissance der Gemeinschaft? Stabile Theorie und neue Theoreme, Berlin 1990

Clausen,L./Schlüter,C.(Hrsg.): Hundert Jahre „Gemeinschaft und Gesellschaft", Opladen 1991

Cortes-Kollert,A.-M.: „Selbsthaß, Fremdenhaß. Anmerkungen zur deutschen Seelenlage", in: FAZ vom 4.2.1993

Durkheim,E.: Die elementaren Formen des religiösen Lebens, 2.Aufl., Frankfurt/M. 1984

Ebertz,M.N./Schultheis,F.: „Einleitung: Populare Religiosität", in: dies.(Hrsg.): Volksfrömmigkeit in Europa. Beiträge zur Soziologie popularer Religiosität aus 14 Ländern, München 1986, S.11ff.

Elias,N.: Die Gesellschaft der Individuen, Frankfurt/M. 1987

Engler,W.: „Der Wessi. Ein typologischer Versuch", in: Blätter für deutsche und internationale Politik 11/1991, S.1316ff.

Engler,W.: „Diesseits der Differenz? Über spätsozialistische Verhaltensstile", in: Freibeuter 1991, S. 57ff.

Enzensberger,H.M.: „Von der Unaufhaltsamkeit des Kleinbürgertums. Eine soziologische Grille, in: Kursbuch 1976, S.1-8

Esser,H.: Alltagshandeln und Verstehen. Zum Verhältnis von erklärender und verstehender Soziologie am Beispiel von Alfred Schütz und ‚Rational Choice', Tübingen 1991

Ettrich,F.: „Neotraditionalistischer Staatssozialismus. Zur Diskussion eines Forschungskonzeptes", in: Prokla 1992, S.98-114

Fechner,E.: „Der Begriff des kapitalistischen Geistes bei Werner Sombart und Max Weber und die soziologischen Grundkategorien Gemeinschaft und Gesellschaft", in: Weltwirtschaftliches Archiv 30/1929, S. 195-211

Förster,P./Roski,G.: DDR zwischen Wende und Wahl. Meinungsforscher analysieren den Umbruch, Berlin 1990

Franke,P.: „Die deutsche Vereinigung – ersehnt, erhofft, belastet", in: FAZ vom 9.1.1992

Freyer,H.: Die Bewertung der Wirtschaft im philosophischen Denken des 19. Jahrhunderts, Leipzig 1921

Friedrich,W.: „Mentalitätswandlungen der Jugend in der DDR", in: Aus Politik und Zeitgeschichte B 16-17, 1990, S.25-37

Fuchs,D./Klingemann,H.-D./Schöbel,C.: „Perspektiven der politischen Kultur im vereinigten Deutschland", in: Aus Politik und Zeitgeschichte 32/91, S.25-46

Gebhardt,W.: „Individualisierung, Pluralisierung und institutioneller Wandel. Für eine ‚kritische' Theorie der Institutionen", in: Der Staat. Zeitschrift für Staatslehre, Öffentliches Recht und Verfassungsgeschichte, 31/1992, S.347-365

Gebhardt,W.: „Idee, Mentalität, Institution. Kultursoziologische Anmerkungen zu einer Theorie des institutionellen Wandels", in: Sociologia Internationalis 1993, Heft 1, S.41ff.

Geiger,T.: Die soziale Schichtung des deutschen Volkes, Stuttgart 1987

Geißler,R.: „Transformationsprozesse in der Sozialstruktur der neuen Bundesländer, in: BISS-Public 2/91, S.47-78

Geißler,R.: Die Sozialstruktur Deutschlands. Ein Studienbuch zur Entwicklung im geteilten und vereinten Deutschland, Opladen 1992

Gensicke,T.: „Sind die Ostdeutschen konservativer als die Westdeutschen?", in: Reißig, R./ Glaeßner,G.-J.(Hrsg.): Das Ende eines Experiments. Umbruch in der DDR und deutsche Einheit, Berlin 1991, S. 268-295

Gensicke,T.: „Vom Pessimismus zum Optimismus und vom ‚konservativen' Protest zur Selbständigkeit? Überlegungen zur Entwicklung der sozialen Psyche und der Mentalität der Ostdeutschen vor und nach der Wende", in: BISS-public 4/1991, S.98-115

Gensicke,T.: Mentalitätsentwicklungen im Osten Deutschlands seit den 70er Jahren. Vorstellung und Erläuterung von Ergebnissen einiger empirischer Untersuchungen in der DDR und in den neuen Bundesländern von 1977 bis 1991, Speyer 1992

Glaser,H.: Spießer-Ideologie, Frankfurt/M. 1985

Graf,F.W.: „Traditionsbewahrung in der sozialistischen Provinz. Zur Kontinuität anti-kapitalistischer Leitvorstellungen im neueren deutschen Protestantismus", in: Zeitschrift für evangelische Ethik 36/1992, S.175-191

Habich,R./Landua,D./Seifert,W./Spellerberg,A.: „Ein unbekanntes Land – Objektive Lebensbedingungen und subjektives Wohlbefinden in Ostdeutschland", in: Aus Politik und Zeitgeschichte, 32/91, S.13-33

Häder,M.(Hrsg.): Denken und Handeln in der Krise. Die DDR nach der „Wende". Ergebnisse einer empirisch-soziologischen Studie, Berlin 1991

Haußer,K.: „Identität", in: Wörterbuch der Soziologie, hrsg.v. G. Endruweit und G. Trommsdorf, Stuttgart 1989, S.279-281.

Herzinger,R.: „Die obskuren Inseln der kultivierten Gemeinschaft. Heiner Müller, Christa Wolf,

Volker Braun – deutsche Zivilisationskritik und das neue Anti-Westlertum", in: Die Zeit, Nr.23/1993, S.8 (Literatur)

Hölder,E.(Hrsg.): Im Trabi durch die Zeit – 40 Jahre Leben in der DDR, Stuttgart 1992

Hradil,S.: Sozialstrukturanalyse in einer fortgeschrittenen Gesellschaft, Leverkusen 1987

Inglehart,R.: The Silent Revolution. Changing Values and Political Styles among Western Politics, Princeton 1977

Ipsen,G.: Das Landvolk. Ein soziologischer Versuch, Hamburg 1933

Jahoda,M./Lazarsfeld,P.F./Zeisel,H.: Die Arbeitslosen von Marienthal. Ein soziographischer Versuch, Leipzig 1933

Jugend '92. Lebenslagen, Orientierungen und Entwicklungsperspektiven im vereinigten Deutschland. Hrsg.v. Jugendwerk der Deutschen Shell, Band 3: Die neuen Länder. Rückblick und Perspektiven, Opladen 1992

Jung,T., Müller-Doohm,S., Voigt,L.: „Wovon das Schlafzimmer ein Zeichen ist. Text- und Bildanalyse von Schlafraumkultur im Werbemedium", in: Hartmann,H.A./Haubl,R.(Hrsg.): Bilderflut und Sprachmagie. Fallstudien zur Kultur der Werbung, Opladen 1992, S.244-266

Kamphausen,G.: „Pragmatisches Glücksstreben und heroische Glücksverachtung", in: Bellebaum,A.(Hrsg.): Glück und Zufriedenheit, Opladen 1992, S.86-101

Kamphausen,G.: „Charisma und Heroismus. Die Generation von 1890 und der Begriff des Politischen", in: Gebhardt,W. u.a. (Hrsg.): Charisma. Theorie – Religion – Politik, Berlin/New York 1993, S. 221-246

Kaufmann,F.X.: Theologie in soziologischer Sicht, Freiburg 1973

Kern,H./Land,R.: „Der ‚Wasserkopf' oben und die ‚Taugenichtse' unten. Zur Mentalität von Arbeitern und Arbeiterinnen in der ehemaligen DDR, in: Frankfurter Rundschau vom 13. Februar 1991, S.16f.

Klages,H.: Werteorientierungen im Wandel: Rückblick, Gegenwartsanalyse, Prognosen, 2. Aufl., Frankfurt/M. 1985

Klages,H.: Wertedynamik. Über die Wandelbarkeit des Selbstverständlichen, Zürich 1988

Klages,H.: „Es fehlt der Wille zum bedingungslosen ‚Ärmelaufkrempeln'", in: FAZ vom 16.2.1991

Knopf,O.: Das Vogtland. Volkskundliches – Geschichtliches – Erlebtes, Bayreuth 1986 (Heimatbeilage zum Amtlichen Schulanzeiger des Regierungsbezirkes Oberfranken, Nr. 124)

Koch,T.: „Deutsch-deutsche Einigung als Kulturproblem. Konfliktpotentiale nationaler Re-Integration", in: Deutschland-Archiv 24/1, 1991, S.16-25

Koch,T.: „‚Selbst-Unternehmertum' und ‚Aufschwung Ost'", in: Aus Politik und Zeitgeschichte B 24/1992, S.37-45

Köcher,R.: „Die Sünden der Meinungsmacher", in: Die Politische Meinung, August 1992, S.4-14

König,K.(Hrsg.): Verwaltungsstrukturen der DDR, Baden-Baden 1991

Koziol,K.: Badener und Württemberger. Zwei ungleiche Brüder, Stuttgart 1987

Kudera,S.: „Politische Kleinbürgerlichkeit. Ein empirischer Beitrag zur Analyse politischen Bewußtseins in der Bundesrepublik Deutschland", in: Zeitschrift für Soziologie 1988, S.249-263

Kühnhardt,L.: „Neue Geisteshaltung", in: Die Politische Meinung, Januar 1991, S.82-88

Kutsch,T.: Wirtschaftssoziologie, Stuttgart 1986

Lederer,G. u.a.: „Autoritarismus unter den Jugendlichen der DDR", in: Deutschland-Archiv 6/91, S.587-596

LeGoff,J.: „Eine mehrdeutige Geschichte", in: Raulff,U.(Hrsg.): Mentalitäten-Geschichte, Berlin 1987, S.18-32

Lehmann,A.: Das Leben in einem Arbeiterdorf. Eine empirische Untersuchung über die Lebensverhältnisse von Arbeitern, Stuttgart 1976

Luckmann,B.: Politik in einer deutschen Kleinstadt, Stuttgart 1970

Lübbe,H.: „Oswald Spenglers ‚Preußentum und Sozialismus' und Ernst Jüngers ‚Arbeiter'. Auch ein Sozialismus-Rückblick", in: Zeitschrift für Politik 40/1992, S.138-157

Luutz,W.: „Soziale (Des-)Integration in und durch diskursive Sprachpraktiken. Umrisse eines

Forschungsprogramms", in: Berliner Debatte. Zeitschrift für Sozialwissenschaftlichen Diskurs 1992, S.78-85

Maaz,H.-J.: Der Gefühlsstau. Ein Psychogramm der DDR, Berlin 1990

Maaz,H.-J.: „Psychosoziale Aspekte im deutschen Einigungsprozeß", in: Aus Politik und Zeitgeschichte 19/91, S. 310ff.

Maaz,H.-J.: Das gestürzte Volk oder die unglückliche Einheit, Berlin 1991

Maier,H.: „Einheit aus Gegensätzen", in: zur debatte. Themen der Katholischen Akademie in Bayern, Juli/August 1990, S. 1-3

Maier,H.: „Nach dem Sozialismus – Eine neue Ethik des Sozialen?", in: Neue Hefte für Philosophie 34/1993, S.1-17

Mampel,S.: „Die Stellung der Städte und Gemeinden in der sozialistischen Staats- und Gesellschaftsordnung der DDR", in: Lange,R.(Hrsg.): Probleme des DDR-Rechts, Köln 1973

Mann,T.: „Bekenntnis zum neuen Deutschland", in: USA in Wort und Bild, März 1950, Nr.1, Berlin-Treptow, S.43

Manthey,J.: „Glossa continua XIII", in: Merkur 46/1992, S.360-364

Marz,L.: „Selbstaufgabe der Zivilgesellschaft. Linksintellektueller Fremdenhaß in der neuen Bundesrepublik?", in: Blätter für deutsche und internationale Politik 12/1990, S.1489ff.

Marz,L.: „Die innere Kluft. Eine (Bild-) Betrachtung", in: Blätter für deutsche und internationale Politik, 36/1991, S.1308ff.

Marz,L.: „Dispositionskosten des Transformationsprozesses. Werden mentale Orientierungsnöte zum wirtschaftlichen Problem?, in: Aus Politik und Zeitgeschichte B 24/92, S.3-14

Meyer,G.: Die DDR-Machtelite in der Ära Honecker, Tübingen 1991

Meyer,H.-J.: „Rituale des Verhaltens", in: zur debatte. Themen der Katholischen Akademie in Bayern, Juli/August 1990, S. 3-4

Meyer,S./Schulze,E.: Familie im Umbruch. Zur Lage der Familien in der ehemaligen DDR. Studie im Auftrag des Bundesministeriums für Familie und Senioren (Schriftenreihe des Bundesministeriums für Familie und Senioren, Bd. 7), Stuttgart/Berlin/Köln 1992

Meyer-Palmedo,I.: Das dörfliche Verwandtschaftssystem. Struktur und Bedeutung. Eine Figurationsanalyse, Frankfurt/M. u.a. 1985

Mischke,R.: „Aus der Dunkelheit ins grelle Licht. Jugendliche im Osten Deutschlands", In: FAZ vom 30.Mai 1992 (Beilage)

Moericke,H.: Wir sind verschieden. Lebensentwürfe von Schülern aus Ost und West, Frankfurt/M. 1991

Mohrmann,R.-E.: „Weibliche Lebensmuster in Ost und West", in: Geiling-Maul,B. u.a. (Hrsg): Frauenalltag. Weibliche Lebenskultur in beiden Teilen Deutschlands, Köln 1992, S.24-43

Neckel,S.: „Das lokale Staatsorgan. Kommunale Herrschaft im Staatssozialismus der DDR", in: Zeitschrift für Soziologie 21/1992, S.252-268

Neckel,S.: Die Macht der Unterscheidung, Frankfurt/M. 1993

Neubert,E.: „Protestantische Kultur und DDR-Revolution", in: Aus Politik und Zeitgeschichte 19/1991, S.21-29

Noelle-Neumann,E.: „Nach der deutschen Revolution", in: Die politische Meinung, November 1991, S.63-72

Noelle-Neumann,E.: „Aufarbeitung der Vergangenheit im Schatten der Stasi. Selbstgespräch und Wir-Gefühl in den neuen Bundesländern", in: FAZ vom 6.August 1992, S.8

Nowack,K.: „Labile Selbstgewißheit. Über den Wandel des ostdeutschen Protestantismus in vierzig Jahren DDR", in: Graf,F.W./Tanner,K.(Hrsg.): Protestantische Identität heute, Gütersloh 1992, S.105-115

Pisa,K.: Alexis de Tocqueville. Prophet des Massenzeitalters, München/Zürich 1986

Planck,U.: Die Landgemeinde, Linz 1978

Plessner,H.: Grenzen der Gemeinschaft, Berlin 1924

Pollack,D.: „Integration vor Entscheidung. Zur Entwicklung von Religiosität und Kirchlichkeit in der ehemaligen DDR", in: Glaube und Lernen 6/1991, S.144-156

Raulff,U.: „Die Geburt eines Begriffs. Reden von Mentalität zur Zeit der Affäre Dreyfus", in: Ders. (Hrsg.): Mentalitäten-Geschichte, Berlin 1987, S.50ff.

Rehberg,K.-S.: „Gemeinschaft und Gesellschaft – Tönnies und Wir", Manuskript Aachen 1992
Riecks,A.: Französische Sozial- und Mentalitätengeschichte. Ein Forschungsbericht, Altenberge 1989
Rubinstein,S.: Romantischer Sozialismus. Ein Versuch über die Idee der deutschen Revolution, München 1921
Rutschky,M.: „Nachrichten aus dem Beitrittsgebiet", in: Merkur 46/1992, S.465-480
Schmid,T.: „Einheit und Trennung. Über einige deutsch-deutsche Mißverständnisse", in Süddeutsche Zeitung vom 3.2.1993, S.13
Schmidtchen,G.: Was den Deutschen heilig ist. Religiöse und politische Strömungen in der Bundesrepublik Deutschland, München 1979
Schmied,G.: Soziale Zeit. Umfang, „Geschwindigkeit" und Evolution, Berlin 1985
Schneider,P.: Extreme Mittellage. Eine Reise durch das deutsche Nationalgefühl, Reinbek 1990
Schneider,P.: Die Angst der Deutschen vor den Idealen, in: FAZ vom 13.5.1991, S.33
Schoeck,H.: Der Neid. Die Urgeschichte des Bösen, München/Wien 1980
Schorlemmer,F.: Worte öffnen Fäuste, München 1992
Schütz,A.: „Wissenschaftliche Interpretation und Alltagsverständnis menschlichen Handelns", in: ders.: Gesammelte Aufsätze, Band 1: Das Problem der sozialen Wirklichkeit, Den Haag 1971, S.3-54
Schütz,A.: „Strukturen der Lebenswelt", in: ders.: Gesammelte Aufsätze, Band 2: Studien zur soziologischen Theorie, Den Haag 1972, S.153-170
Schütz,A.: Der sinnhafte Aufbau der sozialen Welt. Eine Einleitung in die verstehende Soziologie, Frankfurt/M. 1974
Schütz,A./Luckmann,T.: Strukturen der Lebenswelt, Band 1, Frankfurt/M. 1979
Schultze,H.: „Mentalitätengeschichte – Chancen und Grenzen eines Paradigmas der französischen Geschichtswissenschaft", in: Geschichte in Wissenschaft und Unterricht 36/1985, S.247-271
Schulze,G.: Die Erlebnisgesellschaft. Kultursoziologie der Gegenwart, Frankfurt/M. u.a. 1992
Sellin,V.: „Mentalität und Mentalitätsgeschichte", in: Historische Zeitschrift 241/1985, S.556-598
Sellin,V.: „Mentalitäten in der Sozialgeschichte", in: Schieder,W./Sellin,V.(Hrsg.): Sozialgeschichte in Deutschland, Bd.III, Göttingen 1987, S.101-121
Sieburg,F.: Die Lust am Untergang. Selbstgespräche auf Bundesebene, Hamburg 1957
Simmel,G.: Kant und Goethe. Zur Geschichte der modernen Weltanschauung, Leipzig 1916
Simmel,G.: „Über Freiheit", Bruchstücke aus dem Nachlaß von Georg Simmel, hrsg.v. Otto Baensch, in: Logos 10/1921/22, S.1-30
Soeffner,H.-G.: Die Ordnung der Rituale. Die Auslegung des Alltags 2, Frankfurt/M. 1992
Sombart,W.: Deutscher Sozialismus, Berlin 1934
Sozialinstitut Katholisches Landvolk e.V.(Hrsg.): Veränderungen von Werten und Normen im ländlichen Raum, Stuttgart 1973
Spiegel-Spezial 1991: Das Profil der Deutschen. Was sie vereint, was sie trennt
Srubar,I.: „War der reale Sozialismus modern? Versuch einer strukturellen Bestimmung", in: Kölner Zeitschrift für Soziologie und Sozialpsychologie 1991, S.416-431
Stolpe,M.: Schwieriger Aufbruch, Berlin 1992
Stratemann,I.: „Psychologische Bedingungen des wirtschaftlichen Aufschwungs in den neuen Bundesländern", in: Aus Politik und Zeitgeschichte B 24/1992, S.15-26
Tenbruck,F.H.: Die kulturellen Grundlagen der Gesellschaft. Der Fall der Moderne, Opladen 1989
Tocqueville,A.de: Über die Demokratie in Amerika, 2.Aufl., München 1984
Tönnies,F.: Gemeinschaft und Gesellschaft, Grundbegriffe der reinen Soziologie, 8.Aufl., Darmstadt 1978
Tönnies,F.: Der Nietzsche-Kultus. Eine Kritik. Hrsg. von Günther Rudolph, Berlin 1990
Troeltsch,E.: „Die deutsche Idee von der Freiheit", in: Ders.: Deutscher Geist und Westeuropa, Tübingen 1925 (1916), S.80-107
Trommsdorff,V.: Konsumentenverhalten, Stuttgart 1989

Weber,M.: Gesammelte Aufsätze zur Religionssoziologie, Bd.II, 5.Aufl., Tübingen 1972
Weber,M.: Die Protestantische Ethik II. Kritiken und Anti-Kritiken, hrsg. v. J.Winckelmann, Gütersloh 1975
Weber,M.: Wirtschaft und Gesellschaft, 5.Aufl., Tübingen 1976
Weber,M.: Gesammelte Aufsätze zur Religionssoziologie, Bd.I, 7.Aufl., Tübingen 1978
Wendorff,R.: Der Mensch und die Zeit. Ein Essay, Opladen 1988
Westle,B.: „Strukturen nationaler Identität in Ost- und Westdeutschland", in: Kölner Zeitschrift für Soziologie und Sozialpsychologie 1992, S.461-488
Woderich,R.: „Auf der Suche nach der ‚verborgenen' Mentalität der Ost-Deutschen", in: BISS-public 3/1991, S.121-132
Woderich,R.: „Mentalitäten zwischen Anpassung und Eigensinn", in: Deutschland-Archiv 25/1992, S.21-32
Wörterbuch zum Sozialistischen Staat, hrsg. von der Akademie für Staats- und Rechtswissenschaft der DDR und dem Institut für Staats- und Rechtstheorie an der Akademie der Wissenschaften der DDR, Berlin 1974
Zapf,W. u.a.: Individualisierung und Sicherheit. Untersuchungen zur Lebensqualität in der Bundesrepublik Deutschland, München 1987
Zöller,M.: Das Prokrustes-System, Opladen 1987